Moritz Ege
Schwarz werden

CULTURAL STUDIES • HERAUSGEGEBEN VON RAINER WINTER • BAND 24

Moritz Ege (M.A.) studierte Europäische Ethnologie, Philosophie und Amerikanistik in Berlin und Providence. Er promoviert an der Humboldt-Universität zu Berlin.

Moritz Ege

Schwarz werden

»Afroamerikanophilie« in den 1960er und 1970er Jahren

[transcript] CULTURAL STUDIES

Bibliografische Information der Deutschen Bibliothek
Die Deutsche Bibliothek verzeichnet diese Publikation in der Deutschen Nationalbibliografie; detaillierte bibliografische Daten sind im Internet über http://dnb.ddb.de abrufbar.

Umschlaggestaltung & Innenlayout: Kordula Röckenhaus, Bielefeld
Umschlagabbildung: Charles Wilp, Werbeanzeige für BLUNA, aus der Serie »7 Jungfrauen treffen sich bei Vollmond«
Druck: Majuskel Medienproduktion GmbH, Wetzlar
ISBN 978-3-89942-597-0

Gedruckt auf alterungsbeständigem Papier mit chlorfrei gebleichtem Zellstoff.

Besuchen Sie uns im Internet: *www.transcript-verlag.de*

Bitte fordern Sie unser Gesamtverzeichnis und andere Broschüren an unter: *info@transcript-verlag.de*

INHALT

Danksagung

Ohne die Unterstützung von Lehrenden, Freundinnen und Freunden, Kolleginnen und Kollegen wäre diese Studie nicht geschrieben worden. Ihnen möchte ich hier meinen Dank aussprechen, allen voran dem Betreuer der Arbeit an der Humboldt-Universität zu Berlin, Rolf Lindner. Außerdem danke ich Gabriele Dietze, Günter H. Lenz und Wolfgang Kaschuba. Wie Rolf Lindner haben die beiden letzteren Ratschläge mit Zeitzeugenberichten verbunden. Bei einem Studienaufenthalt an der Brown University habe ich durch die Betreuung durch Rey Chow, James T. Campbell und Lewis Gordon vieles gelernt, was hier hilfreich war. Detlef Siegfried hat mir freundlicherweise wesentliche Ausschnitte seiner Habilitationsschrift vorab überlassen, die deshalb in die Überarbeitung meines Manuskripts einfließen konnten.

Tobias Nagl gab mir viele überaus wertvolle Hinweise und Anregungen. Den Interviewpartnern, die mir als Zeitzeugen berichteten, danke ich ebenfalls sehr herzlich. Für Materialhinweise, Diskussionsstoff und Korrekturen bedanke ich mich bei Jennifer Pranolo, Katrina Hagen, Kito Nedo, Tobias Rapp, Norbert Nowotsch, Gesa Henselmans, Peter Stöve, Tobias Timm, Alexander Gallas, Kerstin Pistorius und Anja Schwanhäußer. Besonders wichtig war, dass ich mich auf Mirjam Renz immer verlassen konnte.

Karin Werner, Gero Wierichs, Alexander Masch und Kai Reinhardt vom transcript-Verlag sowie dem Reihenherausgeber Rainer Winter danke ich für die freundliche Zusammenarbeit. Wenn dieser Text trotz aller guten Ratschläge und Korrekturen noch Fehler und Missverständnisse enthält, dann bin dafür natürlich nur ich verantwortlich.

Gewidmet ist die Arbeit Hanne Schlör und Peter Ege, meinen Eltern.

EINLEITUNG

»Eins steht fest, schwarz ist heute in« (Großmutter im Film »1 Berlin-Harlem«, 1975).

»Es ist ganz einfach: ich wollte immer schwarz sein« (Hubert Fichte in einem Interview, Lindemann 1986: o. S.).

»Du hast die schönste Haut, die es gibt, glaubst du, dass ich genauso braun werden kann wie du? Wie heiß muss die Sonne scheinen, damit ich so braun werde wie du?« (»Weiße« Blondine zu ihrem »schwarzen« Freund/Liebhaber, in: twen Juli 1968: 53).

Im März 1970 resümierte die Zeitschrift *twen*, US-amerikanische Modelagenturen beschäftigten inzwischen doppelt so viele afroamerikanische Models wie noch vor zwei Jahren. »Aber auch mit diesem Angebot«, so fuhr der Autor fort, »kann die Agentur die Nachfrage ›weißer‹ Magazine nach schwarzen Mädchen kaum befriedigen: sie hat sich vervierfacht. Und zwar Nachfrage nicht nach möglichst weißen, möglichst entkrausten, gebleichten, angepassten Schwarzen, sondern nach ›schwarzen‹ Schwarzen, nach Afro-Amerikanern.« (Twen, März 1970: 81).

Diese Konjunktur ist ein gerade in ihrem Oberflächencharakter aussagekräftiges Beispiel für eine Transformation der Repräsentationsverhältnisse zwischen Schwarz und Weiß, die in diesen Jahren – wie schon das Interesse der Zeitschrift und ihr emphatisches Vokabular signalisieren – nicht nur die USA betraf. Wenn Soul-Musik, die von der Differenz afroamerikanischer Erfahrung handelt und sich als *schwarze*[1] Musik inszeniert, nahezu weltweit Erfolge feiert und Nach-

1 Die (de)konstruktivistische Diskussion um den Realitätstyp solcher Kategorien kann hier nicht ausgeführt werden. »Schwarz« und »weiß« verweisen nicht auf auf eine »objektive«, biologische oder kulturelle Grundlage, sind aber aufgrund der sozialen Klassifizierungspraxis dennoch »real«: Sie stellen nicht nur essenzialisierende Zuschreibungen in der akademischen Be-

ahmung findet, wenn auch in der Bundesrepublik Zeitschriften, die vor allem ein jugendliches Publikum ansprechen, schwarz-weiße Paare auf ihre Titelbilder setzen, wenn Berliner Autoren ihre Heimat Kreuzberg zu »Westberlins Harlem« und sich selbst zu »weißen Niggern« erklären, wenn Eldridge Cleavers Buch »Seele auf Eis« unter Intellektuellen enthusiastisch rezipiert wird und die Slogans und Gesten der Black Power-Bewegung auf Demonstrationen und im Nachtleben Nachahmung finden, wenn abstehende Locken als »Afro-Frisur« bewundert werden, die Kölner Limonadenfirma Flach ihr Afri-Cola-Produkt mit schwarzen Frauen und Zeichen von schwarzem Glamour bewirbt und – ein nur scheinbar ganz anderes Phänomen – einige linke Studentengruppen sich beim »Agitieren« amerikanischer GIs beinahe ausschließlich auf afroamerikanische GIs konzentrieren, dann liegt die Frage nahe, ob hinter dieser Häufung afrophiler, zumeist afroamerikanophiler Ereignisse in unterschiedlichen kulturellen Feldern ein gemeinsames Muster steckt.[2]

Dieses Muster hat zum einen diachronen Charakter. In der zur Schau gestellten Zuneigung zu Attributen des Schwarzseins manifestiert sich eine kulturgeschichtliche Kontinuität, eine Traditionslinie von Bohème, Gegen- und Jugendkultur, die bis in die Gegenwart reicht und dort – angesichts der durch die HipHop-Ästhetik circa seit Mitte der 1990er Jahre weiter denn je reichenden »globalization of blackness« (Paul Gilroy) – besonders offensichtlich ist.[3] Ohne ein Verständnis dieser »Geheimgeschichte« (Greil Marcus) der Aneignung schwarzer amerikanischer Kultur muss die Populärkultur des 20. Jahrhunderts (und damit auch die Erfahrungsebene der Popularkultur) rätselhaft bleiben. Dick Hebdige hat ganz in diesem Sinn die englischen Subkulturen seit den 1950er Jahren, die in vieler Hinsicht stilprägend waren, in ihrem engen Verhältnis sowohl zu (Afro-)Amerika als auch zu schwarzen Migranten aus ehemaligen Kolonien wie Jamaika untersucht (vgl. Hebdige 1979: 44f.).[4] Die beschriebenen Phä-

---

schreibungssprache dar, sondern machen zugleich strukturell, politisch und populärkulturell auf vielen Ebenen tatsächlich präsente Kategorien aus. Inwiefern dies der Fall ist, wird hier nicht theoretisch hergeleitet, sondern im Einzelnen dargestellt.

2 Schon eine Durchsicht von Zeitschriftenjahrgängen zeigt, dass sich viele weitere Beispiele für die Konjunktur um afrophiler Repräsentationen um 1968 anführen lassen.

3 Die Aneignung schwarzer bzw. schwarz codierter musikbasierter Moden und Kulturen kehrt auch in Deutschland in regelmäßigen Zyklen wieder: Cakewalk und Ragtime (1890er und um 1900), Charleston und Jazz (1920er und folgende), Rock 'n' Roll (1950er und 60er), Soul (1960er und 1970er), Reggae (1970er und 80er), HipHop (1980er bis in die Gegenwart), Neo-R'n'B und Dancehall (1990er bis in die Gegenwart). Der ideengeschichtliche Hintergrund des Aneignungsbegriffs wird hier nicht weiterverfolgt.

4 Wie sich auch in dieser Arbeit zeigt, kann diese Analyse (vgl. insbesondere S. 46 und 52) nicht einfach auf die Bundersrepublik übertragen werden. Vgl.

nomene können dann als Auflodern einer lange schwelenden Entwicklung gelesen werden; als Übergreifen auf massenwirksame Formate und damit auf weitere Kreise (vgl. Siegfried 2006 zur unmittelbaren Vorgeschichte der 1950er Jahre).

Zum anderen macht diese afroamerikanophile Konjunktur – die Beispiele sind aus den Jahren 1967-1975 gegriffen – aber auch ein zeitspezifisches Phänomen von eigener Kohärenz aus. Sie ist Teil eines kulturellen »Moments«, verstanden als »historical conjuncture« im Sinne der *Cultural Studies*, als »Zusammentreffen von Umständen struktureller, kultureller und biographischer Art«, als »historische(r) Augenblick, in dem die verschiedenen Impulse zusammenkommen und eine neue gestaltgebende Einheit bilden« (Lindner 2000: 11f).[5] Die populäre (Selbst-)Deutung als »Sixties« und »68« zeigt schon an, dass dieser Moment tatsächlich als Einheit erfahren wurde und weiterhin so verstanden wird. Diese Einheit rechtfertigt methodologisch einen synchronen »Schnitt«, der anhand ganz unterschiedlichen Materials Bestandteile der kulturellen Logik des historischen Moments sichtbar machen kann.[6] Kulturtheoretischer Ausgangspunkt ist dabei die Überlegung, dass charakteristische »feldübergreifende Effekt(e)« kenntlich werden können, wenn die Elemente eines kulturellen Feldes zu Elementen in anderen Feldern in Beziehung gesetzt werden (Lindner 2003: 182). Dass dies hier der Fall ist, soll im Verlauf der Arbeit gezeigt werden.

GEGENSTAND, FORSCHUNGSSTAND UND METHODEN

Thema dieser Arbeit ist also die »Afroamerikanophilie« in der Bundesrepublik der 1960er und 1970er Jahre, genauer gesagt zwischen 1967 und 1975, als ein »feldübergreifender Effekt«.[7] Der sperrige Terminus »Afroamerikanophilie« meint – in leicht satirischer Anlehnung an die »Negrophilie« der 1920er Jahre (und ohne intendierte Pathologiezuschreibungen!) – ein auf den ersten Blick amorphes, aber deswegen nicht weniger reales »kulturelles Thema«, nämlich die wertschätzende Aneignung und Wahrnehmung von kulturellen Formen, die »schwarz« codiert sind, und zugleich – in durchaus unter-

zum Thema HipHop und Globalisierung an deutschsprachiger Literatur u.a. Klein/Friedrich 2003; Androutsopoulos (Hg.) 2003.

5 Vgl. auch die Definitionen von Stuart Hall u.a., die den Begriff des »Moments« u.a. hegemonietheoretisch bestimmten (Hall 1996: 422f).

6 Auch Historiographie und Kulturwissenschaften diagnostizieren eine gewisse Epocheneinheit; vgl. zur Periodisierungsdiskussion u.a. Kraushaar 2000; Schildt u.a. (Hg.) 2000; Gilcher-Holtey (Hg.) 1998; kulturwissenschaftlich Mercer 1994; Townsley 2001.

7 Ein Vergleich mit der DDR wäre vermutlich in vieler Hinsicht aufschlussreich, war in diesem Rahmen aber nicht zu leisten.

schiedlichem Maße – das analoge Verhältnis zu schwarzen Menschen oder zumindest ihren Repräsentationen (zur »Negrophilie« der 1920er Jahre vgl. Archer-Straw 2000; Torgovnick 1990; Clifford 2004; Gumbrecht 1997).[8] Dabei verstehen die »afroamerikanophilen« Akteurinnen und Akteure diese Menschen und die Zeichen ihres Schwarzseins in erster Linie als US-amerikanisch. »Schwarz-Werden«, vorläufig zu definieren als die Praxis der Aneignung afroamerikanischer Kultur, in deren Prozess eine wie auch immer geartete imaginäre oder symbolische »Identifikation« mit Schwarzen stattfindet[9], ist dabei nicht nur als rhetorische Zuspitzung zu verstehen, sondern als heuristischer Analysebegriff und phantasmatischer Fluchtpunkt afroamerikanophile Diskurse und Praktiken (vgl. in diesem Sinn Johnson 2003: 216).

Afroamerikanophilie spielte sich innerhalb verschiedener kultureller Felder ab. In dieser Arbeit werden Ausschnitte aus einigen dieser Felder gewählt: aus der Werbung, der Popmusik, dem Diskurs um Sexualität in Zeitschriften und Büchern, aus der Solidaritätsarbeit und der subkulturellen Ästhetik politischer Gruppen, aus der politischen Theorie. Diese Ausschnitte werden in Fallstudien dargestellt und analysiert. Das erste Ziel dieser Arbeit ist also die quellennahe Darstellung des Phänomens. Die Frage lautet also: Was war Afroamerikanophilie in der Bundesrepublik um 1968? Dabei gilt es, sowohl feldübergreifende Effekte herauszuarbeiten als auch feldspezifische Logiken und die individuellen Handlungsentscheidungen von Akteuren verständlich zu machen. Der nahe liegende Verdinglichungsfehler, der darin bestünde, den zunächst einmal heuristischen Begriff der »Afroamerikanophilie« zur Erklärung der so bezeichneten Phänomene he-

---

8 Die Provenienz des Begriffs »kulturelles Thema« liegt in der amerikanischen Kulturanthropologie, wo er nach Oppler (1945) für grundlegende, meist »schweigend akzeptierte« Orientierungen einer Kultur bzw. Gesellschaft steht, die sich durch unterschiedliche gesellschaftliche Sphären ziehen. Lindner verwendet den Begriff in seinen Anmerkungen zur Kulturanalyse (2003: 184) für »maßgebliche Themen [...] die einer bestimmten Zeit Kontur verleihen«; auch in methodologischen Überlegungen zur Ethnografie findet er sich als Teil einer Heuristik an prominenter Stelle (Spradley 1980: 140-154). Darauf beziehe ich mich hier, wobei immer versucht wird, die Diskurse und die Milieus, in denen das »Thema« von Bedeutung ist, genauer zu verorten, da insbesondere ein »emergent cultural theme« (Oppler 1945: 203) nicht gesamtgesellschaftlich akzeptiert und wirksam, sondern hochgradig umstritten ist.

9 Zur Unterscheidung von symbolischen und imaginären Identifikationen vgl. Žižek 1989: 105ff. »Imaginary identification is identification with the image in which we appear likeable to ourselves, with the image representing ›what we would like to be‹, and symbolic identification, identification with the very place from where we are being observed, from where we look at ourselves so that we appear to ourselves likeable, worthy of love.« Der Zusammenhang zwischen Identifikationsprozessen, medialen Formen und anderen Modi der selbsttransformierenden Aneignung wird im Verlauf der Arbeit immer wieder zu thematisieren sein. Vgl. auch Fuss 1995.

ranzuziehen, soll vermieden werden, indem keine umfassende theoretische Gegenstandsbestimmung vorangestellt wird, sondern anhand des »Materials« immer wieder theoretische Annäherungen unternommen werden, die zu einer »dichten« und (methoden-)reflexiven Beschreibung beitragen sollen. Die Leitfrage »Was war Afroamerikanophilie…« hat also immer auch eine theoretische Seite, da sich die Natur des Gegenstands nicht von selbst erklärt.

Begrifflich wurden Phänomene wie die Afroamerikanophilie immer wieder als positiv-rassistischer »Exotismus«[10] und damit als Gegenstück zum anti-schwarzen Rassismus analysiert (vgl. Gordon 1995). Allerdings legen solche Begriffe und auch offensichtliche Kontinuitäten wie die Jugend- und Subkulturgeschichte nicht selten vorschnelle, anachronistische Schlüsse nahe. Obwohl also ein gerechtfertigtes »präsentistisches« Erkenntnisinteresse an der Offenlegung von »Genealogien« (vgl. Foucault 1974) aktueller Phänomene besteht, hat »historische Ethnographie« doch methodisch, wie Kaspar Maase schreibt, in erster Linie den Anspruch, solchen »kulturellen Selbstverständlichkeiten, die bis ins lebensweltliche Wissen des Forschers fortwirken, ihre Selbstverständlichkeit zu nehmen« (Maase 2001: 256). Fraglos handelt es sich hier in vielem um eine solche Selbstverständlichkeit. Nicht vorgefertigte Begriffe und Erwartungen sollten also die Untersuchung prägen, sie sollte vielmehr ausgehend von der Eigenlogik der Phänomene entwickelt werden.

Es wäre andererseits wenig produktiv, sich dem Thema mit gespielter Naivität zu nähern. Von vornherein sind sehr unterschiedene Kontexte der akademischen und außerakademischen Diskussion zu bedenken. Sie bilden keinen einheitlichen »Forschungsstand«, sondern ein Geflecht von historischen, empirischen Detailrecherchen und von politischen und theoretischen Debattensträngen, die unterschiedliche Aspekte des Phänomens hervortreten lassen.

Die allgemeinere Problematik der weißen »Aneignung« minoritärer, insbesondere schwarzer Ästhetiken wurde im Rahmen kritischer,

10 »Exotismus« bezeichnet eine ambivalente Wertschätzung von als »fremd« konstruierten Praktiken, Zeichen, »Kulturen« und Menschen, wie sie sich in Europa insbesondere seit dem 19. Jahrhundert beobachten lässt. Entscheidend ist, dass die »Tiefenstruktur« binärer Oppositionen – mit all ihren Verzerrungen, Erotisierungen, Projektionen – erhalten bleibt, die Vorzeichen der Pole jedoch zeitweise vertauscht werden, vgl. Horathschek 2001: 164. Der exotistische Diskurs neigt zur Überbetonung des scheinbar Inkommensurablen. Wäre das Andere nicht so radikal anders, verdiente es nach dieser Logik auch nicht das Interesse. Exotismus wird deshalb zumindest insofern tendenziell als eine Form rassistischer Wahrnehmung angesehen, als er das »andere« Individuum (a) primär über seine Andersheit (bzw. über als deren Indizien verstandene physische Merkmale) wahrnimmt und (b) ein ihm tendenziell fremdes Erkenntnisinteresse verfolgt, vgl. Ashcroft u.a. 1998: 94f.

dekonstruktivitisch ausgerichteter Kulturwissenschaften (im Sinne von *Cultural Studies*) in Großbritannien (vgl. u.a. Hall 1997; Mercer 1994; Jones 1988; Gilroy 1993, 2001) und den USA (vgl. u.a. hooks 1992; Ross 1989; Fuss 1995; Wall 1998; Rogin 1992; Gubar 1997; Waksman 1998; Johnson 2004) ausgiebig thematisiert und theoretisiert. Dort, und in den sich mit diesen Debattenzusammenhängen teilweise überschneidenden »postcolonial studies« (vgl. u.a. Silverman 1992; Bhabha 1994; McClintock 1995), wurde immer wieder (und in unterschiedlichen Zusammenhängen zwischen Amerika, Afrika und Asien) die identitätspolitische Seite von hegemonialen Identifikationen beleuchtet und – bei allen inhaltlichen Divergenzen – ein hohes analytisches Differenzierungsvermögen erreicht. Die theoretischen Koordinaten stammen hier vor allem aus Diskurstheorie, Psychoanalyse, Semiotik und »performance studies«. Methodisch bewegen sich diese Studien zwischen »close readings« kultureller Texte, medientheoretischen (insbesondere filmtheoretischen) Überlegungen und (in seltenen Fällen) ethnographischen Forschungen. Der Zeitraum um 1968 spielt dabei allerdings nur eine geringe Rolle (eine Ausnahme stellt Mercer 1995 dar); zudem wurde in diesen Studien die internationale Dimension mitsamt der spezifischen Kontexte entweder fast nicht oder im unmittelbaren Zusammenhang des Kolonialismus reflektiert. Eine solche konkrete Fallstudie soll die vorliegende Arbeit – vor dem Hintergrund der genannten Debatten und mit einer stärker am konkreten Material orientierten Schwerpunktsetzung – leisten.

Die globale Zirkulation kultureller Formen und die Transformationen ihrer Funktionen und Bedeutungen, worum es ja auch an dieser Stelle geht, stehen wiederum im Vordergrund vieler sozial- und kulturanthropologischer Annäherungen an vergleichbare Themen (vgl. z.B. Ziff/Rao 1997). Wie Arjun Appadurai in seinen Reflexionen über durch Migration und elektronische Medien konstituierte »imagined worlds« konstatiert, verwirklichen sich auch transnationale Medienräume (und um diese geht es hier nicht zuletzt) nur innerhalb sozial und kulturell differenzierter Kontexte.[11] Der Signifikant »blackness« steht in den USA, um das offensichtlichste Beispiel zu wählen, in anderen Bedeutungskontexten als das »Schwarzsein« in der Bundesrepublik mit ihrer kurz zurückliegenden NS-Vergangenheit. Und wäh-

11 Obwohl Appadurai sich gegen eine Gleichsetzung von Ort und Kultur im Sinne einer ethnologischen »Lokalität« wendet, steckt zumindest ein Motiv von »Situationalität« im Gedanken der »Perspektivität« transnationaler kultureller Landschaften (»mediascapes«, »ethnoscapes«). Vgl. Appadurai 1996, Kapitel 1 und 2. Die mit diesem Prozess verbundenen politischen Verwerfungen von Aneignung und Enteignung fassen Ziff/Rao zusammen (1997: 1-27; vgl. dazu auch das Kapitel über Soul-Musik in dieser Arbeit). Die Periodisierungsfrage, wie also die vor allem seit den 1990er Jahren beschriebene »kulturelle Globalisierung« mit den hier analysierten früheren Phänomenen zusammenhängt, bleibt zu diskutieren.

rend die britische Subkulturgeschichte entscheidend dadurch beeinflusst wurde, dass in England Anfang in den 1950er Jahre größere »schwarze« Immigrantencommunities entstanden und damit die Voraussetzung für (häufig freilich auch konfliktförmige) Interaktion zwischen weißen und schwarzen Jugendlichen gegeben war[12], spielte die tatsächliche Präsenz von Schwarzen in der Bundesrepublik – afroamerikanische Soldaten und ihre Kinder, afrodeutsche Überlebende der Nazizeit, afrikanische Migranten – aufgrund ihrer geringeren Zahl und der geringeren kulturellen Kohärenz eine sehr viel weniger prägende Rolle. Festzuhalten bleibt, dass verschiedene Denkfiguren der gegenwärtigen Ethnologie hilfreich sein können, um »Afroamerikanophilie« um 1968 besser zu verstehen. Neben der Kontextualität kultureller Bedeutungen betrifft dies methodisch die Fokussierung der Aneignungs- und Alltagsebene. Verbunden ist damit der Blick nicht nur auf einzelne Signifikanten und Identifikationen, sondern auf Rituale und Vergemeinschaftungsformen.

Lange Zeit wurde die afroamerikanophile Aneignungsproblematik in Deutschland in fundierter Form vor allem von kulturtheoretisch und politisch informierten Musikjournalisten und Autoren diskutiert (vgl. z.B. Diederichsen 1991a; 1991b; 1993; 1998; Jacob 1993; später: Meinecke 2001; die Ausgaben 12 (Linke Mythen) und 13 (Black Music) der Zeitschrift Testcard sowie unzählige weitere Zeitschriftenartikel), die teilweise auch die genannten Theorien übersetzten oder resümierten. Das dort analysierte Material stammte allerdings vor allem (aber nicht ausschließlich) aus der HipHop-Kultur der 1980er und 1990er Jahre.[13] Offenkundig vor dem Hintergrund solcher Überlegungen entstanden insbesondere in Kunst und Medienwissenschaften sowie Amerikanistik einige thematisch einschlägige Studien, zumeist in Aufsatzform, die allerdings ohne breitere Materialbasis arbeiteten (vgl. u.a. Höller 1996; Ribbat 2001). In zwei neueren ethnologischen und soziologischen Studien über HipHop spielt die Problematik von Aneignung und Authentizität eine zentrale Rolle (Menrath 2001; 2003; Klein/Friedrich 2003).

---

12 Vgl. Gilroy 1987: 157-22; außerdem Colin MacInnes' in England einflussreichen Roman »City of Spades« (1957).

13 Obwohl (oder weil?) dieser Debattenstrang das Thema zeitweilig mit einer gewissen Wertigkeit belegt hat (kritisch dazu Nagl 1998), kam in den akademischen Kulturwissenschaften von diesen Diskussionen lange Zeit fast nichts an. Erst in den letzten Jahren scheint sich diese Situation geändert zu haben. Dabei bietet die akademische Muße die Chance, die von Szenenwissen genährten oder theoretisch hergeleiteten Befunde dieser Autoren mit langatmigeren, weniger glamourösen Detailrecherchen zu ergänzen und gegebenenfalls zu konfrontieren und Systematisierungen und Historisierungen anzustrengen. Wichtig scheint mir dabei aber auch umgekehrt, dass wissenschaftliche Arbeiten vor lauter Methodenstrenge nicht hinter das in dieser Debatte erreichte Komplexitätniveau zurückzufallen.

In den letzten Jahren hat sich zudem ein interdisziplinäres, von Historikern und Literaturwissenschaftlern geprägtes universitäres Forschungsfeld konstituiert, das mit schwarzen Deutschen und mit Schwarzen in Deutschland befasst ist (vgl. Lemke Muniz de Faria 2002; El-Tayeb 2001; Campt 2004; Martin/Alonzo (Hg.) 2004; Fehrenbach 2005 u.v.a.m.). Aufbauend auf ältere Studien über rassistische Repräsentationsmuster einerseits (vgl. Gilman 1982; Martin 1993) und zur Präsenz »schwarzer« Menschen in Deutschland andererseits (vgl. Martin 1993; Lotz 1997) wurde zum Beispiel im Rahmen der Konferenz »Der Black Atlantic« am Haus der Kulturen der Welt in Berlin (vgl. Campt/Gilroy (Hg.) 2005) oder im Konferenzen im Kontext des »Black European Studies«-Netzwerks (Amherst und Münster 2006) ein großer (theoretischer und empirischer) Wissenszuwachs erarbeitet, der häufig mit einer kritischen Identitätspolitik schwarzer Deutscher und Europäer verbunden ist. Diese Studien stellen auch für diese Arbeit wichtige Referenzpunkte dar, aufgrund der Parallelität vieler Veröffentlichungen konnten sie allerdings nicht mehr durchweg eingearbeitet werden.[14]

Ein weiterer wichtiger Punkt: In rassismuskritischen Debatten wurde zuletzt verstärkt die Frage aufgeworfen, inwiefern die Privilegienstrukturen, die in den USA und in Deutschland mit weißer Haut verbunden sind, auch als analytische Größe (»whiteness«) zu betrachten sind (vgl. u.a. Morrison 1994; hooks 1992; Dyer 1997; Wiegman 1995; Frankenberg (Hg.) 1997; zum »Import« die Beiträge in Eggers u.a. (Hg.) 2005 und Tißberger u.a. (Hg.) 2006). Für die vorliegende Arbeit liefert dieser Ansatz den wichtigen Hinweis, »Afroamerikanophilie« zugleich auch von dem Ort aus zu denken, der in dieser Aneignung imaginär verlassen wird. Die Figur des »weißen Negers« wirft, wie schon Kobena Mercer schreibt, die Frage auf: »What is it about whiteness that made them want to be black?« (Mercer 1994: 301). Ohne die Debatte weiter auszuführen (vgl. die kritischen Anmerkungen in den folgenden Kapiteln) bleibt hier der Anspruch festzuhalten, dass die Frage nach den Formen von Afroamerikanophilie auch mit der Frage nach ihren Funktionen verknüpft werden sollte, die wiederum nur adäquat formuliert werden kann, wenn verständlich wird, welche Rolle das Weißsein der Akteure in ihrem imaginären

14 Erst Mitte der 1980er Jahre, als sich die Initiative Schwarzer Deutscher gründete und der Band »Farbe bekennen. Afro-deutsche Frauen auf den Spuren ihrer Geschichte« erschien, »definierten sich Schwarze Deutsche erstmals offensiv als nationale Minderheit und versuchten, im Spannungsfeld zwischen Isolationserfahrung innerhalb Deutschlands und der Orientierung an internationalen (afrikanischen, afroamerikanischen Schwarzen Bewegungen eine Identität zu schaffen, die sowohl ›deutsch‹ als auch ›Schwarz‹ ist.« (El-Tayeb 2004b: 407). Vgl. u.a. auch Oguntoye (Hg.) 1997.

Schwarz-werden spielt (als »objektive« Möglichkeitsbedingung und als subjektives Moment).

Mit diesen Diskussionen hängt ein weiterer Streitpunkt zusammen, der auch in der Analyse der »Afroamerikanophilie« in der Bundesrepublik um 1968 bedacht sein will: der sich wandelnde kulturelle Status von ethnischer »Differenz«. Nun kann diese Debatte hier nicht umfassend nachgezeichnet werden. Von der phänomenologischen Fremdheitsdebatte bis zur Soziolinguistik (Androutsopoulos 2001) wären viele unterschiedliche Positionen zu nennen, die den Konstitutionszusammenhang von »Eigenem« und »Fremdem« in spezifische Situationen, Medien und Diskurse einbetten. Jenseits der Auseinandersetzung mit literarischen Quellen kamen auch in diesem Zusammenhang entscheidende Impulse aus dem außer- bzw. para-akademischen Raum, vor allem aus dem »Kanak Attak«-Netzwerk, von einigen darin zusammengeschlossenen (oder darauf aufbauenden) Autorinnen und Autoren und aus künstlerisch-wissenschaflichen Kooperationsprojekten. Hier herrscht ein überaus kritischer Blick auf den populärkulturellen »Konsum von Differenz« vor, der mit der Migrationssituation, der Einwanderungspolitik und konservativem Multikulturalismus sowohl kontrastiert als auch in Zusammenhang gebracht wird (vgl. u.a. Terkessidis 2000; Ha 2003; Steyerl 2003; diverse Beiträge in »Projekt Migration« (Kölnischer Kunstverein u.a. (Hg.) 2006). Auch der theoretische »Hype um Hybridität« wird vor diesem Hintergrund betrachtet (vgl. Ha 2005). Sind diese Debatten auch primär mit der Gegenwart befasst, so schärfen sie doch den Blick auf eine Problematik, die schon 1968 in teilweise anderer Form und anderen Bedingungen zu erkennen war. Als Frage formuliert lautet sie: Worin liegen der Unterschiede zwischen Repräsentationen (respektive Aneignungen), die Machtverhältnisse über Hautfarben hinweg infrage stellen, und Repräsentationen (bzw. Aneignungen), die eine modernisierte hegemoniale Subjektivität befördern – eine Subjektivität, die Differenzen fetischistiert, sie weiter naturalisiert und sich selbst als neutral-universale Instanz setzt, die sich am partikularen Anderen delektiert?

Zugleich ist die westdeutsche »Afroamerikanophilie« um 1968 Teil verschiedener übergreifender historischer Prozesse, die zuletzt von der Geschichtswissenschaft in zunehmendem Detail analysiert wurden oder (häufig auch: und) von den ehemaligen AkteurInnen erinnernd reflektiert werden. Viele Darstellungen zum Beispiel der Studentenbewegung und der Jugend- und Konsumkultur um 1968 widmen transnationalen Aspekten von Aneignung und Kooperation einigen Raum und streifen dabei die »Afroamerikanophilie«, ohne sie jedoch als »feldübergreifendes« Thema zu behandeln (vgl. Juchler 1996; Schildt/Siegfried (Hg.) 2000; Kraushaar 2001; Della Porta 1998; Koenen 2001; Tanner 1998). Eine Ausnahme bildet die jüngst erschienene Arbeit von Detlef Siegfried (2006), die ein material- und aufschlussreiches Kapitel über »White Negroes« enthält. Der Autor konzentriert sich insbesondere auf die Blues-Rezeption, die in der vorliegenden Arbeit weniger Beachtung findet, da sich ihre entscheidenden Momente vor der hier behandelten Zeit abspielten, und auf politische Gruppen im Umfeld des SDS und in anderen Kreisen (vgl. dazu Kapitel 5 dieser Arbeit). Eine Auseinandersetzung Siegfrieds Schlussfolgerungen findet sich im Schlussteil. Eine vergleichende Lektüre beider Analysen zeigt, so denke ich, worin die Spezifik des hier gewählten kulturanalytisch-theoretischen Fokus' liegt.

Wo die umfangreiche sozial- und kulturhistorische Forschungsliteratur von besonderem Interesse ist, wird sie im laufenden Text zitiert. Der Bezugsrahmen ist groß: Die Afroamerikanophilie hängt mit weltpolitischen Entwicklungen wie der Besatzung des postfaschistischen Westdeutschland ebenso zusammen wie mit der Dekolonisation in Afrika und Asien, sie ist nicht abzulösen von der Geschichte populärkultureller Medien und ihrer Verbreitung und Alltagseinbettung. Die historische Situation bildet dabei nicht nur einen Kontext, dessen Verständnis das der Phänomene ermöglicht, letztere können auch zur schärferen Konturierung sozial- und kulturgeschichtliche Begriffe wie »Amerikanisierung« beitragen (vgl. u.a. Poiger 2000; Höhn 2002; Lenz 1997; Maase 1992): »Amerikanisierung« und »Verwestlichung« bedeuten – wie die kulturkritisch-rassistische Klage über die »Vernegerung« immer schon behauptet hat – für signifikante Akteursgruppen auch eine zumindest imaginäre *Afro*amerikanisierung (und damit zugleich den Import einer historisch und kulturell dichten Dynamik von schwarz-weißer Mimesis und Mimikry).[15] Inwiefern dies der Fall ist, sollte im Folgenden gewissermaßen en passant deutlich werden; der Blick auf die Afroamerikanophilie um 1968 kann in jedem Fall dazu beitragen, das »Amerika« der »Amerikanisierung« als höchst widersprüchliche Formation zu verstehen.[16]

Als Resümee dieses kurzen Überblicks zur Forschungslage und als Brücke zur Fragestellung dieser Untersuchung bleibt festzuhalten, dass sich sowohl in den angeführten außer- wie inneruniversitären Literatursträngen als auch im vorliegenden Thema ein systematischer und ein historischer Aspekt gegenüberzustehen scheinen. Auf der his-

15 In erster Linie ist hier die für die US-amerikanische Populärkultur absolut zentrale Tradition der »Minstrelsy« zu nennen (vgl. dazu u.a. Lott 1993; insgesamt auch Gubar 1997). Zu fragen bleibt, inwiefern andere Formen der Aneignung schwarzer Kultur eine Struktur von Ambivalenzen aufweisen, die an Minstrelsy erinnern.

16 Vgl. Höhn, die aus diesem Grund gegen Begriffe wie »Americanization« und »Westernization« argumentiert: »Theorists in both these schools ignore the fact that the Western liberal tradition as shared by both Europe and the United States is ›raced‹ and gendered, excluding women, non-whites, and ethnic minorities from full participation.« (2002: 234).

torischen Ebene stellen sich die Erklärungsfrage nach den Kontexten der Afroamerikanophilie und die zeitdiagnostische Frage nach dem »emergenten« Charakter des Phänomens und seiner Aussagekraft hinsichtlich des historischen Moments einerseits und möglicher Nachfolgephänomene andererseits.[17] Systematisch werden Fragen nach einer adäquaten Theorie von Aneignung, Identifikation, Nachahmung und Mimesis, Mimikry, »Werden« etc. gestellt, die über den konkreten Fall (den synchronen Schnitt) hinaus reichen soll.[18]

Gerade hier, an der Schnittstelle von systematischer und historischer Herangehensweise an den Gegenstand, befindet sich die Fragestellung dieser Untersuchung. Das vorrangige Interesse gilt den verschiedenen Ausprägungen der Politik der Aneignung. Der kulturanalytische Ansatz bietet dabei die Chance, nicht nur ein einzelnes Feld zu erforschen, sondern »feldübergreifende Effekte« herauszuarbeiten und von feldspezifischen Dynamiken und individuellen Handlungsmustern zu unterscheiden. Die Formen der Aneignung verweisen auf die kulturelle Situation, in der sich die Akteure bewegen. Die nähere Bestimmung der Situation trägt mit dazu bei, den politischen Charakter der Aneignungsformen zu erschließen und sich damit schließlich auch dem Aneignungsphänomen im Allgemeinen (mit Rückgriffen u.a. auf Theorien von Semiotik, Medientheorie, Psychoanalyse, Ethnologie, Performanz- und Performativitätsstudien) anzunähern. Um aber die Situationen zu verstehen, muss eine Auswahl getroffen werden, schließlich kann kein Kontext je vollständig »gesättigt« sein und Bedeutungen abschließend determinieren (vgl. Derrida 2001).

Die Frage »Was war Afroamerikanophilie in der Bundesrepublik um 1968« gliedert sich dann in mehrere Fragen: Was haben »Afroamerikanophile« konkret getan? Auf welche stereotypen Repräsenta-

17 Raymond Williams setzt »emergente« Gefühlsstrukturen in einen Gegensatz zu »residualen«. Vgl. Williams 1977: 134.

18 Zur Rolle der Identifikation und Nachahmung in der Entstehung von Identität und Subjektivität existiert ein gewaltiger Kanon psychologischer, psychoanalytischer, kulturtheoretischer, soziologischer und filmtheoretischer Literatur. Eine Zusammenfassung der psychoanalytischen Modelle findet sich bei Fuss 1995 sowie Laplanche/Pontalis 1973; zur Filmtheorie vgl. u.a. Silverman 1992. Der Zusammenhang von Fantasie, Imagination und Identifikation wird von Judith Butler (1990: 110) konzise herausgearbeitet: »Fantasy enacts a splitting or fragmentation or, perhaps better put, a multiplication or proliferation of identifications that puts the very locatability of identity into question.« Vgl. auch, anwendungsorientierter, Hipfl 2001. Zum Begriff der Populärkultur im Unterschied zur angeeigneten Popularkultur vgl. Maase 1992. Den Begriff der Aneignung (engl. appropriation) hat u.a. Ian Buchanan ins Zentrum eines kulturwissenschaftlichen Programms gerückt, das im Rahmen eines »transzendentalen Empirismus« à la Deleuze die Frage nach den Entstehungsbedingungen von Subjektivität stellen soll (vgl. Buchanan 1997). Auf Deleuze wird anlässlich des »Schwarz-Werdens« später noch genauer einzugehen sein.

tionsmuster griffen sie dabei zurück, inwiefern akzentuierten sie diese neu, wie veränderten sich Bedeutungen im Prozess ihrer Zirkulation? Wie verhielten sich im einzelnen Fall Imagination und Praxis? Welche Aneignungsformen treten auf? Was sahen sie in Afroamerika, welche Aspekte oder Vorstellungen spielten dabei eine besondere Rolle, welche Bedeutung hatten tatsächliche Interaktionen mit Schwarzen? Handelt es sich allein um Projektionen, oder können tatsächlich »Familienähnlichkeiten« zwischen afroamerikanischen Ausdrucksformen und hiesigen Gegenkulturen aufgezeigt werden? Welche Subjektstellen sind für Schwarze und Weiße in den afroamerikanophilen Diskursen vorgesehen? Welche praktischen Schwierigkeiten stellten sich den Akteuren entgegen? Wie wurden sie gelöst? Welche subjektiven Funktionen erfüllte ihr Handeln, welche Wirkungen löste es aus? Welche Kriterien für eine »Ethik der Identifikation« wurden formuliert, welche können fomuliert werden? Die jeweilige Ausprägung der »Politik der Aneignung« setzt sich aus den Antworten auf diese Fragen zusammen, die offenkundig nicht vollständig gegeben werden können.

Dabei ist in mehrerlei Hinsicht Vorsicht geboten. Die These, die »Afroamerikanophilie« lasse sich »um 1968« als ein »kulturelles Thema« (oder als spezifische Ausprägung eines größeren kulturellen Themas) konstatieren, meint weder, dass sie zu diesem Zeitpunkt gesamtgesellschaftlich oder auch nur im Umfeld der außerparlamentarischen Opposition und der Jugend- und Gegenkulturen als kulturelle »Dominante« wirkte, noch, dass der traditionelle, anti-schwarze Rassismus damit verschwunden sei beziehungsweise sich gänzlich in positiven Rassismus verwandelt habe. Er verweist auf eine signifikante Konjunktur, die verschiedene kulturelle Felder umfasst und durchaus auch in den Lebenswelten afrodeutscher Menschen – die hier nicht systematisch untersucht werden – eine Rolle spielte. Damit verknüpft ist die These, dass die unterschiedlichen Formen »afroamerikanophiler« Aneignungen zu diesem Zeitpunkt für bestimmte – zahlenmäßig nicht unbedingt besonders umfangreiche – Gruppen »plausibel« waren, weil sie in »emergente« Entwicklungen eingebettet beziehungsweise eingepasst waren.

Die methodologischen Überlegungen gehen aus dieser Gegenstandsbestimmung hervor. Das im fachlichen Kontext der Europäischen Ethnologie offenkundige Problem einer in erster Linie repräsentationszentrierten Studie, die nicht ethnographisch zu den »Sinnhorizonten« der Akteure vordringen kann, ist im Begriff der »Afroamerikanophilie« aufgegriffen und reflektiert, wenn auch nicht behoben. Der Begriff zielt – man könnte sagen: »systematisch« – auf Aneignungen ab, auf Praxis (im Sinne von symbolischem Handeln bzw. von »*signifying practice*«, vgl. zu diesem Begriff u.a. Hall 1997: 258f), die insbesondere populärkulturelle Produkte in den eigenen Horizont integriert, ja zur Herausbildung der eigenen Identität – die sich nicht zuletzt über Identifikationen konstituiert – heranzieht und benutzt. Objektivierte, technisch reproduzierte und (zumindest zum Teil) kommerziell vertriebene Dokumente wie Werbeanzeigen, Zeitschriftentexte, Zeitschriftencover, autobiographische Texte, Plattenrezensionen, Flugblätter und Plakate bilden die hauptsächlich Quellenbasis dieser Arbeit, die um graue Literatur und archivalische Quellen ergänzt wurden. Darüber hinaus wurden auch einige Interviews mit afroamerikanophilen Akteuren der Zeit geführt, die jeweils aus einem narrativen Teil und einem faktenbezogenen Rechercheteil bestanden. Die Interviewpartner waren der ehemalige Werber Charles Wilp, Ralf Reinders und Norbert Kröcher, zwei ehemalige Protagonisten des Berliner »Blues« und der »Bewegung 2. Juni«, sowie Norbert Nowotsch, der in einer vor allem kulturell ausgerichteten »White-Panther«-Gruppe mitarbeitete. Auch aus forschungsökonomischen Gründen – wegen der »Streuung« und der Problematik des erinnernden Erzählens, die im Themenfeld von Rassismus eine besonders große Rolle spielt – habe ich mich dagegen entschieden, biographische Interviews als zentrale Datenerhebungsmethode zu verwenden, wie dies im Fach oft üblich ist.[19]

Als zentrale analytische Kategorien dienen dabei das kulturelle Imaginäre und das verkörperte Handeln. Mit dem »kulturellen Imaginären« wird ein Schauplatz bezeichnet, auf dem sich kulturelle Phänomene anordnen und zugleich eine spezifische kulturwissenschaftliche Zugriffsweise nahegelegt. Graham Dawson definiert das kulturelle Imaginäre abstrakt als »those vast networks of interlinking discursive themes, images, motifs and narrative forms that are publicly available within a culture at any one time, and articulate its psychic and social dimensions. […] Cultural imaginaries furnish public forms which both organize knowledge of the social world and give shape to fantasies within the apparently ›internal‹ domain of psychic life.« (Dawson 1994: 48).[20] Bilder, insbesondere Menschenbilder, spielen im Imaginären eine entscheidende, subjektkonstitutive Rolle. Ohnehin ist gerade diese Ebene, wie schon Frantz Fanon zeigte, für die rassifizierte Weltwahrnehmung konstitutiv.[21] Ohne sich auf die

19 Für einen Überblick über die mögliche Methodenvielfalt von Medienanalyse im Bereich der Post-Volkskunde vgl. Bechdolf 2001. Zu Stuart Halls Encoding/Decoding-Modell, das im Hintegrund auch dieser Überlegungen steht, vgl. Hall 1997 und Winter 1999.

20 Die theoretische Diskussion um das »kulturelle Imaginäre« wird in dieser Arbeit zurückgestellt; vgl. aus phänomenologischer, nicht-psychoanalytischer Perspektive Fluck 1997.

21 Fanon und andere Theoretiker haben immer wieder Analogien zwischen dem (verhinderten) imaginären »Anerkennungsprozess« auf der psychischen Ebene einerseits und geschichtlichen Prozessen andererseits hergestellt (vgl. Kapitel 4). Vgl. Fanon 1967, insbesondere das Kapitel 5 (»The

Details der psychoanalytischen Terminologie einzulassen, aus deren Bereich der Begriff »entwendet« ist, lässt sich das Imaginäre so verstanden der »symbolischen Ordnung« von Normen und kulturellen Logiken, wie sie u.a. die strukturalistische Ethnologie theoretisiert, als Element einer letztlich immer instabilen Wirklichkeit zur Seite stellen. Beide haben eine praktische, handlungsleitende Funktion; medial bereitgestellte »Fantasieszenarien« (Hipfl 1999: 150) sind »auf Seiten der Realität und strukturieren und stützen die Realität« (ebd.: 151), sie sind aber nie von einer situativen »Logik der Praxis« abzulösen. Die methodische Zentralität des kulturellen Imaginären ist also grundsätzlich dem imaginären Aspekt menschlicher (Gruppen-)Beziehungen geschuldet, sie hat an dieser Stelle freilich auch historische Gründe: Da die reale Präsenz von AfroamerikanerInnen in der Bundesrepublik klein war, blieb die Afroamerikanophilie in den meisten Fällen auf das Imaginäre verwiesen und sollte deshalb auch nicht zuletzt auf dieser Ebene analysiert werden.

Dabei geht es nicht ausschließlich um immaterielle Bewusstseinsinhalte, sondern zugleich auch um verkörpertes Handeln. Das bedeutet erstens: Wer (nicht nur) schwarze Musik hört oder Texte (nicht nur) schwarzer Autoren liest, vollzieht nicht allein mentale Akte, sondern ist daran immer schon mit seinem Körper beteiligt. Zweitens sind solche Rezeptionsformen in alltägliche Praxen eingebettet, deren Stilisierung sie eine bestimmte Gestalt verleihen können: das fängt beim Gehen an, ist beim Tanzen besonders offensichtlich und hört beim Demonstrieren nicht auf (vgl. zum Aspekt der »performance« in einem engeren Sinn Johnson 2003).

Fact of Blackness«). Vgl. auch Bhabha 1994, Kapitel 4. Politisch hat sich dies angesichts der Verherrlichung antikolonialer Gewaltakte und in Bezug auf das misogyne und homophobe Modell von Subjekt-Werdung als gefährlich erwiesen, analytisch – wie die postcolonial studies zeigen, als sehr fruchtbar. Vgl. zur Diskussion u.a. Wolter 2001; zur Gewaltdiskussion dort S. 75ff. Welche Rolle »immaterielle« (El-Tayeb 2001: 9), »imaginäre« Aspekte zum Beispiel für die deutsche Kolonialgeschichte spielen, hat sich in den letzten Jahren als historiographische Leitfrage herausgebildet; Birthe Kundrus konstatiert hier eine »Hinwendung zur phantastischen Dimension« (2003: 8). Zu fragen ist nun nach genau dieser Dimension innerhalb eines relativ jungen »postkolonialen Imaginären« *auch auf Seiten der vormaligen Kolonialherrenländer* – im Kontext von außerparlamentarischer Opposition, entstehendem »Antiimperialismus«, Gegenkulturen und Jugendrevolte, von Informalisierungsprozessen (vgl. Siegfried 2000: 585f) und den neuen Konsummustern eines flexibleren Kapitalismus. Unklar muss hier bleiben, inwiefern dieser »Postkolonialismus« selbst – in negativem Sinne – imaginärer Natur ist, insofern damit sehr unterschiedliche Verhältnisse be- und zugleich entnannt werden. Vgl. zur Kritik des Begriffs z.B. Steyerl 2003.

ZUM AUFBAU DER ARBEIT

Im ersten Kapitel steht die Bildebene des kulturellen Imaginären im Vordergrund, um den visuellen Charakter rassifizierter Wahrnehmung und ihre Transformationen zuerst auf der Ebene massenkultureller Repräsentationen und »Angebote« vorzuführen. Charles Wilps berühmte, heute ikonische Werbekampagne für Afri-Cola und einige weitere Anzeigenserien, in denen vor allem schwarze Frauen prominent platziert sind, zeigen, dass sich um 1968 eine komplexe Konfiguration glamourösen Schwarzseins herausgebildet hatte: Im Unterschied zum »Warenrassismus« (Anne McClintock) der Kolonialzeit, der hier als Vergleichsfolie dient, bietet sich hier der Begriff des »postkolonialen Warenrassismus« an. Zugleich stellt sich die Frage, inwiefern *black culture* von innovativen, kommerziellen Kulturproduzenten wie Wilp »als Gegenkultur codiert wurde« (Lindner 2004: 181). Gerade dadurch werden imaginäre Äquivalenzen ermöglicht, die Austauschbarkeit suggerieren und dem »schaulustigen« weißen Subjekt die Möglichkeit zu geben scheinen, sich in »Äquivalenzketten« (Laclau/Mouffe) einzuschreiben. Im Zentrum dieser Analyse stehen semiotische Lektüren von Anzeigen und Fotos aus Zeitschriften und dem Privatarchiv Charles Wilps, die von schriftlichen Quellen und zwei längeren Gesprächen mit dem inzwischen verstorbenen Werber geleitet und ergänzt werden.[22]

Mit der Soul-Musik und ihrer Rezeption in der Bundesrepublik (Kapitel 2) stellt sich die Frage des »Schwarz-Werdens« auch praktisch. Als damaliger Inbegriff schwarzen Stils und schwarzer Ideologie war »Soul« essentialistisch und exklusiv konzipiert: Soul ist schwarz, schwarz ist Soul. Zugleich transportierte der Terminus eine kulturell ungemein dichte Semantik. So boten sich das Gemeinschaftsmodell und die postulierte Einheit von profaner und religiöser Intensität, von Ethik und Ästhetik, das Communitas-Versprechen, auch »weißen« Jugendkulturen als Anschlusspunkte an, obwohl gerade die dezidierte Gegenkultur »Soul« wegen des Pop-Appeals der Musik zugleich skeptisch betrachtete. Diskursanalytisch soll hier u.a. herausgearbeitet werden, inwiefern die Diskussionen um weißes »Schwarzsingen« in der Musikpresse und anderswo darauf hinweisen, dass gerade die Exklusivität von Soul weiße »Zugangsfantasien« beflügelte.

Die Konjunktur entsprechender Repräsentationen in bundesrepublikanischen Zeitschriften der Zeit belegt, dass Sex zwischen schwarzen und weißen Partnern (Kapitel 3) – im NS-Vokabular noch als »Rassenschande« bezeichnet – eine Umwertung auf der Ebene des

22 Diese Interviews fanden am Telefon statt und wurden transkribiert. Wilps Archiv ist heute Teil des Bildarchivs Preußischer Kulturbesitz (bpk), Berlin.

kulturellen Imaginären erfuhr, die sich von den »Moralpaniken« um die Kinder afroamerikanischer Soldaten in den 1950er Jahren ebenso abhebt wie vom »negrophilen« Primitivismus der 1920er Jahre. Anhand von Eldridge Cleavers Buch-Hit »Seele auf Eis« wird deutlich, inwiefern diese Umwertung im Kontext der Black-Power-Bewegung und sexualpolitischer Verschiebungen stand. Sex wurde in Zeitschriften wie *konkret* und *twen* auch als antirassistischer Akt politisiert und bebildert. Als Aspekt der »Afroamerikanophilie« können diese Fantasien auch als imaginäres Eindringen in die sich abschottende »schwarze Community« verstanden werden.

Legt man die politischen Maßstäbe kritischer Cultural Studies-TheoretikerInnen wie bell hooks und Kobena Mercer an, die Exotismus und den »Konsum des Schwarzseins« in der weißen Aneignung schwarzer Kultur problematisiert haben, dann scheint angesichts all dieser Projektionen und Aneignungen einzig das praktische Korrektiv der »Solidarität« Halt zu versprechen (vgl. zu dieser Position u.a. Mercer 1994: 303; hooks 1992). Tatsächlich sprossen um 1968 Solidaritätsaktivitäten mit dem schwarzen Amerika aus dem Boden. Doch finden sich, so die These, die bisher aufgezeigten Motive auf unterschiedliche Art und Weise auch in den SDS-nahen »Black Panther-Solidaritätskomitees«, in der Angela Davis-Kampagne, im »GI-Widerstand«, und vor allem im subkulturellen Milieu des Berliner »Blues«, aus dem die Bewegung 2. Juni hervorging. Nirgendwo fand eine derart konzentrierte Aneignung schwarzen Stils statt wie bei den selbsternannten »weißen Negern« des Blues, die sich eine »kulturrevolutionäre« Einebnung der Trennung von Politik, Popkultur und Alltag auf die Fahnen geschrieben hatten und das eindrücklichste Vorbild dafür zumindest zeitweise bei der Black Panther Party zu finden meinten. Zu fragen ist, inwiefern sich gerade die politische Leidenschaft dieser dezidierten Antirassisten, die weder heroisiert noch undifferenziert herabgesetzt werden soll, gerade aus den Fantasien speiste, die sich auf – nicht nur aus heutiger Sicht – höchst problematische Weise entlang der »Kraftlinien« rassistischer Dispositive anordneten. Als Quellen dienen hier autobiographische Literatur, Texte, Bilder und Layout von Underground-Zeitschriften, Flugblätter und Embleme[23] sowie Interviews[24] und ein Film.[25] Weil einige wichtige Aspekte wie

23 Die Recherche fand statt im Archiv der Alternativkultur (Berlin), dem Archiv der Jugendkulturen (HU Berlin), dem Archiv »APO und soziale Bewegungen« an der FU Berlin und im Landesarchiv Berlin.

24 Interviews wurden mit zwei Protagonisten des »Blues« und später der Bewegung 2. Juni geführt. Ein weiterer Gesprächspartner war Mitbegründer einer eher kulturell ausgerichteten kleinen »White Panther«-Gruppe. Die Interviews fanden 2004 und Anfang 2005 statt und wurden teilweise transkribiert.

25 Lothar Lambert, »1 Berlin-Harlem«, 1975. Vgl. auch Kuhlbrodt 2004. Filmkritiken sind im Archiv der Stiftung Deutsche Cinemathek (Berlin) gesammelt.

die »GI-Solidaritätsarbeit« in der Literatur bisher kaum bekannt sind, hat dieses Kapitel auch erzählerische Teile. Auch diese Exkurse führen freilich wieder an Orte, wo zu Soulmusik getanzt wird, schwarzweiße Pärchen sich finden und politischer Aktivismus sich im kulturellen Imaginären verliert.

»Wie die Black Panthers sagten, müssen sogar die Schwarzen schwarz werden«, so schreiben Ende der 1970er Jahre zwei weiße Intellektuelle aus Frankreich, Gilles Deleuze und Félix Guattari, und fordern ein universelles »Minoritär-Werden«: »Jeder muß die minoritäre Sprache, den Dialekt oder Idiolekt finden, von wo aus er seine eigene Hochsprache zur Niedersprache macht.« (Deleuze/Guattari 1992: 146). Auch als Gegenstand der hohen Theorie standen Phänomene wie die »Afroamerikanophilie« also im Raum, Deleuze und Guattari präsentierten sie als »Fluchtlinien« im Sinne kultureller, politischer, philosophischer Auswege aus althergebrachten Subjektivitäten. Nicht alle waren freilich so euphorisch: So stritten sich in der Bundesrepublik SDS-Denker Reimut Reiche und Jürgen Habermas um die Berechtigung »irrationale« Identifikationen, Oskar Negt sprach in kritischer Absicht von nur »geborgter Realität«, andere führten Identifikationen mit der »Dritten Welt«, von Mao bis zur Black Panther Party, auf einen »Schuldkomplex« zurück. Auch der akademische, von allen Irrationalitäten vermeintlich gereinigte Diskurs zeigt also, dass die »Afroamerikanophilie« um 1968 Element eines größeren, übergreifenden Themas war, das Deleuze und Guattari als »Minoritär-Werden« umschreiben.

Im abschließenden Resümee werden die feldübergreifenden Effekte, die in den Detailstudien hervortraten, noch einmal zusammengetragen. Damit werden die verschiedenen Ausprägungen der »Politik der Aneignung« rekonstruiert und zeitdiagnostische und theoretische Schlussfolgerungen diskutiert.

Die Perspektiven schwarzer Deutscher bleiben in dieser Arbeit unterbelichtet. Würde ich die Arbeit noch einmal schreiben, so würde ich diese Perspektiven nicht nur über vereinzelte Texte, sondern über einen eigenen Interviewteil in die Analyse einbeziehen. Die Hauptgründe für diese (hoffentlich bald geschlossene) Lücke liegen zum einen darin, dass die Arbeit in ihrer Anlage in erster Linie auf eine »Selbstaufklärung« der weißen Afroamerikanophilie abzielt und zum anderen in der praktischen Notwendigkeit, den Untersuchungsrahmen (es handelt sich um eine aus dem Ruder gelaufene und überarbeitete Magisterarbeit) zu begrenzen.

Da hier von Selbstaufklärung gesprochen wurde, soll auch kurz vom Autor die Rede sein, ist es doch aus guten Gründen ethnologische Sitte, das Interesse des Forschers explizit zu thematisieren. Vieles von dem, was ich hier beschreibe und analysiere, ist mir durchaus vertraut: Auch ich wurde als »weißer (West-)Deutscher« aus tendenziell humanistischem Hause in die Afroamerikanophilie hineinsozialisiert und habe mich von Onkel Toms Hütte und Twains Jim über Ice-T, »Wild Style« und De La Soul bis zu Spike-Lee-Filmen immer wieder »mit Schwarzen identifiziert«, mich gelegentlich (eher selten) linkisch zu »schwarzer Musik« bewegt und Traktate als Solidarität verstanden. Allerdings resultiert mein Interesse nicht primär (wie das in den Cultural Studies häufig der Fall ist) aus der eigenen subkulturellen Biografie. Weite Teile schwarzer Kultur und ihrer Aneignung unter meinen weißen deutschen Zeitgenossen blieben mir letztlich habituell fremd; auch wenn ich manches interessiert gehört, gelesen und verfolgt habe. Dennoch hat das Interesse auch biografische Aspekte. Zwei längere Aufenthalte in den USA, einer davon als Praktikant bei einer anti-rassistischen Bildungsorganisation, haben mich von schwarzer Kultur allerdings eher weiter entfernt als mich ihr anzunähern, da ich dortige Debatten wahrnahm und registrierte, mit welchem Zögern und mit welchen Hindernissen die Aneignung schwarzer Kultur in meinem dortigen weißen Umfeld belegt war – ganz im Gegensatz zu meinen jugendkulturellen Erfahrungen in Deutschland. Diese Differenz bedingte auch eine Reflexion eigener (manifester und vermiedener) Verhaltensweisen und damit ein lebensweltliches Erkenntnisinteresse, das in dieser Arbeit (in hoffentlich reflektierter Art und Weise) in die nähere Vergangenheit projiziert wird.

Charles Wilp und die imaginären Äquivalenzen in der visuellen Kultur

Der Wandel der Bedeutungen, die sich am Schwarzsein (*blackness*[1]) festmachen, geht nicht zuletzt auf der Ebene visueller Kultur vonstatten, jenem kontextualisierten, aber eigenständigen Element der Alltagskultur (vgl. Gerndt/Haibl 2005), das mit der Expansion von Medien wie Plakaten, Zeitschriften, Film und Fernsehen im Verlauf des 20. Jahrhunderts kontinuierlich an Bedeutung gewinnt. Als Wahrnehmungskonvention war »Rasse« schon seit den Reiseberichten des 17. Jahrhunderts immer auch durch visuelle Konventionen geprägt und an technisch reproduzierte, optische Medien gebunden (vgl. Gilroy 2000: 191). Weil visuelle Kultur also für moderne Verständnisse der Kategorie »Rasse« konstitutiv ist, geben die ikonographischen Muster »rassischer« Repräsentationen Einblicke in eine semiotische Struktur, deren Bedeutung weit über diese besondere Aushandlungsebene hinausreicht. Zugleich ist es, wie die Medientheorie nicht müde wird zu betonen, nicht allein die »inhaltliche« Seite, sondern auch die mediale Form, in der sich die kulturelle Bedeutung des Visuellen formuliert. Mit diesen beiden Analyseebenen – semiotische Struktur und mediale Form – rückt also zuerst einmal die Ebene der Bilder ihrer »Encodierung« in den Vordergrund, nicht aber die Rezeption und »Decodierung«.[2] Da diese Repräsentationen selbst eigensinnige *Aneignungen* von populärkulturell zirkulierenden, meist US-amerikanischen Vorbildern ausmachen, können sie jedoch auch erste Interpretationsansät-

1 In der deutschsprachigen Literatur wird der in der englischsprachigen Diskussion übliche Begriff »blackness« meist mit »Schwarzsein« übersetzt. Dem schließe ich mich hier in Ermangelung einer besseren Option an, möchte aber darauf hinweisen, dass der attributive Charakter der englischen Substantivierung weniger mit ontologisierend-existenziellen Konnotationen (»-sein«) behaftet ist.

2 Zum Begriff der »Encodierung« vgl. u.a. Winter 1999; Göttlich 2001.

ze für die kulturspezifischen »Inflektionen« im Decodierungsprozess vermitteln.

CHARLES WILP ALS AFROAMERIKANOPHILER PIONIER

In der Bundesrepublik ist die afroamerikanophile Konjunktur in der visuellen Kultur der späten 1960er Jahre insbesondere mit dem Werber, Fotographen und Selbstdarsteller Charles Wilp (1932-2004) verbunden. Vor allem seine Kampagne für Afri-Cola, in der schwarze Menschen – fast ausschließlich Frauen – eine zentrale Rolle einnahmen, erreichte im Bilderraum der Zeit und in der Werbe- und Kulturgeschichte der Bundesrepublik ikonischen Status. Dass das Produkt Afri-Cola heute als Retro-Artikel wieder aufgelegt wird, bestätigt diesen Befund: 35 Jahre später steht Afri-Cola im Rahmen eines Retro-Gedächtnisses geradezu für *die* sechziger Jahre im Sinne einer ästhetisch-politischen Konfiguration (vgl. Schmidt/Spieß 1996: 204; Lindner 2004: 180).

Das Ausmaß, in dem Wilp für seine Werbungen auf die bedeutungs- und intensitätsproduzierenden Potenziale des Schwarzseins zurückgriff, tritt freilich erst in der Zusammenschau mit anderen von ihm verantworteten Kampagnen hervor.[3] Zum einen setzte Wilp zwischen ca. 1965 und 1975 auch für andere Produkte der Kölner Limonadenfirma, die die Marke Afri-Cola produzierte, immer wieder schwarze Models ein: Das gilt für den Tonic-Drink Bosco Bitter und noch stärker für die Orangenlimonade Bluna. Aber auch andere Wilp-»Accounts« warben mit schwarzen Models.

Wilp selbst machte sich durch die konsequente Vermarktung seines Namens schnell zu einer öffentlichen Person und profilierte sich auch durch PR-Fotos von Prominenten, Wirtschaftsgrößen und Politikern und als Künstler.[4] Diese Selbststilisierung ist ihrerseits ein zeitspezifisches Novum.[5]

3 Schwarze Models finden sich natürlich nicht nur bei Wilp-Werbungen, sondern auch in anderen Anzeigenkampagnen, z.B. für die Hemdenfirma Seidensticker oder für den Schokoriegel Topset, der mehrere »gegenkulturelle« Motive aufgreift.

4 Dazu zählten u.a. das Bundeskabinett und der Vorstand der Deutschen Bank. Im September 1972 berichtet der SPIEGEL von einem Konflikt in der niedersächsischen CDU, weil sich der Bundestagsabgeordnete Rudolf Werner von Wilp u.a. mit zwei schwarzen Models im Bikini (und mit Afro-Frisur) hatte fotografieren lassen. Das Plakat zeigt Werner im Anzug, lässig in der Mitte stehend, an seinen Schultern und auf dem Boden liegend je eine Schwarze im Bikini. Der Protest »ficht Wilp nicht an: ›Denken ist Essig, der Mensch wird zum Sehen erzogen.‹« (SPIEGEL Nr. 39, 18.9.1972: 178) Die Anekdote verdeutlicht, wie sehr sexualisierte, glamouröse »blackness« 1972

Anhand der zwei bekanntesten Anzeigenkampagnen Wilps werde ich im Folgenden die »schwarzen« Repräsentationen genauer untersuchen:[6] Die Werbekampagne für Bluna verdeutlicht die Unterschiede zu vormals dominanten ikonographischen Mustern und ermöglicht erste Charakterisierungen des kulturellen Moments; anhand der Afri-Cola-Werbung wird die Verknüpfung von Schwarzsein mit »Erlebnisintensitäten« erkennbar. In diesem Zusammenhang wird gefragt, inwiefern gerade gegenkulturelle Zeichen und das Spiel mit Dichotomien wie »Ware« und »Bewusstsein« imaginäre Äquivalenzen zu anderen gesellschaftlichen Gruppen produzierten. Abschließend wird erörtert, inwiefern diese Äquivalenzpostulate über die Waren- und Werbeästhetik hinausreichten. Am Anfang der beiden ersten Abschnitte steht eine kurze Bestandsaufnahme.

POSTKOLONIALER WARENRASSISMUS: DIE BLUNA-KAMPAGNE

Die Anzeigen für die Limonadenmarke »Bluna« (um 1970) sind Variationen eines Themas: »7 Jungfrauen treffen sich bei Vollmond«. Der Text lautet meist: »7 Jungfrauen treffen sich bei Vollmond. Sie setzen das Konzentrat für BLUNA in den Destillationsblasen an. 7 Jungfrauen treffen sich bei Vollmond. Eingefangener Sonnenschein – BLUNA – Hochzeit der 3 – Säure, Süße und Aroma. Jedes Jahr ein 7. Jahr.«

Dieser Spruch wird in verschiedenen Motiven inszeniert, fast immer sind dabei sieben einheitlich nach jeweils einem »Thema« gekleidete Personen – Frauen oder Kinder – zu sehen, vor denen Orangen und Zitronen auf dem Boden liegen, welcher etwa die Hälfte des Bildes einnimmt: offenbar vom »Playboy« inspirierte »Bunnies« (»weißer« und »schwarzer« Hautfarbe), mit chemischer Ausrüstung (also

---

schon Eingang in eine allgemein verfügbare Bildsprache gefunden hatte und beileibe kein »Eigentum« gegenkultureller Kreise war.

5 Jenseits von provokanten Motiven und formalen Avantgardismen ging es Wilp um nichts Geringeres als das Einreißen der Gattungsgrenzen zwischen Kunst und kommerzieller Populärkultur, die er mit seinen Kampagnen längst vollzogen zu haben meinte. Wilp exerzierte seine konsequente, freilich auch trivialisierte Fortführung von Andy Warhols Affirmation der Warenästhetik in der Inszenierung seiner eigenen Person als Kunstfigur im gelben Anzug beispielhaft durch; er behauptet übrigens auch, Joseph Beuys zu dessen Erkennungszeichen, dem Hut, geraten zu haben.

6 Die Konzentration auf »Werbeinhalte« wird in der kultursoziologischen und ethnologischen Debatte kritisiert, weil die Decodierung von Symbolen »der schichtspezifischen Symbolaffinität der Interpreten« mindestens ebenso sehr entspreche wie der »Alltagsrealität« (vgl. Lindner 1977: 11). Werbung wird in dieser Arbeit jedoch gerade nicht als »scheinbar autonomen Untersuchungs- und Lehrgegenstand« (ebd.) verstanden, sondern »feldübergreifend« kontextualisiert.

wohl jenen »Destillationsblasen«) hantierende Druidinnen und Kinder in denselben langen Gewändern (weiß), Weihnachtsfrauen mit kurzen Röcken (schwarz), Flugbegleiterinnen der »East African Airlines« (schwarz) und Kinder-Nikoläuse (schwarz, nur auf den Dias).

Abbildung 1: BLUNA – East African Airline/7 Jungfrauen

Es wäre unsinnig, die in dieser Serie textlich und ikonographisch zutage tretenden Symboliken einzeln zu verfolgen. Entscheidend sind in erster Linie nicht die Details des Mystischen (die Zahl sieben, der Vollmond, die Jungfräulichkeit et cetera) oder die chemisch-synästhetischen Qualitäten (der Geschmack von Sonnenschein) als vielmehr gerade die an den Nonsens zumindest grenzende Überfrachtung und Überlagerung verschiedener Assoziationen und populärer »Mythen« im Sinne von Roland Barthes (vgl. 1964: 85-110). Sie verbinden sich gewissermaßen zu einer die einzelnen »Mythen« umfassenden Erzählung, die an dieser Stelle weniger die einzelnen Elemente als vielmehr ihre Verbindung, ihre Verfügbarkeit betont und mit der Ware assoziiert (zum Mythos als »sekundärem semiologischen System« vgl. ebd.: 92f.). Das motivische »Material« ist dabei jedoch alles andere als zufällig.

Mit dem Produkt – Orangenlimonade – ist eine eigene ikonographische Tradition verknüpft. Werbung für Südfrüchte, Limonaden und Cola gehört in ihrem Entstehungskontext in das Umfeld jener Konstellation, die Anne McClintock als »Warenrassismus« (*commodity racism*) theoretisiert hat (1995: 207-231). Mit diesem Begriff bezeichnet sie die Ende des 19. Jahrhunderts entstehende Verknüpfung von Waren beziehungsweise Marken mit imperialen beziehungsweise kolonialen Szenen und darin positionierten Menschen, die dem »wissenschaftlichen« Rassismus der Zeit als populärkulturelles Komplementärphänomen zur Seite trat. In Produktnamen und -logos, auf der Verpackung und in den verstärkt einsetzenden Werbeanzeigen wurde zum einen die koloniale Herkunft verschiedener Produkte signalisiert, zum anderen die Überlegenheit und Legitimation der warenproduzierenden weißen Zivilisation (ebd.: 219). Die Ikonographie des Warenrassismus zelebriert und naturalisiert die Unterwerfung der Kolonisierten und etabliert zugleich sich historisch wandelnde Konventionen und Stereotypen der Erkennbarkeit »schwarzer« Menschen.

David Ciarlo hat gezeigt, dass sich auch in der visuellen Kultur des deutschen Kaiserreiches, wo sowohl die Ausdehnung des Kolonialismus als auch die Vermarktung von Konsumprodukten für den Massenmarkt zunächst hinter England herhinkten, eine vergleichbare ikonographische Entwicklung nachvollziehen lässt (vgl. Ciarlo 2003; Scholz-Hänsel 1987; Sandgruber/Kühnel 1994; El-Tayeb 2004; allgemein Nederveen Pieterse 1995). Sie kulminiert in der Darstellung rassifizierter »Eingeborener«.[7] Auch das Bananenröckchen Josephine Bakers steht in dieser Tradition.[8] Die Frucht überträgt schon in diesem Repräsentationssystem die assoziierten Attribute wie Exotik, aber

7 »Diese Symbole, die ›Rasse‹ markieren sollten wie besonders die roten Lippen, die um 1890 noch undenkbar gewesen wären, gehörten nun am Ende des ersten Jahrzehnts des 20. Jahrhunderts zum Kanon der Werbebranche. Diese Merkmale waren den Graphikern und dem Publikum so bekannt, dass sie unabhängig voneinander eingesetzt werden konnten, als abstrakte Referenten, die auch allein für alle Teile der Rassenidentität stehen konnten.« (Ciarlo 2003: 147) In der anti-schwarzen »Rheinlandkampagne« gegen die Besatzung durch senegalesische Kolonialsoldaten veränderte sich die Konstruktion von gutmütigen Eingeborenen hin zu wilden, dämonischen Vergewaltigern (vgl. El-Tayeb 2004a, Nagl 2005).

8 Zu ihren europäischen Auftritten gehörte der Hintergrund aus Wolkenkratzern freilich ebenso wie das knappe Bananenröckchen und der nackte Busen. Wie Hans Ulrich Gumbrecht vorgeführt hat, wurde »blackness« zumindest hier zugleich als archaisch-stammesmäßig-vormodern und städtisch-modern imaginiert. Aus Harry Graf Kesslers Notiz, der Tanz »der Baker« erscheine ihm »ultramodern und ultraprimitiv« zugleich, arbeitet Gumbrecht ein semiotisches Paradigma des Jahres 1926 heraus: »Authentizität = Artifizialität (Leben)«. In Bakers »blackness« verdichtet sich demnach mehr als irgendwo sonst der Kollaps der semiotischen Oppositionen, an deren Unvereinbarkeit sich die Gegenwart »abarbeitete«.

auch Konsumier- und Genießbarkeit, auf ihre Trägerinnen. Diese Festlegung von schwarzen Menschen, insbesondere Frauen, auf das deliziös Exotische verfestigt und verabsolutiert zudem die Trennungslinie zwischen Eigenem und so produziertem Fremdem, zwischen beiden scheint keine Schnittmenge zu bestehen, sie verhalten sich letztlich komplementär. Auf diese ikonographische Tradition konnte sich auch Karl Flach, der Begründer von Afri-Cola, bei der Markteinführung 1931 stützen, als er Zirkuselefanten über den Berliner Kurfürstendamm traben ließ, »und er saß da vorne auf dem ersten Elefanten und sagte, trink Afri-Cola«.[9]

Diese Traditionslinie wird in Wilps Bluna-Werbung zweifellos aufgegriffen. Nicht nur verbinden sich in den visuellen Texten offensichtlich »exotische« Produkte und Rohstoffe mit exotisierten Menschen; Details wie die Raubtier-Fellmütze der (Abb. 2) ganz rechts stehenden Stewardess und die nackten Füße der Models in ihren Miniröcken verweisen auf einen der ältesten »rassologischen« Topoi überhaupt, der im »Primitivismus« der 1920er Jahre florierte: die vermeintlich »natürliche« und »wilde«, von zivilisatorischer Entfremdung »ungehemmte« Sexualität schwarzer Frauen (vgl. Schultz 1995: 54, 70; Scholz-Hänsel 1987, 23f.).

Auch auf der Encodierungsebene, im Bereich des Lexikons und der kommunikativen Intentionen des Werbers, sind »Rasse«, Geschlecht und Sexualität eng miteinander verknüpft. So sprach Charles Wilp, gefragt nach dem Hintergrund des »Buschbaby«-Werbespots für Afri-Cola (s.u.), in seiner charakteristischen, assoziativen Art von »geopolitischen Ansätzen«, von einem großen Aufleben Afrikas, und erklärte auf Nachfrage hin weiter:

> Das kann ich erst mal insofern erläutern, dass erst mal die Roots aus Afrika kamen [und] [...] nach Amerika gingen, durch den Sklavenhandel. [...] [Um] noch einmal zurückzukommen auf die geopolitische Geschichte: Ich hatte einen Eindruck, ein Erlebnis auf den Bahamas [...], da brachte mich ein Taxi zum Airport, und der sagte mir, ›Do you know that colored women are the best? They are stronger than white women. There is no white woman coming with‹. Ausnahmen gibt's überall, aber die wirklich starke Frau, ist die sexuelle Schwarze. [...] Aber das habe ich nachher auch immer wieder durchgezogen, vollzogen, [...] innerlich überprüft, und musste sagen, die dampften einfach vor Sex. Die waren einfach ansprechbar über Sex, über diese niedrigsten Instinkte, den Menschen anzusprechen.[10]

9 Erzählung von Charles Wilp im Interview.

10 Die Interviews wurden transkribiert und, da es hier nicht um detaillierte Text- und Sequenzanalysen geht, an das Schriftdeutsch angepasst, soweit dies möglich und vertretbar war. Ziel war zugleich aber auch, den individuellen Charakter der Aussagen zu erhalten.

Mag dieses Material auch durch die nachträgliche Rekonstruktion und die zotig-anekdotische Erzählform von der Erzählsituation in der Gegenwart ähnlich geprägt sein wie von der Vergangenheit[11], so greift doch insbesondere die Charakterisierung schwarzer Frauen als »ansprechbar über Sex, über diese niedrigsten Instinkte« ganz offenkundig – wenn auch mit einer (schon aus dem Primitivismus bekannten) positiven Vorzeichensetzung – auf jene diskursive Tradition zurück, in der schwarze Frauen die Antithese zur weißen, männlichen, geistigen und bürgerlichen Zivilisation verkörpern (vgl. El-Tayeb 2001 150).

Andererseits findet hier mehr als eine bloße Fortschreibung statt. Der Unterschied zwischen Wilps Bluna-Kampagne und dem klassischen »Warenrassismus« tritt auf der Ebene von »Blickstrukturen« deutlich hervor.[12] In der panoptischen Inszenierung des Warenrassismus im imperialen Zeitalter kommt der Blick des Betrachters meist von oben – »the commanding position of surveying from above« (Roediger 1997: o.S.) – und trifft aus dieser kontrollierenden und kommandierenden Position heraus den unterwürfigen, nach oben gerichteten Blick eines dienenden schwarzen Menschen.[13] Alternativen dazu waren im ikonographischen Repertoire vor den 1960er Jahren allenfalls Typen wie der Komiker, die gutmütige, dümmliche »Mammy«, das Kind und – negativ – der animalische Vergewaltiger als Bedrohung weißer Weiblichkeit (vgl. Bogle 1973). Auch in den Elendsfiguren der Reportagefotografie und in der Wahrnehmung der US-Bürgerrechtsbewegung der 1950er Jahre reproduzierten sich vergleichbare Blickstrukturen.[14]

---

11 »There is no white woman coming with« ist offensichtlich eine nicht sonderlich gelungene Übersetzung des deutschen Satzes »da kommt keine weiße Frau mit«, was die vermeintliche Nacherzählung zumindest im Detail als nachträgliche Erfindung ausweist

12 Die Analyse von »Blickstrukturen« wurde in der semiotisch-psychoanalytischen Film- und Literaturwissenschaft (»Screen«-Schule) theoretisch ausgearbeitet. Vgl. u.a. Silverman 1992 (insbesondere Kapitel 3), Williams 1989.

13 In dieser Terminologie wäre der »Blick« des weißen Betrachters als »gaze« zu übersetzen, da es sich nicht einfach um einen Blick (»look«) unter anderen handelt, sondern um eine Position, die die gesamte Szenerie dominiert. Vgl. dazu Silverman 1992: 153. Zum zentralen Zusammenhang von »gaze« und Identifikation vgl. Žižeks Ausführungen über imaginäre und symbolische Identifikationen: »Imaginary identification is always identification on behalf of a certain gaze in the Other. So apropos of every imitation of a model-image, apropos of every ›playing a role‹, the question to ask is: for whom is the subject enacting this role? Which gaze is considered when the subject identifies himself with a certain image?« (1989: 106).

14 Dies ist zunächst nur eine Hypothese, die aber von einer ersten Sichtung von Artikeln über die Bürgerrechtsbewegung und die US-amerikanischen »Ghettos« unterstützt wird.

Im Gegensatz dazu trifft der Blick der schwarzen Modells in allen drei vorliegenden Anzeigen – Bunnies, Weihnachtsfrauen und Stewardessen – den Betrachter nicht von unten, sondern von oben. Sie tragen den Kopf im Nacken und das Kinn nach oben gereckt. Ihre beinahe geschlossenen Augenlider bringen eher Desinteresse zum Ausdruck als Unterworfenheit. Der vorherrschende Eindruck ist einer von Stolz, vielleicht auch von Arroganz. Anders dagegen die weißen Models derselben Kampagne: ihr Blick trifft den Betrachter nicht von oben, sondern auf Augenhöhe.

Diese Veränderung ist schon deswegen nicht trivial, weil sie einschneidenden historischen Veränderungen zwischen dem Zeitalter des Imperialismus und den späten 1960ern entspricht. Die augenscheinliche Wandlung des ikonographischen Musters hat Teil an einem Bedeutungswandel mit globalem Hintergrund.[15] Politische, ideengeschichtliche und auch ikonographische Vorläufer dafür sind u.a. in der Négritude-Bewegung der 40er und 50er Jahre zu finden. Mit ihren Rückgriffen auf Attribute postkolonialer Nationalstaatlichkeit (eine Fluglinie) und auf Zeichen der schwarzen, US-amerikanischen Populärkultur (wie der als »Afri-Cola-Frisur« eingesetzte »Afro« oder die psychedelischen Free-Jazz-Klänge) zeigen Wilps Inszenierungen, dass in den späten 1960er Jahren nicht nur in Ländern mit großer schwarzer Bevölkerung wie den USA, Brasilien und in afrikanischen Staaten (Ghana, Kongo, Tansania) eine neue Ästhetik und ein Glamour des Schwarzseins entstanden (vgl. Gilroy 2001; Serlin 1998: 106; über Tansania Joseph 1998). Diese transnationalen, diasporischen Imaginationsräume wurden auch in der Bundesrepublik aufgegriffen und symbolisch integriert – freilich mit ganz anderen Erfahrungshintergründen.

Im Kontext der Wilp-Werbungen ist dieses andere Bild- und Blickmuster als »postkolonialer Warenrassismus« beziehungsweise Warenrassismus unter postkolonialen Bedingungen zu begreifen: »Postkolonial«, weil die »realhistorische« Unterwerfung schwarzer Menschen in diesem Moment, in dem sich die entkolonialisierte und national- beziehungsweise sozialrevolutionäre »Dritte Welt« als historisches Subjekt im emphatischen Sinn zu konstituieren bemüht, vorbei zu sein scheint und der stolze Blick der schwarzen Models insofern auch ein entkolonisierter Blick ist – ein Blick, der nicht länger in den Spiegeln kolonialen Mimikry gefangen bleibt, weil er keinen Kolonialherren mehr zu fürchten hat. Und es handelt sich trotzdem noch um »Warenrassismus«, weil Eigentums- und Repräsentationsverhältnisse tendenziell unter weißer Hegemonie bleiben. Die erneute Unterschei-

15 Inwiefern sie schon in den 1920er Jahren, an die die Kultur der 1960er in der Bundesrepublik ja immer wieder anknüpften, vorgezeichnet waren, würde sich genauer zu erforschen lohnen.

dung schwarzer und weißer Blicke, die mit einer symbolischen Überhöhung des Schwarzseins einhergeht, bedeutet schließlich eine erneute Fetischisierung der Differenzproduktion (vgl. Mercer 1994; Smalls 1998).

Dennoch brechen entscheidende Bestimmungen des traditionellen Warenrassismus auf: die radikale Trennung zwischen weiß und schwarz, die kolonial-evolutionistische Chronopolitik und die Verdrängung von Ambivalenzen.[16] Gerade die Repräsentationen schwarzer Körper und Sinnlichkeit konstruieren nun (auf gleichermaßen grobe Weise) nicht mehr nur ein komplementäres Fremdbild, vor dem sich das weiße Eigene abhebt, sondern haben zugleich *auch* Eingang in das Selbstbild weißer Subjekte der 1960er gefunden. Sinnlich, rauschhaft, »sexy mini flower pop-op« waren nicht allein Attribute, die die schwarzen Models verkörpern sollten, sondern auch des Produkts und seiner imaginären Konsumenten. »Chronopolitisch« handelt es sich deshalb nicht um eine archaische, unterworfene Welt, sondern um eine eindeutig zeitgenössische, tendenziell sogar futuristische.

Verändert hat sich damit auch das Verhältnis von Verdrängtem und Expliziertem. Konnte Stuart Hall zum Beispiel anhand von Illustrationen (aus der ersten Hälfte des 20. Jahrhunderts), die schwarze Männer als kindlich zeigten, noch ausführen, »what is visually produced, by the practices of representation, is only half the story«; die »tiefere Bedeutung« stereotyper Repräsentationen vom »rassisch« Anderen liege dagegen meist »in *what is not being said, but is being fantasized, what is implied but cannot be shown*« (Hall 1997: 263, Hervorhebungen im Original), so ist das vermeintlich Verdrängte nun gewissermaßen nach Außen gekehrt.[17] Was – wie Foucaults »Sexualität und Wahrheit« zeigt – als Fantasie zwar durchaus »produziert« wurde und eine eigene Form der Präsenz besaß, aber keine unmittelbare Sichtbarkeit, zerrte die visuelle Kultur der 1960er im Gestus des Tabubruchs ans Tageslicht – nicht nur im Fall der schwarzen Models in der Bluna- und Afri-Cola-Werbung, aber hier ganz besonders. Damit sind wir auf ein Muster gestoßen, das sich nicht nur für das Feld der Werbung konstatieren lässt: Die Legitimierung und Explizierung vormals »verdrängter« oder als verdrängt produzierter Wünsche ist ein Thema der Zeit im Sinne eines »feldübergreifenden Effekts«, das im freudianischen Marxismus seine theoretische Rechtfertigung und Überhöhung fand. Dabei trifft sich das Selbstverständnis der Gegenkultur

16 »Chronopolitik« bezeichnet Vorstellungen einer Verbindung von zeitlicher, evolutionärer und kultureller Ordnung, wie sie in Formulierungen von »rückständigen« oder »archaischen« Kulturen zum Ausdruck kommen. Vgl. Fabian 1983.

17 Halls Beispiel ist der von weißen Rassisten bewusst gehegte Gedanke, schwarze Männer seien wie Kinder, dem auf der unbewussten oder verdrängten Ebene eine Fantasie von »Superpotenz« entspricht (1997: 262f).

hier, wie zuletzt immer wieder bemerkt wurde, durchaus mit Tendenzen des zeitgenössischen Kapitalismus, der die Aufhebung kultureller Schranken als Chance zur Steigerung von Konsum, Verwertung und Akkumulation nutzen kann.[18] Die Repräsentationen schwarzer Frauen sind vor diesem Hintergrund zu sehen, der wiederum eng mit der präfeministischen »sexuellen Befreiung« verknüpft ist (vgl. Kapitel 3).

Die Bluna-Werbung verdeutlicht freilich auch, dass diese Explizierung die bestehenden Codes keinesfalls aufhob. Der fiktionale Charakter der visuellen Fantasie tritt hier zwar offen zutage: So wird die visuelle Suggestion, ein Bluna-Südfrüchtekonzentrat würde von Stewardessen der »East African Airlines« aus Ostafrika eingeflogen (vgl. Abb. 2), vom Text direkt dementiert[19]. Die bereits erwähnten exotischen, das »Afrikanische« konnotierenden Accessoires funktionieren schon deshalb nicht im Sinne eines pseudo-dokumentarischen Realismus, der die Authentizität von »Kolonialwaren« garantieren würde, sondern – das sollte dem auch nur rudimentär »kritischen« Konsumenten offensichtlich sein – ganz offenkundig zur Inszenierung einer Fantasie.[20] Diese Fantasie selbst unterscheidet sich aber nicht grundlegend von den verdrängten Szenarien, von denen sie sich absetzt. Festzuhalten bleibt zudem, dass die Tabus, die schwarze *Männer* betreffen, zumindest in der Wilp'schen Werbung weitgehend erhalten sind.[21]

AFRI-COLA UND DIE VERFÜGBARKEIT DES RAUSCHES

Die »Pressestimmen zum 10. Markenartikelforum« vom November 1968 beschreiben die unter der Überschrift »sexy-mini-super-flower-

18 So schreibt Thomas Frank über zeitgenössische Verhaltensanweisungen, »The abandonment of certain ideas of feminine restraint, one reads again and again, will make women into much better consumers than had been their mothers.« (Frank 1997: 152, vgl. auch ebd.: 230-235). Für die »Geschichte der Sexualität« in der Bundesrepublik vgl. z.B. Herzog 1998 und Schulz 2003 sowie die Diskussion Kapitel 3.

19 »Mit Hubschraubern ausgesuchte BLUNA-Früchte aus den Anbaugebieten und Plantagen in der Höhenluft Spaniens, Kaliforniens, Marokkos und Floridas«.

20 Vgl. Wilps Erklärungen seiner Vorgehensweise (hier im Kontext einer politisierten Kunstwelt): »Hier wird bewusst gemacht, dass manipuliert wird, dass der Konsument verführt wird. [...] Die Werbung als realistische Konsumverführung wird zum Genuss und führt zur Konsumfreude«. (Documenta 5 (Hrsg.): 6.3).

21 Auch hier sind allerdings, wie z.B. bei der Eminence-Werbung, Ausnahmen zu beobachten, die sich hinter der Quantität der Afri-Cola- und Bluna-Werbungen aber eher unbedeutend ausnehmen. Andere Genres wie die Fotostrecken z.B. in »twen« und Imaginationen in der politischen Gegenkultur werden in Kapitel 3 und 4 näher betrachtet.

pop-op-cola: Alles ist in Afri-Cola« geführte Kampagne, bestehend aus Illustriertenanzeigen und Fernsehspots und »gestaltet von dem Düsseldorfer Starfotografen und Enfant terrible der Werbung Charles Wilp«, als

> eine eruptive Mischung von kühlem Understatement und heißer Konsumlust [...] Hinter einer geeisten Glasscheibe, in die das Afri Cola-Markenzeichen eingeätzt ist, bewegen sich allerlei faszinierende Gestalten: Schicke Negerinnen und Neger, Ärzte mit Krankenschwestern, Soldaten, hübsche Nonnen und aggressive Untergrund-Typen. Keine der üblichen schönen, plakativen Werbegesichter, sondern eigenwillige, ja schockierende Physiognomien, die den Blick fesseln und deren Wirkung unter die Haut geht. Der Betrachter spürt, dass da hinter der Scheibe einiges geschieht. Er weiß nur nicht genau, was.[22]

Sowohl auf der Motivebene – bei den abgebildeten Figuren und ihren Aktivitäten – als auch in den Darstellungsformen, vom Schnitttempo bis zur Musik, und infolgedessen auch in den antizipierten und geforderten Wahrnehmungskonventionen, versucht die Afri-Cola-Werbung zu sein, was der Werbespruch selbst benennt: »Pop«. Die Kampagne soll als *Teil* einer allgemeineren, als hedonistisch-emanzipatorisch begriffenen Popkultur erscheinen, deren Stimmungen und Motive Wilp aufgriff (er habe auf »echte Vokabeln« zurückgegriffen, Interview) und zugleich prägte. Dazu zählten »Afroamerikanophilie« und wahrnehmungsgeschichtliche Avantgardismen gleichermaßen: der Pressebericht führt weiter aus, dass die Afri-Cola-Spots im Fernsehen seit einiger Zeit nur noch am Ende der Werbeblöcke gesendet würden. Andere Werbekunden hätten sich beschwert, »die Zuschauer seien mit dem Afri-Cola-Spot noch so sehr beschaftigt, dass sie die nachfolgende Werbeeinblendung nur unvollkommen wahrnähmen«.[23] Dieser Wahrnehmungsschock rührt vor allem von der Darstellung der Rauscherfahrung her. Wilp versuchte, mittels der Werbung ähnliche physiologische Effekte auszulösen:

> Was mich [...] interessiert, ist: wie viel Energien, wie viel Hochlichter setze ich auf eine Flasche, dass die Flasche aggressiv wird? Dass die Flasche plötzlich zu einem Laser wird, der die Netzhaut mehr als normal beansprucht und dadurch Reize verursacht, die nicht immer in die Genitalgegend, in die Erotik um-

22 Zeitungsausschnitte aus dem Archiv Wilp (Bildarchiv Preußischer Kulturbesitz, Berlin).

23 Pressestimmen zum 10. Markenartikelforum, November 1968, Zeitungsausschnittsammlung, Archiv Wilp.

schlagen muss oder in den Sex-Appeal, sondern auch einmal die Netzhaut reizt, um Effekte beziehungsweise, um überhaupt einen Reiz auszulösen.[24]

Waren die verzückten Nonnen auch das bekannteste Beispiel für das Rausch-Motiv, so sind die Werbespots und Anzeigen mit der afroamerikanischen Musical-Sängerin Donna Sommer (ca. 1970; die spätere »Disco-Queen« Donna Summer) an dieser Stelle ähnlich einschlägig. Das durch die vereiste, mit dem Firmenlogo versehene Scheibe fotografierte, offenbar nur mit einem schwarzen Slip bekleidete Model trinkt, in einer den Nonnen vergleichbaren Stimmung aus einer großen Literflasche Afri-Cola, indem sie an einem langen, gewundenen, durchsichtigen Schlauch saugt. Der Begleittext hebt heraus, dass Afri-Cola der »Genuss mit der schwarzen Cola-Bohne« sei. Die dunkelbraune Farbe der durch den Schlauch wandernden Flüssigkeit entspricht in etwa der Hautfarbe des Models, so dass Bild und Text die Assoziation nahe legen, hier fände eine Transfusion einer »schwarzen« Essenz statt: Der Afri-Cola-Rausch erscheint damit gewissermaßen als ein Rausch des Schwarzseins. »Blackness« und Rausch werden dabei einerseits erneut als sowohl fremd und different, andererseits aber auch als im Konsum verfügbar und damit übertragbar präsentiert.

Auch das tanzende »Buschbaby« im gleichnamigen Fernsehspot – der Titel ein Inbegriff des erneuerten Warenrassismus –, die sinnlichen Nonnen und die anderen Figuren hinter der Glasscheibe betonen das für den Zuschauer Geheimnisvolle und Unzugängliche und bedienen damit ein Motiv, das in anderen »afroamerikanophilen« Kontexten wiederkehrt. Dabei zielt Wilp in jeder einzelnen Anzeige und in jedem Spot darauf ab, eine ungewohnte Erlebnis*intensität* zu erreichen: »Ich mache keine Werbung im herkömmlichen Sinne, sondern ich biete Erlebniskomplexe an, in die ich das Produkt einbette«.[25] »Erlebnis« meint hier sowohl die Imagination, am exklusiven Treiben der »schockierenden Physiognomien« hinter der Scheibe teilzuhaben (ähnlich dem grundlegendsten Versprechen von Popkultur, dem Glamour), als auch den davon nicht zu trennenden, physiologischen, im

24 Interview mit Charles Wilp in der Deutschen Welle, 1972; Protokoll im Archiv Wilp. Die Afri-Cola-Werbungen sollten also auf »zwischenhirnsympathische« Weise unmittelbare, sinnliche Effekte zeitigen (vgl. Wilps Aussagen in documenta 5 (Hrsg) 1972: 6.3). Die spielerisch-experimentelle Herangehensweise unterscheidet Wilp dabei von der formalistischen Werbepsychologie der 1950er Jahre (vgl. Lindner 1977 über die »Verwissenschaftlichung« von Werbung).

25 Pressestimmen zum 10. Markenartikelforum, November 1968, Zeitungsausschnittsammlung, Archiv Wilp.

Vertilgen des käuflichen Produkts selbst erlebbaren und somit mit dem Model geteilten »Afri-Cola-Rausch«.[26]

Abbildung 2: Afri-Cola – Donna Summer

In Verbindung mit den semiotischen Codes bedingte diese »Aneignungsorientierung«, dass Afri-Cola die Konsumenten eher in den kulturellen Raum integrierte, in dem auch die schwarzen Models ihren Platz hatten, als dass es – wie im »Warenrassismus« des 19. Jahrhun-

---

26 Der Afri-Cola-Rausch sollte, so Wilp, angesichts der verhältnismäßig hohen Konzentration von Koffein auch eine chemische Entsprechung haben. Ohnehin war die Betonung naturwissenschaftliche »Wahrhaftigkeit« für Wilps Selbstverständnis zentral, weswegen er immer wieder die Zusammenarbeit mit dem Lebensmittelchemiker Schröder betont und seine Bildinszenierungen wahrnehmungspsychologisch begründet. Chemische und neurologische Prozesse wurden, wie im Fall der hier nicht abgebildeten »Alphawellen«-Werbung, mit New-Age-Begriffen kombiniert: »Yoga / autogenes Training / kontemplatives Training / oder einfach entspannen / mit AFRI-COLA. Alpha-Rhythmen sind gewisse Muster von Rhythmen als Ernährungsfunktion des Gehirns. Nur mit AFRI-COLA im AFRI-COLA-Rausch«.

derts – im Bild der Schwarzen ein komplementäres Gegenbild entworfen hätte.

So sehr sich diese Kampagne also aus rassistischen Mythen speist und neue Mythen – wie den noch genauer zu erläuternden postkolonialen Äquivalenzmythos – produziert, so zeigt die Zentrierung des Rauschmotivs auch, dass die Kampagne ihre ästhetische und funktionale Wirksamkeit nur zu erreichen scheint, indem sie zugleich auf ein Jenseits von Sinn und Bedeutung verweist. Es wäre deshalb zu einfach, hier allein nach ikonographischen »Botschaften« zu suchen. Wenn es, wie Gilles Deleuze und Félix Guattari schreiben, neben dem »Zeichenregime der Signifikanz« auch ein »postsignifikatives Regime« gibt, das vor allem mit »Intensitäten« operiert, dann versucht der wahrnehmungspsychologisch geschulte und Pop-affine Werber Wilp, mit der Grenze zwischen beiden zu spielen (vgl. Deleuze und Guattari 1992: 155-204).[27] Wie die anderen Motive ist das Schwarzsein einerseits mit traditionellen und neuen Bedeutungen, zugleich jedoch immer auch mit schieren Intensitäten verknüpft, mit Lichtern, chemischen Zuständen, Eindrücken und Wünschen; mehr noch, das Schwarzsein wird als eigene Form gesteigerter Intensität inszeniert. Dabei handelt es sich fraglos wiederum um einen neuen (vielleicht auch einen alten) »Mythos«, der sich »signifikativer« Elemente bedient. Damit ist aber noch nicht gesagt, dass dieses Spiel mit Bedeutung und Intensität – bei Wilp und in anderen »afroamerikanophilen« Kontexten – immer nur die bekannten Logiken in neuen Medien reproduziert (und damit in Ersetzungen und Homologien, den strukturalistischen Analyseprinzipien, aufgeht).[28]

IMAGINÄRE ÄQUIVALENZEN: SCHWARZSEIN UND GEGENKULTUR

Die »sexy-mini-super-flower-pop-op-cola«-Werbung weist das Schwarzsein als Zeichen des Zeitgenössischen aus, als Inbegriff des Gegenwärtigen, von »Pop« um 1968. Da schwarze, gelegentlich auch als US-amerikanisch gekennzeichnete Models nur ein – freilich bevorzugtes – Motiv unter anderen in dieser Kampagne sind und das Verhältnis zu den anderen Motiven kein komplementäres ist, bleibt die Beziehung der Motive zueinander genauer zu klären, um die Aneignung schwarzen Glamours und ihre Beziehung zu weißen Subjektpositionen besser verstehen zu können. Die Analyse soll also eine An-

27 Dieser Zusammenhang wird im Kapitel »Theorien…« weiter ausgeführt.

28 »Der Versuch, diese Blöcke des Werdens durch die Entsprechung von zwei Beziehungen zu erklären, ist immer möglich, aber er führt sich auch zu einer Verarmung des beobachteten Phänomens.« (Deleuze und Guattari 1992: 324).

näherung an den Platz diesseits der Glasscheibe, den die Afri-Cola-Konsumenten einnehmen konnten, und an seine imaginäre Verortung möglich machen.

Viele der Motive hinter der Glasscheibe scheinen aus im Wilp'schen Sinn (s.u.) »synästhetisch«-paradoxen Szenarien zu stammen – eine Gruppe Kaviar essender Fasanenjäger, ein schwarzer Mann in altertümlicher Abendgarderobe und feiner Gesellschaft, die sinnlichen Nonnen –, einige wiederum, wie die Krankenschwestern, aus Szenarien populärer sexueller Fantasien. Zweitens finden sich Motive, die unterschiedliche Charakteristika des Hippen, sexuell Befreiten, Oppositionellen oder phänotypisch Fremden aufweisen: jene »aggressiven Untergrund-Typen« und Hippies, nackte Hippie-Frauen, entfremdete Soldaten, asiatische Tänzerinnen. So unterschiedlich diese Motive auch jeweils sind, so werden sie doch schon durch ihre Sequenz – also dadurch, dass sie sich in verschiedenen Anzeigen für ein Produkt als Motive hinter der Eisscheibe abwechseln – in eine Äquivalenzbeziehung gesetzt.

Die »Kette« der verschiedenen Afri-Cola-Anzeigen produziert also eine semantische Äquivalenzkette. Mit Blick auf ihre politischen Aspekte charakterisieren die Diskurstheoretiker Chantal Mouffe und Ernesto Laclau solche Ketten. Gerade die Verkettung stellt die Gemeinsamkeiten zwischen ihren Gliedern und damit eine zweite Bedeutungsebene her: »Equivalence creates a second meaning which, though parasitic on the first, subverts it: the differences cancel one other out insofar as they are used to express something identical underlying them all. The problem is to determine the content of that ›identical something‹ present in the various terms of the equivalence.« (Laclau/Mouffe 2001: 127). Bei den Afri-Cola-Werbungen stellt dieses »identische Etwas« einerseits schlicht das Produkt beziehungsweise die Marke dar, andererseits handelt es sich um keine »positiv« bestimmbare Eigenschaft, sondern negativ um die gemeinsame Unterscheidung von einer nicht näher bestimmten, »spießigen«, verklemmten und eben auch weißen Normalität.[29] Das jeweils gegebene Partikulare (wie das eigene Weißsein und das Schwarzsein der Afri-Cola-Models) wird durch dieses gemeinsame Dritte zumindest in den imaginären und symbolischen Registern austauschbar.

Die semiotischen Äquivalenzketten entsprachen, wie in Kapitel 4 genauer herauszuarbeiten bleibt, in gewisser Weise auch Ketten imaginärer Äquivalenzen im Politischen. Gestützt auf Laclau und Mouffe hat Kobena Mercer für die USA und Großbritannien herausgearbeitet,

29 Gerade der kalkulierte Regelbruch, die gezielte Unkonventionalität – im Vergleich mit großen Teilen zeitgenössischer Werbung in der Bundesrepublik – machte den Erfolg der Kampagne (mit) aus. Eine Klage des Kölner Kardinals Frings gegen die sinnlichen Nonnen (1968) spielte Wilp letztlich in die Karten und sorgte für willkommene Presseresonanz.

inwiefern diese Entsprechungen die Zeit um beziehungsweise nach 1968 charakterisieren: Unterschiedliche, nach Anerkennung strebende Gruppen, insbesondere ethnische Minderheiten und Schwule und Lesben, hätten »chain(s) of radical democratic equivalences« untereinander, zwischen ihren jeweiligen Anliegen, Positionen und Aktionsformen hergestellt. Voraussetzung für diese Ausdehnung der politischen Äquivalenzketten sei gerade die mediale Sichtbarkeit gewesen, die politische Auftritte und ihre Ästhetik – Mercer meint damit vor allem die Black Panther Party – wie auch kommerzielle Bilderwelten in einem komplexen, von Ambivalenzen überlagerten Beziehungsgeflecht umfasste (Mercer 1994: 303).[30] Dass ein postkolonialer, Äquivalenzen suggerierender Warenrassismus an die Stelle älterer Repräsentationsmodelle trat, zeigt, wie sehr Wilps Werbung Teil einer übergreifenden, kulturellen und politischen Formation war.

Tatsächlich bemühte sich Wilp, den Bogen zur explizit politischen Rebellion zu schlagen, indem er versuchte, prominente Figuren der Außerparlamentarischen Opposition und der Gegenkultur, wie Rudi Dutschke und die Kommunarden Fritz Teufel und Rainer Langhans, für die Afri-Cola-Werbung zu gewinnen. Zu seinem Leidwesen durfte er die enstandenen Aufnahmen allerdings nie einsetzen.[31] Dabei ging es ihm ohnehin um nichts Geringeres als um das Einreißen der Gattungsgrenzen zwischen politischem »Bewusstsein«, Kunst und kommerzieller Populärkultur (ein Thema, das in anderen kulturellen Fel-

30 »In no small measure, they [die noch herzustellende black community, Anm.] used the representations encountered in the everyday forms of mass culture – newspapers, radio, cinema, television, literature, music – as it was the commodification of social relations associated with the overdevelopment of postwar capitalism that paradoxically enabled the transnational movement and migration of racial metaphors.« (Mercer 1994: 300)

31 Im Vergleich mit der »Subkultur« der Hippies und den Fantasiewelten aus den anderen Anzeigen hätten Repräsentanten der außerparlamentarischen Opposition und der linksradikalen Gegenkultur in der Afri-Cola-Kampagne (oder jeglicher Werbung) noch einmal einen viel stärkeren Kontrast zum kommerziellen Zweck und folglich auch einen größeren Tabubruch (sowohl für konservative Werbekunden als auch für die Linken) bedeutet: Mit ihren Namen und Gesichtern waren (bei Dutschke natürlich mehr als bei Langhans) antikapitalistische Forderungen verbunden, nicht nur generische Zeichen des Oppositionellen, die auch von vielen anderen zeitgenössischen Werbern eingesetzt wurden. In Wilps Erinnerung verlief die Kommunikation folgendermaßen: »Ich sage Rudi [...] kuck mal, ich bin ein unpolitischer Mann, [...] trink Afri-Cola vor der Kamera dann kriegst Du fünftausend Mark. Kuck mal, ich habe die Schecks, das waren damals viel Geld... Jaaa, sagt er, dann können wir uns endlich Abzugspapier kaufen, das war die Sprache damals, Abzugspapier, das war Xeroxpapier. [...] wir waren eine Gruppe, obwohl politisch wir uns überhaupt nicht tangierten. Und dann sagte er mir, das Geld kannste mir auch so geben, da hab ich gesagt, neee, Rudi [...] Sagt er, nein ich kann doch nicht hier vor der Kamera Afri-Cola trinken, dann sagen die Kommunarden, der Dutschke trinkt Afri-Cola, ich sage, genau das wollen wir [...] Du hast den Punkt getroffen.«

dern, zum Beispiel in der Welt des Berliner »Blues«-Untergrunds, in anderen Ausprägungen ebenfalls eine große Rolle spielte).[32] »Synästhetisch« wollte Wilp Gegenkultur und Werbung vereinen: Er ging davon aus, »dass Werbung, Design, Kunst usw. keine Berechtigung haben, dass sie unnütz sind, [...] es sei denn, man verkauft damit eine Ware oder schafft Bewusstsein. Ich hab beides gemacht.«[33] Doch während er bei der APO auf Widerstand stieß (die Unterschiede zwischen dem »Verkaufen einer Ware« und dem »Bewusstmachen einer Sache« blieben für Dutschke et al. unüberbrückbar), waren die Zeichen des Schwarzseins dank der generischen, entindividualisierenden Logik von »Rasse« frei verfügbar, weswegen damit auch die Attribute des Gegenkulturellen und zugleich politisch Radikalen eingesetzt werden konnten, die dem Schwarzsein im Kontext der Black Power-Bewegung eigneten.

So findet sich bei den für Afri-Cola (vgl. Abb. 4) produzierten Aufnahmen eine Fotostrecke mit dem schwarzen Model »Minah«, die eine weiße Mütze trägt, auf der ein roter Stern prangt. Während die Exponenten der APO gerade – durchaus unter dem Zeichen des roten Sterns – mit der Welt des »Kommerzes« brechen wollten, waren es bei »Minah« nicht persönliche Eigenschaften, die sie als Trägerin dissidenter Zeichen qualifizierten, sondern ihre Erkennbarkeit als Schwarze. Der rote Stern auf der Mütze expliziert die in diesem Repräsentationssystem implizite Beziehung ganz plakativ: »Blackness« ist äquivalent zur Gegenkultur. Wenn also weiterhin in der kulturellen Logik des historischen Moments zwischen »Ware« und »Bewusstsein« ein Widerspruch bestand, dann vermochte »Blackness« diesen Gegensatz semiotisch insofern zu überbrücken, als der »ethnische Signifikant« (Mercer 1994: 302) nicht nur in Wilps Werbekampagne, sondern auch in anderen imaginären und symbolischen Registern in die schon genannten Äquivalenzketten eingebunden war. Im Spannungsfeld der Verhaltensanweisungen von Gegenkultur und Konsumgesellschaft konnte »Blackness« immer wieder auch als imaginäre Lösung oder zumindest Überbrückung für einen diskursiven Widerspruch fungieren.[34]

---

32 Was ihm zumindest insofern gelang, als er als einziger Werber mit auf der von Harald Szeemann kuratierten und in Richtung Populärkultur und »Trivialmythen« geöffneten Documenta 5 (‚Befragung der Realität. Bildwelten heute«, 1972) vertreten war, vgl. den Katalog (Documenta 5 1972: 6.1-5).

33 Interview.

34 Im Hintergrund von Mercers Interpretation steht ein für die Cultural Studies-Bewegung seit den 1980er Jahre zentrales politisches Programm, das Chantal Mouffe emphatisch so formulierte: Es gehe darum, »an ›expansive hegemony‹, a chain of equivalences between all the democratic demands« herzustellen, »to produce the collective will of all those people struggling against subordination« (Mouffe 1988: 99), und weiter: »The longer the chain of equivalences set up between the defense of the rights of one group and tho-

Abbildung 3: Afri-Cola – Minah

Während diese Werbekampagnen also die postkoloniale Transformationen des Warenrassismus verdeutlichen und die kulturelle Plausibilität von Äquivalenzketten demonstrieren, die Schwarzsein imaginär mit dem Poppigen, Gegenwärtigen, Internationalen, Gegenkulturellen und mit geheimnisvollen Erfahrungsintensitäten verknüpften, beleuchtet diese Diagnose in erster Linie die Wanderung und Transkulturierung von Zeichen und den Beziehungen zwischen ihnen. Damit verbleibt sie noch weitgehend auf einer formalen Ebene. Eine nur so verstandene »Afroamerikanophilie« wäre vor dem Hintergrund der Nachkriegsgesellschaft nicht nur in Deutschland, sondern im ökonomisch expandierenden kapitalistischen Westen überhaupt, in eine sich globalisierende »Gesellschaft des Spektakels« (Debord 1996) einzuordnen, die alle Differenzen absorbiert und in Warenform verwandelt. Offen bliebe bei einer solchen Großdiagnose aber, welche Eigenlogik (a) die »schwarze Kultur« selbst und (b) die weiße Aneignung

se of other groups, the deeper will be the democratization process« (Mouffe 1988: 100). Wilps »planetarische«, dem eigenen Selbstverständnis gemäß nichts und niemanden ausschließende Perspektive verdeutlicht allerdings auch den Unterschied zwischen seinen Produktionen, die wie gezeigt mit semiotischen »Äquivalenzketten« operieren, welche sich zu gleichzeitig entstehenden politischen Äquivalenzketten homolog verhalten, und dem Programm der tatsächlichen »Neuen Linken«. Während in Laclau/Mouffes Politikverständnis die »Äquivalenzketten« letztlich einen radikalen Antagonismus begründen, der die verschiedenen Glieder der Kette von demjenigen Pol trennt, von dem sie sich gleichermaßen qualitativ unterscheiden (»Logik der Äquivalenz«), ist bei Wilp eher jene nicht-antagonistische, liberalpluralistische Logik am Werk, die Laclau und Mouffe als »Logik der Differenz« bezeichnen (Laclau 1979; vgl. dazu auch Mercer 1994: 294).

schwarzer Kultur in diesem Prozess besitzen. Afroamerikanisches »Schwarzsein« war schließlich immer schon mehr als nur ein frei verfügbares und rekontextualisierbares Zeichen, es blieb immer mit »dichten« schwarzen Selbstverständnissen verknüpft, die sich gegen allzu leichte Vereinnahmungen sträubten. Neben der Frage des Formtransfers muss es an dieser Stelle also auch um die Eigendynamik kultureller Muster, um die Verteilung semiotischer und politischer Handlungsfähigkeit und um kulturelle Eigentumsansprüche gehen. »Schwarze Kultur« bedeutete um 1968 nicht zuletzt »Soul«. Weil wir uns damit auf die Ebene von Stil und Verkörperung begeben, kommt auf Encodierungs- wie auf Aneignungsseite eine komplexe Dynamik von Zugehörigkeit und Ausschluss ins Spiel. Sie entfaltet sich nicht allein im Imaginären, sondern zugleich innerhalb einer situativen und performativen »Logik der Praxis« (Pierre Bourdieu).

SOUL: DAS »SPEZIFISCH NEGROIDE« UND SEINE WEISSEN FREUNDE

Wenn es im Folgenden um schwarze Musik geht, genauer gesagt um Soul-Musik, dann handelt es sich nicht einfach um ein kulturelles Feld unter anderen. Seit spätestens den 1920er Jahren, in geringerem Maße schon in zwei früheren Jahrzehnten (vgl. Lotz 1997), war populäre Musik entscheidender Auslöser und entscheidendes Distributionsmedium afroamerikanophiler Diskurse auch in Europa. Schwarze Musik machte für die meisten Jugendlichen den »Primärkontakt« mit Afroamerika aus und prägte als wahrgenommene Dominante schwarzer Kultur sowohl ihre Vorstellung von Schwarzen und vom Schwarzsein als auch ihr Amerikabild überhaupt. Diese besondere Bedeutung der fast immer »schwarz« inspirierten und oft schwarz codierten Musik ist heute beinahe schon kulturgeschichtlicher Konsens; die These, »die Negermusik auf AFN und BFBS« habe »an der Entbarbarisierung Nazi-Deutschlands« entscheidenden Anteil gehabt und der Westbindung im Alltag erst zum Durchbruch verholfen, wird zwar selten explizit formuliert, provoziert aber kaum noch Widerspruch.[1] Amerikanisierung war auf dieser Ebene nicht zuletzt Afroamerikanisierung.

Soul war *das* aktuelle Format schwarzer Musik um 1968 und stand für weit mehr als nur für Musik. Andere Genres wie das ältere Blues-Revival und seine Rock-Folgen fanden fraglos mehr unmittelbare Nachahmer und hatten selbstverständlicher Eingang in die populärmusikalische Alltagskultur der Bundesrepublik gefunden (vgl. dazu Siegfried 2006). Die Dynamiken der weißen Aneignung schwarzer Musik jedoch, die auch in diesen anderen Genres zu beobachten sind, treten nirgendwo so deutlich und in einer für die Komplexität des histori-

1 Vgl. Klaus Walter, »Triumph der Provinz«, Frankfurter Rundschau, 19. April 2005: o.S. Walter wirft heutigen Kulturpolitikern, die nach einer Quote für deutsche Musik im Radio rufen, vor, sie hätten eben diesen Anteil – und seine Bedeutung nicht zuletzt in der eigenen Biografie – vergessen.

schen Moments derart charakteristischen Weise hervor wie bei Soul. So wenig dabei freilich in jedem Fall eine trennscharfe musikalische Genreunterscheidung zwisch Blues/-Rock und Soul möglich ist, so wenig kann im Folgenden immer zwischen den damit einhergehenden Diskursen bzw. Aneignungspraxen unterschieden werden; gerade die Überschneidungen werden sich als aussagekräftig erweisen.

Im Dezember 1968 versuchte die Zeitschrift *twen* über sechs von großformatigen Fotos begleitete Seiten hinweg, endlich eine Frage zu klären, die sich den Besitzern von, wie es hieß, »fortschrittlichen Plattentellern« – und nicht nur (wie beim Bebop-Jazz) kleinen Zirkeln von Connoisseuren – seit einiger Zeit offenbar stellte: »Was ist Soul?« (Twen, Dezember 1968: 84-90, 136).[2] Über die »Musik-Mode« (Twen, ebd.) Soul, deren Höhepunkt meist auf 1967 datiert wird (ihr Beginn dagegen auf 1955), hatte Joachim E. »Jazzpapst« Berendt für *twen* u.a. im Mai 1968 berichtet; die Ankündigung für das lange Feature einige Monate später konnte bereits Hörerfahrung voraussetzen und versprach den Lesern ein tieferes Verständnis, bei dem mehr auf dem Spiel stand als die bloße Definition eines Genres: »Soul – die Musik aus dem schwarzen Ghetto erobert unsere Pop-Welt. Platten von Ray Charles, Otis Redding, B.B. King, Aretha Franklin und Carla Thomas rotieren auf jedem fortschrittlichen Plattenteller. Soul wurde Mode und Masche. Dass Soul vielmehr eine Weltanschauung sei, behauptet hier Ted Bourbon.« (Twen, a.a.O.: 136). Dieses tiefere Verständnis wurde sogleich vom trivialen abgegrenzt:

> Die schwarze Welle der Popmusik rollt. Sie gibt den Hintergrund ab für die modischen Hampeleien der emotional unterernährten weißen Jeunesse und für jene bewegungsintensiven Ausbrüche kollektiver Trance, die fast immer so etwas Nachgemachtes und darum Peinliches haben – nur eines nicht: Seele. Soul ist etwas anderes. Soul ist genau das, was die Schwarzen ihrer selbst bewusst sein lässt und was die Weißen immer wieder dazu verlockt, dies nachzuempfinden, ohne es doch im mindesten zu verstehen. (Twen, a.a.O. S. 139).

Weniger gespreizt hatte die *BRAVO* in ihrem großen Artikel im Februar 1968 dagegen gleich mit Antworten eingesetzt: »Soul! Soul! Soul! Ein Sound – heiß wie ein Vulkan, aufwühlend wie ein Wirbelsturm, hart wie ein Vorschlaghammer. Das ist Soul. [...] Das ist die Musik, die jeden Tanzschuppen zum Kochen bringt«. Und sie fuhr fort:

2 Die u.a. von Willy Fleckhaus innovativ gestaltete *twen* sprach vor allem Menschen um die dreißig mit bürgerlichem Hintergrund an, verstand sich aber einen jugendlicheren Anschein zu geben. Vgl. Koetzle (Hg.) 1995: 261. In der Gegenkultur war twen wegen seiner »Konsumorientierung« weniger beliebt; »Sounds« nannte die Zeitschrift »Deutschlands Kommerzmagazin für die Möchtegern-Jet-Set-Jugend« (Sounds: 163).

Hämmernder Rhythmus knallt aus dem Lautsprecher: Soul! Kehlige Stimmen dröhnen durch den Raum: Soul! Pärchen tanzen verzückt – versunken nach einer aufpeitschenden Musik: Soul! Das ist so in München, in Hamburg, in Berlin und in Lemgo/Westfalen. Hätte ein Disk-jockey in einem Tanzschuppen die merkwürdige Idee, keine Soul-Platten zu spielen, er würde glatt gelyncht werden. Fazit: Deutschlands Teens sind soulverrückt. Jedenfalls abends in den Diskotheken. Warum? Soul fühlt man, Soul tanzt man, Soul lebt man. (BRAVO Nr. 7, 12.2.1968: 16).

Etwas resigniert schien der große Advokat von afroamerikanischer Musik als moderner Hochkultur, Joachim E. Berendt[3]: Man habe »in jedem Pop- und Teen-Magazin« (twen, Mai 1968: 146) von Soul lesen können, »jener von Blues und Gospel gesegneten Pop-Musik des amerikanischen Farbigen von heute, über die inzwischen jeder alles weiß« (Berendt in twen, August 1968: 42), wobei, wie Ted Bourbon später hinzufügte, man sich dabei nur Wissen angeeignet habe, »ohne es doch im mindesten zu verstehen« (Bourbon in twen, Dezember 1968: 139).

Die Frage, was »Soul« bedeutet, trieb nicht nur allochthone Beobachter wie *twen* und *BRAVO* um, sie wurde auch in den USA akademisch debattiert und im »schwarzen« Talk-Radio verhandelt[4], auch Soul-Songs wie Ben E. Kings »What Is Soul? « stellten die Definitionsfrage.[5] An dieser Stelle geht es nicht darum, eine musikologische

3 Über Berendt und seine erfolgreichen Versuche, afroamerikanische Musik in der Bundesrepublik zu hochkultureller Respektabilität zu verhelfen und zu den darin fortgeschriebenen bildungsbürgerlichen Rezeptionsmustern vgl. Poiger 2000: 138-150. Zum »Wiederimport« der Moderne und zu Jazz in diesem Kontext vgl. auch Lenz 1997: 139-170.

4 Zur akademischen Debatte s.u. Der (weiße) Ethnograf und Musikwissenschaftler Charles Keil stellte zusammen mit einem Soul-Radio-Moderator auf dem Chicagoer Sender WVON den HörerInnen die Frage »What is soul, how do you define it, who has it?«. Die Antworten der überwiegend schwarzen Anrufer wertete er in seinem Klassiker »Urban Blues« aus (Keil 1966: 166).

5 Das fiel auch Ulf Hannerz auf: »Hannerz führt selbst eine Liste von zeitgenössischen, 1967 veröffentlichten Soul-Songs auf: »Sam and Dave hatten im Herbst 1967 mit ›Soul Man‹ einen Hit, und im Sommer desselben Jahres war ›Soulfinger‹ von den Bar-Kays angesagt. Wilson Picket nahm ›Soul Dance No. 3‹ auf, Shirley Ellis ›Soultime‹, The Coasters ›Soul Pad‹, Smokey Robinson and the Miracles nahmen ›The Soulful Shack‹ auf usw.‹ 1966 und 1967 waren auch die Jahre, in denen die Leitfiguren der Soul-Musik auf ihren Album-Titeln inthronisiert wurden: »King of Soul« (Ray Charles), »Queen of Soul« (Aretha Franklin), »High Priestess of Soul« (Nina Simone) oder schlicht »Mr. Soul« (James Brown).« Lindner 2004: 221 (Fußnote 74). Fraglos wurde die Rätselhaftigkeit der Chiffre auch eingesetzt, um sie auf dem Musikmarkt zu positionieren.

Antwort darauf zu formulieren[6], sondern um die Komplikationen, die aus der Übertragung dieses so offenkundig ethnisch codierten Konzepts in andere Kontexte resultierten. Nicht nur wurden damit der retrospektiven Kulturanalyse einige Rätsel aufgegeben; die afroamerikanophilen, weißen Subjekten der Zeit hatten sich offenbar an dieser Frage praktisch abzuarbeiten.[7] Was also ist Soul, und wer ist – um auf das *BRAVO*-Zitat zurückzukommen – »man«? Und was folgt daraus für die »weiße« Aneignung und Nachahmung schwarzer Kultur um 1968?

Diese Fragen strukturieren das folgende Kapitel. Schon der Umstand, dass Marsha Hunt und Donna Summer, die prominentesten schwarzen Afri-Cola-Models, auch Sängerinnen (Soul/Musical bei Marsha Hunt und Musical sowie – ab 1973 – Disco-Pop bei Donna Summer) waren, weist darauf hin, dass die analytische Unterscheidung von visueller und auditiver Kultur nur heuristischen Wert haben kann. Die auditive Ebene stand nicht für sich allein, sondern wurde von unterschiedlichen Akteuren zugleich auch als Element eines symbolisch strukturierten Ganzen – der »schwarzen Kultur« – betrachtet.

Als Primärquellen für dieses Kapitel dienen zeitgenössische Artikel über »Soul« aus Zeitschriften und Zeitungen, Plattenkritiken, Bücher sowie Musik samt Texten und Plattencovers; es fließen auch einige Aussagen aus Zeitzeugengesprächen mit ein. Diese Quellensammlung ist fragmenthaft, aber zugleich sehr pointiert. Im ersten Teil soll anhand der Soul-Wahrnehmung in der Presse der Bundesrepublik kurz herausgearbeitet werden, welche semantischen Aspekte von Soul als Musik und Kultur hier auf besondere Resonanz stießen. Auf einer abstrakteren Ebene wird diese Frage im zweiten Teil des Kapitels kulturanalytisch mit den Verständnissen von Stil, Gemeinschaft und In-

---

6 Als klassisch könnte folgende Definition gelten: »Soul music is made by black Americans and elevates ›feeling‹ above all else. It began in the late fifties, secularized gospel embracing blues profanity, and dealt exclusively with that most important subject, the vagaries of love. The sound remained in church. More often than not soul is in ballad form and employs certain gospel and blues techniques – call and response patterns, hip argot and inflection, melismatic delivery. It is a completely vocal art. […] Soul assumes a shared experience, a relationship with the listener, as in blues, where the singer confirms and works out the feelings of the audience. In this sense it remains sacramental.« Clive Anderson, zit. nach Guralnick 1986: 3.

7 Darauf verweist auch May Joseph, die den Zusammenhang zwischen der Zirkulation von Bildern und der Zirkulation von Waren herausstellt: »Soul culture was caught in the transnational economy of traveling commodities serving as ambassadors of official U.S. culture abroad during this time. Sports (through the Harlem Globetrotters and Muhammad Ali), Black music, blaxploitation cinema, and the struggle for visibility and visuality in Afro-American popular culture gets read and translated differently outside the domains of its national context.« (Joseph 1998: 127f).

teraktion verknüpft, die unterschiedliche Zeitgenossen mit dem Konzept Soul verbanden. Schließlich gilt es, die Brücke zu »afroamerikanophilen« Reaktionen auf Soul zu schlagen und zu klären, wie weiße Subjekte sich eine durch und durch als exklusiv und schwarz konzipierte kulturelle Konfiguration aneignen konnten.

Die Quellentypen führen offenkundig zu einer gewissen Schlagseite: reflexiv-diskursive Verarbeitungen werden hier eine größere Rolle spielen als sie dies in den alltäglichen Erfahrungen des Musikhörens, Mitsingens, Tanzens usw. tatsächlich tun bzw. taten.[8] Inwiefern diese Diskurse die Erfahrungsebene durchdrangen, kann an dieser Stelle nur gemutmaßt, nicht aber methodisch kontrolliert erforscht und dargestellt werden.

SOUL IN DER PRESSE UND IN DER GEGENKULTUR

Rassisch-ethnische Exklusivität ist das bestimmende Thema der vorliegenden Texte über Soul. Der *twen*-Autor, der afroamerikanische Soul-Kommentatoren wie LeRoi Jones und Claude Brown ausführlich zitiert, kommt hinsichtlich der von ihm beschworenen »Weltanschauung« zu der Schlussfolgerung, dass Soul ganz bewusst die schwarze Andersartigkeit gegenüber der weißen Gesellschaft artikuliere, die sich sowohl dem weißen Verständnis als auch jeder weißen Teilhabe verweigert. »Die Rückbesinnung auf die Ursprünge, auf die schwarze Seele des Jazz, der Rückzug auf Gefühlsinhalte und auf Ausdrucksformen, die für Weiße nicht nachvollziehbar erscheinen, entspringen dem Streben nach Exklusivität, nach einer wenigstens begrenzten Unnachahmlichkeit. Sie bedeuten: off limits für Weiße.« (Twen, Dezember 1968: 138). Soul markiert hier also nicht nur eine wie auch immer ergötzliche Differenz im Auge des weißen Betrachters, sondern in erster Linie die intentionale Abgrenzung seitens der schwarzen Akteure und *ihre* Exklusivitätsbehauptung. Im Gegensatz zum Primitivismus

8 Simon Frith betont dagegen phänomenologisch die Identitätstranszendenz von Popmusik »minoritären« Ursprungs: »In taking pleasure from black or gay or female music I don't thus identifiy as black or gay or female (I don't actually experience these sounds as ›black music‹ or ›gay music‹ or ›women's voices‹) but, rather, participate in imagined forms of democracy and desire, imagined forms of the social and the sexual. [...] In this respect, musical pleasure is not derived from fantasy – it is not mediated by daydreams – but is experienced directly: music gives us a real experience of what the ideal could be« (1998: 274). Diese theoretische Problematik wird auch in den Kapiteln über politische Solidarität und theoretische Modelle weiterverfolgt, zum Aspekt des Rituellen (ebd.: 275) s.u.

der ersten Jahrhunderthälfte ziehen die schwarzen Akteure selbst eine Trennungslinie, die das Modell der Äquivalenz durchkreuzt.[9]

Nichts anderes sagten viele der Protagonisten selbst, und sie enthielten ihren Hörern diesen Essentialismus keinesfalls vor. So steht in den »Linernotes« der zweiten Ausgabe der Soul-Kompilation »That's Soul«: »›Soul‹, said Wilson Pickett not long ago, ›that means songs with feeling‹. And went on: ›Until a few years back no white group did Soul music. So I guess they have no soul. They couldn't either, for we coloureds come from another world‹.« (That's Soul 2, Atlantic/WEA, 1972). Aretha Franklin soll die Definitionsfrage mit einem schlichten »Soul is black« beantwortet haben (zit. nach Guillory/Green 1998: 1) Der *twen*-Autor fasst diese Differenzbehauptungen in religiöses, kulturrelativistisches, differenzialistisches Vokabular und macht den Schritt vom schwarzen Sound und der »anderen Welt« zur schwarzen Kultur:

> Soul ist, mindestens im Ursprung, das spezifisch Negroide, ist alles das, was an den Lebens- und Ausdrucksformen der amerikanischen Neger einmalig und unnachahmlich ist. Und Soul will sagen: dies ist gottgewollt so, dies ist ein Teil des Schöpfungsplanes, dies beansprucht Eigenständigkeit auch in einem fremden Kulturkreis, dies will sich behaupten. Soul ist im Grunde der Versuch, eine amerikanische Subkultur zu etablieren. Soul ist schwarz. Die Weißen haben keine Seele. (Twen, Dezember 1968: 138)

Die »Soul«-Texte stellen die Soul-Musik in den Kontext neuen schwarzen Selbstbewusstseins und reflexiver, sich ihrer selbst bewusster schwarzer Kultur und sie bedienen zugleich die älteren Konventionen der Beschreibung schwarzer Musik. *Twen* beschreibt James Brown unter der Überschrift »James Brown ist der wildeste« mit Vokabeln direkt aus dem »Wörterbuch des Primitivismus« als »treibende(n), pulsierende(n) Motor« der Soulmusik und diese wiederum als das »stärkste, schwärzeste, überrollendste Vehikel des schwarzen Amerikas«.[10] Diese vitalistischen Metaphern und die Fixierung auf den vermeintlich unvermittelten Ausdruck können zwar durchaus an fortlebende Traditionen der Selbstdeutung afroamerikanischer Musik und insbesondere an die weiße Soul-Rezeption in den USA und in England anknüpfen, verkennen jedoch gerade die Modernität von Soul-Musik jenseits dieser Semantiken. So sah ein Informant des Eth-

9 Der Kulturhistoriker Andrew Ross resümiert: »Soul governed a cultural territory that was forbidden for whites in a new way, because it was articulated to exclude them, not just out of the old fear of exploitation but also out of the new separatist pride. With soul, the category of the ›white negro‹ was no longer so easily available; there was no such thing as a ›white Black.‹« (Ross 1989: 97)

10 Twen, Juli 1969: 102-107.

nographen Charles Keil die Vorzüge gegenüber dem alten »country blues« gerade darin, dass die Musik nunmehr »raffinierter« geworden sei: »They're mellow, man. None of that gutbucket stuff, you know [...] they've refined it, so it's smooth and easy – no harps, moaning, or shit like that. These guys have brought the blues up to date – made it modern«.[11] Charakterisierungen wie »raffiniert«, »weich« und »leicht« finden sich in den Soul-Texten in *twen*, *BRAVO* und auch in anderen Musikzeitschriften freilich gerade nicht.

Wie sehr die Semantik von Soul in weiten Teilen der bundesrepublikanischen Rezeption weiterhin dem Blues-Paradigma authentischen Ausdrucks[12] folgte, zeigt sich auch anhand von Plattenrezensionen in der Zeitschrift *Sounds*, dem einflussreichsten Organ der »engagierten Musikpresse«[13] seit den späten der 1960er Jahren.[14] Viele Adjektive, die hier in Rezensionen von Soul-Platten mit positiver Tendenz verwendet wurden – »expressiv«, »erdhaft«, »vital«, »physisch«, »mitreißend«, »authentisch«, »einfach-gerade«, »brodelnd« – lassen sich in semantischen Feldern von Authentizität, Leben, Erde, Blut, Hitze und Gefühl verorten. Die Bedeutungszentren, die in der Lexikalisierung der Soul-Wertschätzung zutagetreten, sind mit denen des Blues austauschbar. Typisch für das Ignorieren all dessen, was sich nicht in dieses Schema fügt, ist die Rezension einer Aufnahme[15], auf der Auftritte von Jimi Hendrix und von Otis Redding festgehalten sind: der Text geht auf Redding nicht ein und lobt an Hendrix ein »sehr erdhaft vorgetragenes Stück« (Sounds: 168). Auch bei den schwarz-weißen Soul-Rockern »Sly and the Family Stone« wird an anderer Stelle die »Erdhaftigkeit« (Sounds: 701) positiv herausgestellt. Alles Künstliche, Inszenierte, aber auch Vorsichtige und Verzagte bleibt in *Sounds* negativ konnotiert. Die nach Ansicht der Rezensenten misslungenen Soul-Platten wiederum sind nicht etwa schlecht, weil Soul an sich »kommerzielle« Musik wäre, sondern weil es ihnen aufgrund ihrer Kommerzialität an so verstandenem Soul fehlt. Pejorative Gegenbegriffe wie »saft- und kraftlos«, »gebremst«, »farblos«, »geziert«, »verwässert«, »entschärft«, »glatt«, »kaltblütig«, »aalglatt« und immer wieder »steril« zeigen die kultur- und gesellschaftskritischen Absichten der Autoren an: Den schlechten Platten mangle es in einem allgemeinen Sinne an Authentizität, was sich in

11 Keil 1966: 157.

12 Diedrich Diederichsen, der profilierteste Analytiker dieser Thematik in Deutschland (und Ende der 70er selbst Sounds-Autor), verweist darauf, dass das vorherrschende »schwarze« Verständnis von Blues als Gespaltenheit und Zerrissenheit (auch im Sinne des Du Bois'schen »double consciousness«) nicht dem in Deutschland vorherrschenden Verständnis von »Authentizität« entspricht (Diederichsen 1991: 52).

13 Interview Nowotsch.

14 Sounds entstand 1966 als eine Underground-Zeitschrift, vgl. Sounds 1979.

15 Der Auftritt fand 1967 statt, die Rezension wurde 1970 veröffentlicht.

ihrer kommerziellen Kalkuliertheit niederschlägt, die auch zur Folge hat, dass die Künstler aus Rücksicht auf das Massenpublikum auf unzensierten, ungefilterten »Ausdruck« verzichten und damit gewissermaßen ihr eigenes Schwarzseins unter den Scheffel stellen – so zumindest die enttäuschte Erwartung einer authentizitätsfixierten Hörerfraktion, deren sozialer und kultureller Ort freilich erst noch genauer zu bestimmen wäre. In der wiederkehrenden, abfälligen Kennzeichnung des Motown-Labels als »Soulfabrik« mokieren sich die Autoren über die (kaum zu bestreitende) Serienfertigung und Absatzorientierung des »schwarzen Konzerns« (Sounds: 700)[16]; zugleich schwingt die charakteristische Ablehnung der technisch-industriellen Zivilisation mit, die sich mit einer – auch aus Adornos Kritik am »Jazz-Subjekt« bekannten – Enttäuschung darüber verbindet, dass ausgerechnet Schwarze, die sich doch eigentlich in der Opferrolle schlechthin befinden, die fordistische Produktionsweise mitsamt ihren Distributionstechniken in die Musik zu übertragen scheinen.

Verengt man den Fokus auf die politische »Gegenkultur« als Rezeptionsgemeinschaft, die uns im Kapitel über die deutsche Begeisterung für die Black Panther Party wieder begegnen wird, treten diese Motive noch deutlicher zutage. In der Soul-Rezeption der »Gegenkultur« dominierte die »authentizistische« Rhetorik von Rock und Blues – entweder als Präferenz, wegen der Soul-Musik zwar als Tanzmusik in Kneipen, Bars und Diskotheken funktionell geschätzt, nicht aber zuhause oder im Transistorradio unterwegs gehört wurde, oder aber als Interpretationsmuster, das dafür sorgte, dass Soul nur insofern goutiert wurde, als es den Blues-Maßstäben entsprach. Die Tanzbarkeit von Soul war jedenfalls derart unumstritten, dass selbst in den Kneipen der Berliner »Haschrebellen« gelegentlich Soul Musik lief. Eine primär tanzbare Musik aber war tendenziell »Mädchenmusik« und unterlief in diesem Fall die Männlichkeitsbegriffe der Gegenkultur: Einer der Zeitzeugen aus dem »Blues« erinnert sich im Interview, Soul-Fans als »Weicheier« beschimpft zu haben, ein anderer erklärte seine Abneigung so: »Also ich hab' auf Soul nicht so gestanden [...], weil die Typen alle so sauber angezogen waren. Die hatten alle so einen feinen bürgerlichen Charakter gehabt. [...] Von der Musik waren die meisten begeistert, aber nicht so von dem Äußeren der Leute, [...] die waren ja alle mit Rüschenhemdchen und Gleichschritt auf der Bühne«.[17]

»Soul« ließ in diesem gegenkulturellen Rezeptionsschema also zumindest visuell jene (vergeschlechtlichten) Attribute vermissen, die Zeitgenossen bei den Blues-»Originalen« und ihren weißen Rock-

16 Guralnick zählt Motown in seinem Standardwerk »Sweet Soul Music« gar nicht erst zu Soul-Musik im engeren Sinne.

17 Interview mit Reinders.

Abkömmlingen bewunderten: den scheinbar unkontrollierten, »authentischen« Ausdruck, die Distanz zu bürgerlichen Verhaltenskodizes, Rationalitäten und Körperregimen. Zeitgenossen, die mit afroamerikanischen Traditionen und ihren repräsentationspolitischen Verwicklungen besser vertraut waren (vgl. Jones 1969), konnten freilich mit einigem Recht fragen, inwiefern diese Authentizitätsmerkmale ihre theatralen Vorläufer in der Minstrelsy finden, jenem für die US-amerikanische Populärkultur seit der zweiten Hälfte des 19. Jahrhunderts so folgenreichen Format, in dem schwarz geschminkte Weiße ihre Faszination und Verachtung gleichermaßen ausagierten und damit Konventionen schufen, denen sich in der Folge auch »tatsächlich« schwarze Performer unterwerfen mussten (vgl. Lott 1993; Gubar 1997; James 1993). Weitgehend unverstanden blieben in diesem Kontext auch die bereits erwähnte Orientierung afroamerikanischer Ästhetik am »Neuen«[18] und das Streben nach kommerziellem Erfolg. Dass umgekehrt der »feine bürgerliche Charakter« und seine Attribute zum Beispiel für Sam Cooke, auf den diese Charakterisierung sicherlich zutrifft, eine andere Bedeutung hatten als für einen weißen Deutschen, gehört dabei zu den grundlegenden interkulturellen Missverständnissen. In der Motown-Musik kommt also gerade ein »Anspruch auf eine bürgerliche Subjektivität mit Innenleben und ästhetischer Theorie« (Diederichsen 1991: 28)[19] zum Ausdruck, der für diejenigen, die nicht nur ökonomisch, sondern in der kulturellen Logik des Rassismus schon aufgrund ihrer Hautfarbe von jeder »Bürgerlichkeit« ausgeschlossen waren, eine ganz andere Bedeutung haben musste als für diejenigen, die der eigenen, mehr oder minder bürgerlichen, jedenfalls aber nicht ethnisch minoritären »Subjektivität« entkommen wollten.

Obwohl sich Soul auch in der Bundesrepublik zu einem kommerziell sehr erfolgreichen Genre entwickelte[20], ist meines Wissens nicht

---

18 Vgl. dazu u.a. George 2002: 153ff. George zitiert den ehemaligen Atlantic-Records-Chef Ahmet Ertegun: »Schwarze schaffen Neues und ziehen weiter. Weiße dokumentieren und verwerten. Zu dieser Erkenntnis kommt man, wenn man die Geschichte der Popmusik betrachtet.«

19 Diederichsen vergleicht »schwarze Musik und weiße Hörer« bei den britischen »Mods«: »Was jenem ein Problem, ist diesem Chance (Vertreibung), was jenem als Chance (soziale Mobilität, Konkurrenzkampf) erscheint, ist diesem Riß, Vertreibung aus der Kindheit.« (1991: 36) Auch der britische »Northern Soul« wurde als (weiße) proletarische Musik verstanden, deren kulturelle Bedeutung sich in der Differenz sowohl zum schwarzen Amerika und zu schwarzen Briten als auch zur als bürgerlich empfundenen, weißen Hippie-Kultur konstituierte.

20 Exakte Verkaufszahlen liegen mir nicht vor. Hinweise auf den kommerziellen Erfolg liefert z.B. die BRAVO in einer Rechtfertigung dafür, dass keine Soul-Platten in der BRAVO-Musikbox zu finden sind. »Ein Münchner Schallplatten-Händer erklärt diesen Widerspruch so: ›Soul-Platten sind keine Hit-Raketen, sie gehen nicht kartonweise weg. Aber dafür laufen sie länger. Soul-Platten werden noch Monate nach ihrem Erscheinen verlangt. Wir ha-

erforscht, an welchen Orten und in welchen Alltagskontexten Soul gehört wurde und welche »Rezeptionsgemeinschaften« sich dabei herausbildeten. Ein Grund für diese Lücke in Forschung und Popkulturgeschichtsschreibung wird sein, dass die Geschichte der populären Musik weitgehend aus der Gegenkultur heraus geschrieben wurde und ihre normativen Erwartungen reproduzierte.[21]

Zum Diskurs der Soul-Rezeption gehört auch, dass gerade der kommerzielle Erfolg Popkritiker gegen viele Spielarten von Soul einnahm. Als 1975 der Philadelphia-Sound vermarktet wird, schreibt ein *twen*-Rezensent über die »Soulmasche, der Plattenfirmen gegenwärtig liebstes Kind«: »Und dann werd ich furchtbar sentimental und denk an die Zeit zurück, als Soulplatten noch tröpfchenweise ins Haus kamen, mal eine Curtis Mayfield, mal eine Gil Scott-Heron oder eine Isaac Hayes... und es bei Aldi noch keine Phillybusters zu kaufen gab, verdammt noch mal. Eigentlich schade.«[22] Das Paradox ist nicht erst 1975 offensichtlich: Die von Produzenten- und Rezipientenseite gleichermaßen behauptete radikale Fremdheit und Abschottung von Soul

---

ben kaum Ladenhüter darunter.‹« Der Chartbreaker sei die Kompilation »That's Soul!« gewesen, von der sich 180 000 Exemplare verkauften. Leif Kraus, Metronome-Chef, sagte demnach über die Bundesrepublik: »Der Anteil von Soul am Popmusik-Verkauf beträgt schon jetzt zehn Prozent. Die Nachfrage wächst ständig. Wenn diese Entwicklung anhält, hat sich in einigen Monaten der Umsatz verdoppelt!« (BRAVO Nr. 7, 12.2.1968: 16)

21 Ein Hinweis auf eine außeralltägliche Rezeptionssituation: Im Juni 1972 zeigte das ZDF eine Sendung, in der unter dem Titel »Schwarz ist schön« aktuelle schwarzer Musiker zu hören und zu sehen waren. »Während des Ablaufs und danach trafen bei der sogenannten Zuschauer-Abendredaktion insgesamt 290 Anrufe ein, 268 positive und 22 negative. Die Anrufenden waren Zuschauer im Alter zwischen 20 und 50 Jahren, überwiegend aus großen Städten wie Berlin, Hamburg, München, Köln, Bremen. Junge Leute hatten sich an diesem Abend zu größeren Gruppen (etwa zehn bis zwanzig Personen) in Diskotheken oder Wohnungen zusammengefunden, um die Sendung gemeinsam zu sehen«, so ZDF-Programmdirektor Gerhard Prager (1975: 37) Die Moderation von Hans Clarin wurde von vielen Anrufern allerdings als »diskriminierend« empfunden (ebd.).

22 Auch diese Platten scheinen allerdings in Sounds nicht rezensiert worden zu sein. Der Rezensent meint dennoch, es sei allein der Rassismus deutscher »Spießer« gewesen, der bis dato den Erfolg schwarzer Musik verhinderte. Deshalb habe nicht für möglich gehalten, »dass sie diesen schwarzen Schmus den deutschen Musik-Spießern unters Hemd jubeln könnten. Nicht etwa, weil es Schmus war – sondern weil der Schmus eben schwarz war. [...] Inzwischen scheinen sich die meisten von ihnen doch zu der Ansicht durchgerungen zu haben, dass Schwarze auch Menschen sind – und dass die ehemalige Affen- und Urwaldmusik vielleicht ganz gut in deutsche Wohnstuben passt. [...] Tja, da stehen sie denn nun, unsere Phillybusters. In jedem soundsovielten deutschen Haushalt. Mitten im Herzen der deutschen Kultur – gleich zwischen Heino und der Eroica. Das gutbürgerliche Soul-Sandwich.« (S. 975).

geht mit einer ungeahnten kommerziellen Verfügbarkeit einher.[23] Kulturkritisch abgebrüht erläutert der *twen*-Autor den Zusammenhang von Exklusivität und Kommerzialität:

> Eines tun sie [die »Soulbrüder«, Anm.], ungewollt, alle: Sie kreieren Mode. Und jegliche Mode provoziert die Kopie. Das ist ein Phänomen, dem in einer so kommunikationsgierigen Welt wie der unseren niemand entgeht – auch kein Soul-Brother in seinem gleichermaßen geographischen wie psychologischen Getto. Und da beginnt das Missverständnis. [...] Soul gewinnt, eben seiner bizarren Exklusivität wegen, die Attraktion eines Modeartikels, wird als solcher übernommen von der weißen Gesellschaft – und wird ein Geschäft. (Twen, Dezember 1968: 139).

So exklusiv sich die Soul-Musik also auch gerierte, sie war zugleich ganz und gar nicht abgeschottet, sondern, banal gesagt, überall zu haben. Auch sie war Teil der von Zeitgenossen konstatierten »Gesellschaft des Spektakels«. Diese Gleichzeitigkeit erscheint intellektuellen Beobachtern als Ergebnis einer Konstellation, die alles kulturell Neue in den immer gleichen ökonomischen Verwertungsprozess integriert.

SOUL ALS KULTURELLES SCHLÜSSELKONZEPT

Als »folk conception« (Hannerz 1968: 454), so der junge schwedische Ethnograph Ulf Hannerz, formuliert sich mit Soul das Selbstbild des »lower-class urban Negro's own ›national character‹« (ebd.). »›Soul‹ vocabulary is predominantly for in-group consumption. It is a symbol of solidarity among the people of the ghetto, but not in more than a weak and implicit sense of solidarity against everybody else. ›Soul‹ is turned inward; and so everybody who is touched by it is supposed to know what it means.« (Hannerz 1968: 458). Die Sprachspiele der Soul-Rhetorik seien als »internal ghetto dialogue« (ebd.: 464) anzusehen, von dem sowohl die medial angeschlossenen Weißen letztlich ausgeschlossen seien, weil sie außerhalb der funktionalen Kontexte dieser Sprachspiele stehen, als auch die schwarzen Intellektuellen, die »Soul« politisieren (vgl. dazu ebd.: 463f.).[24] Sowohl die zeitgenössi-

23 Viele Soul-Platten waren in der Bundesrepublik insbesondere vor 1967 kaum erhältlich. Eine ähnliche »Ökonomie der Knappheit« hatte vorher für Jazz, Bebop und Rhythm and Blues gegolten.

24 Hannerz unterscheidet den »etischen« Soul-Begriff seiner Gewährsleute hier scharf von der zeitgenössischen Black Power-Rhetorik und stellt Intellektuellen »outsiders« (ebd.: 459) wie LeRoi Jones oder Charles Keil, die Soul und Black Power in normativer Absicht synonymisieren, die »more au-

schen Kommentatoren als auch spätere Autoren wie Ishmael Reed und Paul Gilroy begreifen Soul dabei als »style«, als spezifisch schwarzen »Stil«.[25]

Damit präzisieren sie, was sowohl im Soul-Selbstverständnis als auch in der Außenwahrnehmung, wie sie die Artikel in *twen* und *Sounds* repräsentieren, bereits unscharf zu erkennen ist.[26] Der Begriff des Stils verweist über die Ästhetisierung und Bedeutungsaufladung verschiedener Aspekte der Lebensgestaltung hinaus auf ein Gemeinsames, das in den Ausprägungen unterschiedlicher Ausdrucksformen gleichermaßen zur Geltung kommt.[27] Wie schon der Ethnologe Claude Lévi-Strauss gingen die kulturwissenschaftlichen Stilanalytiker der »Birmingham-Schule« davon aus, dass die »Homologien« oder »Isomorphien«, die zwischen den Ausdrucksbereichen herrschten, auf eine identifizierbare Grundstruktur verweisen, die in letzter Instanz den kreativen Versuch darstellten, »reale« gesellschaftsstrukturelle Probleme »magisch« beziehungsweise »imaginär« oder auch »semiotisch« zu lösen, ohne aber an den sozialstrukturellen Grundlagen rütteln zu können.[28] Überträgt man diesen Stil-Begriff auf das »Soul«-Konzept

---

thentic ghetto inhabitants« (sic!; Ebd.) gegenüber, welche diesen Schritt bislang nicht vollzogen hätten.

25 »When we say soul, I think we mean style, and there is no doubt that African Americans have a style, a way of cooking, of dancing, that's so attractive that even those who are pathologically hostile to Black adopt this style.« (Ishmael Reed in Guillory/Green 1998: 281). Maultsby: »Soul is a style – it's a style distinctive to African Americans characterized by improvisatory components. The call-response, community participatory components, defined by a worldview that's all a part of the concept of soul that is manifested in a style.« (Maultsby 1998: 283) Soul »embraces a philosophy, behavior, symbol, cultural products, and, in general, a cultural style – a style informed by African values and traditions and a style unique to peoples of the African diaspora who subscribe to the concept of a Black identity.« (Ebd.: 273) LeRoi Jones' klassische Definition schwarzer Musik als Ausdruck von »Haltung« (*attitude*) bringt einen ähnlichen Gedanken zum Ausdruck (1969: 200f).

26 »Stil« ist – wie »Soul« – zum einen ein »vorwissenschaftliches«, »lebensweltliches« Konzept der Beobachtung erster Ordnung (vgl. Luckmann 1986: 617), zum anderen – wie bei den Stil-Studien des Birminghamer Centre for Contemporary Cultural Studies – analytischer Begriff.

27 Vgl. auch Lindner/Wiebe 1985. Die Subkulturstudien der Birmingham-Schule versuchten aufzuzeigen, dass die Ausdrucksformen – Kleidung, Frisur, Musikästhetik – der britischen Jugend-Subkulturen seit den 50er Jahren jeweils gemeinsame semiotische Grundstrukturen aufweisen, die sich als »nach außen verlegtes Selbstbild der Gruppenmitglieder« (Lindner 1985: 207) homolog zu den »Werten« (kulturellen Bedeutungen) der Subkulturen verhalten.

28 So wird demzufolge zum Beispiel durch die Gemeinschaft der Skinheads, die ihrerseits an die »schwarze Gemeinschaft« im jamaikanischen Ska angelehnt ist das Verschwinden der Arbeiterklassengemeinschaft »aufgehoben« (vgl. Hebdige 1979: 46-70; ethnographischer und weniger auf enge subkulturelle Kreise konzentriert, Jones 1988: 88-92).

und nimmt wie die Zeitgenossen an, dass zwischen »Ausdrucksformen« wie schwarzer Küche, Soul-Musik, emphatischer Soul-Sprache und Soul-Frisurenmode »homologe« Beziehungen herrschten, dann stellt sich zugleich die kulturanalytische Frage nach den zugrunde liegenden »Transformationsregeln« oder »Metaregeln« (Hahn 1986: 605), dem Verhältnis von »realem Problem« und »imaginärer Lösung« beziehungsweise nach den »Werten« in dieser »zeichenhafte(n) Repräsentation sozialer Haltungen« (Soeffner 1986: 328).[29]

Um Bedeutungen und Funktionen von Soul als Stil nicht nur im Kontext seiner »weißen« Aneignung zu verstehen, gilt es erneut, die Lesarten der Zeitgenossen zu untersuchen. So liefert Hannerz als wissenschaftlicher Vertreter (vgl. Lindner 2004: 177f zu Hannerz' späterer Argumentation) eine Interpretation, der zufolge »Soul« letztlich auf den unterschiedlichen Ebenen jeweils als eine Art symbolischer Kompensation zu begreifen sei, derer sich vor allem diejenigen unter den jungen schwarzen Männern bedienen, die in der Mainstream-Gesellschaft keinen sozialen Erfolg erreichen, während die zeitgenössische Gesellschaft doch den Anschein zu erwecken versteht, Rassismus sei als Aufstiegshindernis überwunden und das eventuelle Scheitern deswegen ein individuelles Problem.[30] Wie in den folgenden Abschnitten zu zeigen ist, greift Hannerz hier zu kurz; als kultureller Stil beinhaltet »Soul« viel mehr, u.a. ein Verständnis von ungeschminktem Realismus (»telling it like it is«)[31] und insbesondere das Call-and-Response-Muster afroamerikanischer Kultur als ekstatischem, performativem Stil, der eine Einheit von Ethik und Ästhetik postuliert.[32]

---

29 Schon Hebdige riet hier freilich zur Vorsicht: »Any attempt at extracting a final set of meanings from the seemingly endless, often apparently random, play of signifiers in evidence here seems doomed to failure«, 1998: 115, zit. nach Schwanhäußer 2002: 61; vgl. in diesem Sinne auch grundlegend kritisch Hahn 1986: 604; Luckmann 1968).

30 Freilich folgt Hannerz hier letztlich weniger einer kulturalistischen Tradition als vielmehr einer objektivistisch sozialwissenschaftlichen, die an schwarzer Kultur vor allem Aspekte des Mangels, der Devianz von der (weißen) Norm und eben der Kompensation betont (vgl. dazu Hannerz 1975).

31 »Dieser Seelenfraß ist nichts für Zimperliche, und das hat er mit der ganzen Soul-Musik gemein. Vertuscht wird da nichts. Ein Mann, der von Frauen lebt, ist da ein Mann, der von Frauen lebt. [...] Er singt von Dingen, die uns eigentlich fremd und fern, vielleicht sogar anstößig sein müssten. Doch er bekennt sich so rückhaltlos zu dieser Welt und ihren Menschen, zu ihren sozialen Nöten und ihren stark dem Leben zugekehrten Freuden, dass die Botschaft der Soul-Musik plötzlich für jedermann interessant wird. Das hat Lou Rawls geschafft.« (twen, September 1968: 44) Vgl. zu diesem Topos auch Abrahams 1970: 144.

32 »Call-and-response« meint in erster Linie einen formelhaften, zugleich aber improvisierten Dialog zwischen Priester und Gemeinde, Sänger(n) und Publikum, gelegentlich auch zwischen Instrumenten. »Drawing on the call-and-response tradition that dated back to slavery times, members of a congregation would take inspiration from a phrase from the sermon or testimony and

Diese inhaltlichen Codierungen von »Soul« bestimmen über den Musikstil hinaus die Wahrnehmung von afroamerikanischer Kultur und die imaginäre Interaktion »schwarz werdender« Weißer.

Wichtig ist dabei Hannerz' Hinweis auf den strukturell »ethnozentrischen« Charakter der Soul-Rhetorik, die ihm zufolge nicht zuletzt unter dem Aspekt der symbolischen Integration zu begreifen ist. Die inhaltliche Unterbestimmtheit des Soul-Konzepts in der zeitgenössischen Verwendung – also gerade die Abwesenheit diskursiv genau benenn- und unterscheidbarer »Haltungen« – hat demnach den funktionalen Vorteil, unterschiedlichste individuelle und gruppenspezifische Verständnisse von »essential Negroness« (Hannerz 1968: 463) zu vermeiden, und somit keine Konflikte auszulösen, die inhaltlich genauer bestimmte Begriffe wie »Black Power« mit sich bringen würden: »Thus, by avoiding definitions, they had found together an area of agreement and satisfaction in ›soul‹ by merely assuming that there was a shared basis of opinion.« (ebd.). Anders gesagt trägt die »Soul«-Rhetorik ihren Teil dazu bei, die vorgestellte Gemeinschaft, auf die sie rekurriert, überhaupt erst hervorzubringen, was als ihre entscheidende kulturelle Leistung anzusehen ist.[33] Im Unterschied zu allein stilistisch bestimmten »Subkulturen« ist die »Soul«-Gemeinschaft jedoch zugleich eine ethnische Gruppe.[34] Soul verwandelt insofern eine mit Diskriminierung verbundene soziale Zuschreibung (»black«) in eine »dichte«, politisch und poetisch überdeterminierte kulturelle Stilisierung und verändert damit auch die Semantik der Zuschreibung.[35]

---

out of it spontaneously compose a simple melody and text. A chorus of congregants would repeat the original phrase, while the leader interpolated brief extemporized choruses«, so Boyer über Gospel-Musik (1996: 1121). Vgl. auch Abrahams 1970: 137.

33 »The choice of a term which in church usage has a connotation of the ›essentially human‹ to refer to ›the essentially Negro‹, as the new concept of ›soul‹ does, certainly has strong implications of ethnocentrism.« (Hannerz 1968: 455)

34 Vgl. zur analytischen Unterscheidung von »Rasse« und Ethnizität bzw. deren Ineinanderfallen die in Sollors 1996 nachgezeichnete (und im selben Band teilweise abgedruckte) Debatte. In dieser Diskussion, an der sich u.a. der hier mehrfach erwähnte Ulf Hannerz mit einer Analyse von LeRoi Jones' «Blues People« beteiligte, spielt das «schwarze Selbstbewusstsein« der 1960er und 70er Jahre in den USA eine zentrale Rolle. Sollors selbst trat schon als Nachwortautor in einer links-studentischen deutschen Übersetzung von Jones' Buch in Erscheinung (vgl. unten).

35 Auch verschiedene Stiltheoretiker haben immer wieder darauf hingewiesen, dass »Stil« nicht nur auf semiotische Kohärenz verweist, sondern auch »funktional« als Vergemeinschaftungsmittel bestimmt ist, insofern er Differenzen und – gerade im »magischen« Akt der Benennung einer Gruppe – Identität produziert. Vgl. u.a. Soeffner 1986: 321.Genau das scheinen die Herausgeber des Bandes »Soul. Black Power, Politics, and Pleasure« (1998) mit ihrer Metapher des Regenbogens im Sinn zu haben: »One could say that soul is to black what rainbow is to rain.« (Guillory/Green 1998: 2).

Sphärenvermischungen

Soul markiert den Anspruch, das Säkulare mit dem Profanen und die Ethik mit der Ästhetik zu versöhnen (vgl. Guillory/Green 1998: 259). Als Stil bedeutet Soul nicht nur, dass verschiedene »schwarze« Ausdrucksformen homolog strukturiert sind, sondern indiziert darüber hinaus sowohl auf Akteurs- als auch auf Beobachterseite das Verlangen (und das Vertrauen in die eigene Fähigkeit), den auf Systemebene radikal unterschiedenen gesellschaftlichen und kulturellen »Sphären« in der Lebensführung gleichermaßen den Stempel der eigenen Kultur aufzudrücken.

Zeitgenössische soziologische Großdiagnosen beschrieben westliche Gesellschaften wie die USA und die Bundesrepublik im Gegensatz dazu bekanntlich als zunehmend »funktional (aus-)differenziert«. So gelten in Luhmanns Systemtheorie Kunst, Religion, Massenmedien, Wissenschaft und Recht als autopoietische Funktionssysteme, die sich gemäß ihrer Eigengesetzmäßigkeiten regulieren. Zwar lassen sich in gegebenen Gesellschaften auf einer hohen Abstraktionsebene Gemeinsamkeiten zwischen Teilsystemen feststellen, doch lassen sich im Rahmen dieser Theorien weder kausale Wirkungsverhältnisse (wie die neomarxistische »Determination durch die Ökonomie in letzter Instanz«) behaupten, noch spielen »stilistische« Entsprechungen eine Rolle, da sie auf einem Modell »intentionaler Kommunikation« beruhen würden.[36] Die These von der zunehmend radikalen Trennung zwischen den »Sphären« mit den je unterschiedlichen Geltungsbereichen inkommensurabler Regelsysteme vereint viele Gesellschaftstheorien der »soziologischen Moderne« und verfügt durchaus über nicht selten als entfremdend erlebte lebensweltliche Evidenz. Sie betrifft insbesondere die modernitätskonstitutive Grenze zwischen dem Weltlichen und dem Geistlichen.

Gerade die Versöhnung des Säkularen mit dem Profanen liegt in der Soul-Musik offen zutage, entstand sie doch gerade durch die – bei der »anständigen«, kirchentreuen und an (klein-)bürgerlicher Lebensweise orientierten schwarzen Bevölkerung heiß umstrittenen – Kombination der kirchlichen Gospel-Tradition mit der sexualisierten »Teufelsmusik« Blues und Rhythm and Blues. Soul »riss die Absperrung zwischen Kanzel und Bühne nieder und gab Blueskonzerten eine transzendentale Inbrunst, indem er ohne Scheu das Spirituelle mit dem Sexuellen verband. Bei Ray Charles waren Vergnügen (physische Befriedigung) und Glück (göttliche Erleuchtung) ein und dasselbe«

36 Vgl. Hebdiges Lektüre von Roland Barthes' »Mythen des Alltags«, die ihn zum Verständnis von »Style as intentional communication« führt (1979: 100ff).

(George 2002: 103).[37] Auch in deutschen Zeitungen war über Soul-Musik ähnliches zu lesen:

> Sie ist permanent mit Sexualismen aufgeladen, die zu Metaphern des Alltäglichen werden. Im übrigen gilt für die afroamerikanische Kultur, was sich in allen ekstatisch strukturierten Kulturen findet: eine absolut menschliche und frustrationsfreie Beurteilung des Sexuellen. Die dramaturgischen Gesetze des Koitus sind sehr oft identisch mit den musikalischen Ordnungen der Lieder: alles endet im Orgiastischen.[38]

Einem engeren Verständniss von Soul entgeht also, dass nicht nur die Musik das Heilige derart zweckentfremdet und das Profane – nicht nur Sexualität – mit religiöser Intensität auflädt, vielmehr wird dieses Merkmal auch auf die Ebene eines gesellschaftlichen Imaginären im Sinne der Imagination des Gesellschaftlichen übertragen. So begreift Paul Gilroy das Konzept Soul als praktische Philosophie, als »a distinctively African-American phenomenon defined initially by its proximity to the sacred. It transcodes that religious quality of expression, which then gets secularized and politicized.«[39] Genau diese Intensität, die die Musik »beseelte« und dem Sänger, wie es immer wieder heißt, den Charakter eines Priesters verlieh[40], greift über in die Politik der schwarzen Befreiung und strahlt zugleich aus auf weiße Beobachter, deren Modelle von Sub- und Gegenkultur sich ebenfalls auf unterschiedliche Art und Weise eine Durchdringung von Ethik und Ästhetik zum Ziel gesetzt hatten.[41]

---

37 Über Ray Charles vgl. Abrahams u.a. 1970: 137.

38 Wolfgang Vogel, »Soulpower. Versuch einer Argumentation«, Frankfurter Rundschau, 3.8. 1968: IV.

39 Gilroy in Guillory/Green 1998: 259; vgl. auch die Aussagen über »intensities of feeling«, die »religious language and experience« erscheinen, aber zugleich als »secular and sometimes profane phenomenon« zu betrachten seien (ebd.: 252); vgl. auch Gilroys Konzept des schwarzen Atlantik, der auch als »philosophical discourse which refuses the modern, occidental separation of ethics and aesthetics, culture and politics« anzusehen sei (Gilroy 1993: 38f).

40 »Der Sänger ist in afrikanischem Sinn ein Magier, ein Beweger«, so Vogel 1968 in der Frankfurter Rundschau, a.a.O.; vgl. auch Keil 1966; Van Deburg 1992: 208 für weitere Belegte. Dass der Sänger James Brown während der »riots« in afroamerikanischen Stadtviertel in den späten 60er Jahre staatlicherseits herangezogen wurde, um im Fernsehen die Aufständischen zu beschwichtigen, wurde von Zeitgenossen vor einem ähnliche Hintergrund interpretiert, so in Abrahams 1970: 54. Ohnehin ist Brown in seiner Widersprüchlichkeit eine Schlüsselfigur. Die Protagonisten des Berlin »Blues« verteilten auf einem seiner Konzerte Flugblätter mit der Überschrift »Pigs Aren't Always Pink«, weil er als Truppenunterhalter, Freund Richard Nixons und als »schwarzer Kapitalist« auftrat.

41 Vgl. für eine zeitgenössisch-postmoderne Variante neben Gilroy auch den optimistischen Pragmatismus von Richard Shusterman (1994), demzufolge

Communitas als politisches Modell

Schon zeitgenössische Kommentatoren wie der Volkskundler und Afroamerikanist Roger Abrahams merkten an, dass Ethik und Ästhetik im Modell »Soul« keine getrennten Sphären sind:

> The concept is therefore another, and perhaps the best, example of esthetic terminology being extended into the realm of ethics, where ›beautiful‹ becomes ›good‹ and ›ugly‹ means ›bad‹. This element is emphasized because the point of soul seems to be that the emotional, esthetic experience from which the term derives can serve as the model for what blacks share and, even more important, *how* they can share it. (Abrahams 1970: 147).

Wenn Soul in diesem Sinne zugleich ein Gemeinschaftsmodell und eine Ethik repräsentiert, dann liegt die Frage auf der Hand, inwiefern Soul mit der zeitgenössischen Black Power-Bewegung zusammenhängt, vielleicht sogar Teil von ihr ist. Diese Frage stellte sich natürlich auch den Zeitgenossen, und sie war in der deutschen Rezeption insbesondere in der Gegenkultur von großem Interesse.

Die Blütejahre von Soul liegen zwischen der friedfertigen, gewaltfreien Bürgerrechtsära – der klassischen Politisierung religiöser Intensität – und der Ära der schwarzen Militanz (von den Ghetto-Aufständen bis zur Black Power-Politik), welche die christliche Religion zunehmend in den Hintergrund drängte.[42] Dabei habe, so Paul Gilroy, schwarze Populärmusik, insbesondere Soul, »the unity of ethics and politics« als »a form of folk knowledge« (Gilroy 1993: 39) in neue kulturelle Formen überführt. Tatsächlich verkörpern politische Soul-Autoren wie Curtis Mayfield, Gil Scott Heron und die Last Poets diese Einheit, doch ist die über einige »bewusste« Künstler hinausgehende Einheit von Soul und Black Power, wie bereits angedeutet, sehr umstritten.[43] Gilroy beschreibt sie als »an early version of the fateful

---

Wittgensteins apodiktischer Satz »Ethik und Ästhetik sind Eins« als »Ästhetisierung des Ethischen« (S. 211) »wichtigen Einsichten sowohl der ästhetischen als auch der ethischen Theorie in unserer postmodernden Zeit Ausdruck verleiht« (ebd.) und in Sub- und Gegenkulturen verwirklicht würde.

42 Für eine Darstellung der Black Power-Bewegung vgl. Van Deburg 1992.

43 Vgl. dazu z.B. Charles Keil: »It is certainly too early to remove the quotation marks from ›the soul movement‹. [...] Because Negro aesthetic values already have a concrete, ethical, and practical bent, this point of view (shared by LeRoi Jones and others) gains added power.« (1966: 189). Die Diskussion kann hier nicht erschöpfend nachgezeichnet werden. Wenn z.B. Portia Maultsby aus heutiger Sicht formuliert, Soul sei eine Reaktion auf Black Power und ein Element der Bewegung, dann mag das als Einschätzung der »cultural politics« der Zeit insgesamt stimmen (so auch Fischer 2002 – eine signifikante Veröffentlichung auf dem einschlägigen Label Trikont, das in den späten 60ern Black-Panther-Postkarten verkaufte), doch verweisen

tension between politics and culture, a symptom of the problems involved in founding a cultural politics that remains political.« (Gilroy in Guillory/Green: 251f).

Auch in der Bundesrepublik und im europäischen »Underground« wurde das Thema des Zusammenhangs von Soul und Black Power diskutiert – im nächsten Kapitel zeigt sich das anhand der Szene des Berliner »Blues«. Im erwähnten Text aus der Frankfurter Rundschau heißt es: »Das Lied vom besseren Leben hat einen projektiven, einen utopischen Charakter. Denn im Angesicht des Elends verbieten sich die Träume. In diesem Sinne ist Soul das dialektische Versatzstück zur Black-Power-Bewegung.« (Vogel 1968). Der frühe Pop-Theoretiker Helmut Salzinger zitiert in seinem Buch »Rock Power« unter der Überschrift »Soulpower« ein französisches Popmagazin, das Soul als direkten Bestandteil der Black Power–Bewegung begreift. Salzingers Kritik dieser Sichtweise lautet, Musik sei generell nicht als Vehikel politischer Inhalte zu verstehen. Dennoch bestehe ein Zusammenhang im Sinne einer übergreifenden Stimmigkeit von politischer Lage, politischem Selbstverständnis und musikalischer Konjunktur.[44]

LeRoi Jones (Amiri Baraka) hatte ähnliche Gedanken so formuliert: »Der Schritt von Cool zum Soul ist eine Form sozialer Aggression. […] Cool bedeutete Verweigerung; Soul bedeutet eine ›neue‹ Wertsetzung, einen Versuch, durch Neudefinition der Wertmaßstäbe die sozialen Rollen innerhalb der Gesellschaft umzukehren.« (Jones 1969: 278) Zugleich beschreibt Jones schwarze Musik als ständige formale Flucht vor weißen Nachahmern, in denen er in erster Linie Ausbeuter und Erben der Minstrelsy-Kultur erkennt. In den Reaktionen darauf deutet sich (so berechtigt sie im auch sein mögen) bereits eine defensive Aggressivität gegen den Ausschluss eines Kollektivs von »Weißen« an, die uns später noch beschäftigen wird: So denunziert Werner Sollors Jones' Position in einem Nachwort als »kleinbürgerlich«; Salzinger nennt seinen Kulturnationalismus »schwarzen

Hannerz' ethnographische Beobachtungen auf eine komplexere, widersprüchliche Dynamik.

44 »In den rattenverseuchten Ghettos der amerikanischen Metropolen artikulieren Musik und Politik gezwungenermaßen den Rhythmus der Aufklärung. Sie interpretieren. Es gehört zum Charakteristikum dieser Interpretation, dass sie lauter geworden ist, härter, selbstbewusster. Die heißen Sommer von Watts, Newark und Detroit sind das Ergebnis einer Haltung, die zwar weniger mit rationaler, mit soziologisch akribischer Genauigkeit die eigene Situation definiert, als gefühlsmäßig auf Unterdrückung reagiert. [...] Während sich deshalb auf dem politischen Sektor die militanten Bewegungen wie Black Muslims oder die Black Power – Bewegung etablieren, gewinnt im Bereich der Kultur Soul an Boden. ›Black Power und Soul, das sind zwei Seiten einer Münze, und die Münze heißt Rebellion‹, so konnte man in einer New Yorker Untergrundzeitung lesen.« (Salzinger 1972: 91).

Rassismus, der objektiv ebenso idiotisch ist wie der weiße.« (Salzinger 1972: 20; Sollors-Nachwort in Jones 1969: 309).[45]

Insgesamt aber scheint »Soul« als Element einer politischen Bewegung von der Gegenkultur in der Bundesrepublik eher selten direkt aufgegriffen worden zu sein. Zu groß war wohl die Distanz zu den afroamerikanischen Anliegen, zu stark die Bindung an das Authentizitätsmodell in den entsprechenden Milieus. Es ist weniger die explizite Bindung von Soul an politische Anliegen als vielmehr das grundlegende (eher implizit politische) Gemeinschafts- und Vergemeinschaftungsmodell, wie es im Prinzip von »Call-and-Response« zum Ausdruck kommt, das die vielbeschworene Einheit von Ethik und Ästhetik in der Soul-Rezeption exemplifiziert.

Als kulturelle Form verweist der antiphone Dialog zwischen Performer und Publikum auf das normative Potenzial expressiver schwarzer Kultur.[46] Gilroy spricht in diesem Sinne von einer »Ethik der Antiphonie«. (Gilroy 1993: 200)[47]. Als kulturtheoretische Fragestellung hat die Globalisierung von Call-and-Response ihre besondere Relevanz darin, dass das von »formellen und informellen demokratischen Regeln« gelöste »Sich-Auflösen des Künstlers in der Menge« (ebd.) also nicht nur als formale Eigenschaft schwarzer Kultur-Performance anzusehen ist, sondern zugleich emphatisch als Inbegriff beziehungsweise Schauplatz/Ort der ethischen und ästhetischen, säkularen und religiösen Vereinigung.

Tatsächlich drehen sich viele der Artikel um solche Momente der ekstatischen Zusammengehörigkeit: »Soul bedeutet in diesem Moment, dabeizusein, dazuzugehören, Teil eines schöpferischen Kollektivs zu werden.« (Vogel 1968). Nicht nur an dieser Stelle erinnern solche Beschreibung an einen Zustand, den der Ethnologe Victor Turner in seiner klassischen Theorie des Liminalen und Liminoiden als »Communitas« beschreibt, als besondere »modality of human interrelatedness« (Turner 1982: 45) im Gegensatz zu anderen, Struktur reproduzierenden Praxisformen. Wo in der Beschreibung von Soul von einer »union« und einem »feeling of oneness« die Rede ist (Van Deburg 1992: 208), spricht Turner von einem »flash of lucid mutual understanding« (Turner 1982: 48) und führt aus: »Individuals who interact with one another in the mode of spontaneous communitas become totally absorbed into a single synchronized, fluid event.« (Ebd.). Wie

45 Sollors sollte später Institutsleiter des Department of African American Studies an der Harvard University werden.

46 Vgl. auch Van Deburg 1992, insbesondere S. 208: »When authentic soulmen asked if they could ›get a witness‹ or begged an audience to ›let me hear you say yeah‹, they were nudging listeners toward a feeling of oneness that, in a somewhat different venue, might be a adapted to more ›political‹ ends.«

47 Er verweist auf Walter Benjamins »Geschichtenerzähler«.

diese Momente der Zusammengehörigkeit erlebt werden, bleibt noch weiter auszuführen; es scheint jedenfalls genau die so verstandene Communitas zu sein, die Soul trotz oder gerade wegen der ethnisch grundierten, kulturellen Exklusivität auch Weißen als imaginäres Angebot verspricht.[48]

Globalisierung vernakularer Formen: Elemente einer kulturellen Logik

Angesichts dieser grundlegenden Differenzmarkierungen gibt die »weiße« Rezeption von »Soul« in der Bundesrepublik doch einige Rätsel auf. Bemüht man sich um eine verstehende Perpektive und »befremdet« zugleich die kulturelle Selbstverständlichkeit der verbreiteten Vorlieben für schwarze Musik, dann stellt sich zunächst einmal die Frage, ob die Aneignungen nicht vollends dem widersprachen, was in den angeeigneten kulturellen Texten selbst kommuniziert wurde, und ob die offensichtlich um diskursive Explizierung bemühten Soul-Freunde diesen Widerspruch nicht schlicht hätten anerkennen können. Welche Berührungspunkte konnten »majoritären« Subjekte also zu »minoritären« kulturellen Formen entwickeln? War dies reine Selbstermächtigung und Projektion? Welche Anknüpfungspunkte bestanden in der »essentialistischen« kulturellen Logik von »Soul«? Man mag versucht sein zu antworten, dass die Warenförmigkeit der populären Musik einerseits und die Struktur der Kommunikationsmedien (sowie die Tanzbarkeit von Musik im allgemeinen) diese Aneignungsmöglichkeiten eben mit sich bringen. Das ist nicht falsch, greift jedoch zu kurz; der Hintergrund, vor dem die »Afroamerikanophilie« den weißen Subjekten plausibel werden kann, ist weniger semantischer als vielmehr performativer Art.

Die Transkodierung afroamerikanischer Kultur exemplifiziert einen Prozess, den Gilroy als »globalisation of vernacular forms« beschreibt (Gilroy 1993: 110; vgl. dazu auch zum Beispiel Lipsitz 1999; Klein/Friedrich 2003). Die ambivalente Modernität der Kulturen des schwarzen Atlantik – »people in but not necessarily of the modern, western world« (Gilroy 1993: 29) – kommt wie gezeigt auch darin zum Ausdruck, dass Ethik und Ästhetik, Kultur und Politik, Religion und säkulare Welt nicht wie in der westlich-aufklärerischen Tradition binär unterschieden beziehungsweise ausdifferenziert sind. Folgt man Paul Gilroy, begründet gerade dies ihren Aufstieg zur quasi-globalen Populärkultur während des 20. Jahrhunderts. Wenn die kulturellen Formen auf globale Wanderschaft gehen und, wie um 1968, in Äqui-

48 Dieser Mechanismus ähnelt dem, den Hebdige (1979) anhand der englischen Skinheads und ihrer Beziehung zur schwarzen Reggae-Kultur beschreibt. Vgl. dazu kritisch Lipsitz 1999: 169.

valenzketten integriert werden, dann liegt nahe, dass gerade das Prinzip der Antiphonie – jener »most enduring Africanism of all« (Gilroy 1993: 200) – nicht länger wie gehabt funktionieren kann, weil die reziproke Rollenbeherrschung von Performer und Publikum nicht einfach vorausgesetzt werden kann, so dass sich der Moment von »Communitas« schwerlich einstellen wird.[49] Damit stößt »weißes« Äquivalenzdenken auf praktische Hindernisse. Die Soul-Texte zum Beispiel in *twen* zeugen vom Bemühen, den »geheime(n), ethnisch codierte(n) Dialog« (Gilroy 1993: 110) aufzugreifen und zu verstehen, was eine langsame Annäherung qua Einfühlung erlauben würde.

Die antiphone Struktur lässt sich in diesem Zusammenhang als Ritual begreifen, das Rollenerwartungen produziert, beziehungsweise – in einer anderen Theoriesprache – als Diskurs in performativer Existenzweise, der zu seinem Funktionieren »ausgefüllte« Subjektstellen benötigt. Die »Globalisierung« dieser Formen bedeutet dann, dass antiphone Subjektstellen angeboten werden, die ein potenzieller Dialogpartner – zuerst einmal imaginär – einnehmen kann. Insofern schwebt »Soul« zwischen performativem und essentialistischem Konzept. Die Definition von Soul ist dabei tautologisch und zirkulär. Ihre beiden Ausdrücke lauten formal folgendermaßen: (1) Soul ist schwarz. (2) Schwarz ist Soul. So zitiert der *twen*-Autor Claude Brown im Sinne von (1): »Soul ist die ungehemmte, nein, absolut ungehemmte Selbstdarstellung, die aus praktisch allem spricht, was ein Neger tut. Das ist Soul. Und das ist ganz schön anspruchsvoll, Junge. Es ist Exhibitionismus, und es kommt wie von selber. So was kann man nicht spielen. Es ist einfach da.« (twen, Dezember 1968: 138 – Das Zitat findet sich auch bei Abrahams 1970: 154). Charles Keil beschrieb die Definition des »Soul Brother« in der schwarzen Community im Sinne (2): »A soul brother is one who can initiate or respond with just the right line or gesture and can fully appreciate the statements and counterstatements of others. The word ›member‹ is sometimes substituted for ›soul brother‹, and to belong to the club you must know the games, passwords, pledges, and interplay by heart.« (Keil 1966: 174f). Auch für Afroamerikaner war die Normativität von »Soul« demnach essentialistische Selbstbeschreibung und performative Herausforderung gleichermaßen.

49 In der Bundesrepublik der 60er Jahre, wo sich die englische Sprache auch unter Jugendlichen noch viel weniger durchgesetzt hatte als das in den 90ern der Fall war, ist dieses Problem schon als sprachliches offensichtlich – die meisten jugendlichen Hörer verstanden schlicht kein Englisch (was freilich noch niemanden je am Mitsingen gehindert hat). Die »unterbürgerlichen« Jugendlichen des Berliner »Blues«, die keine gymnasiale Bildung besaßen, ließen sich englische Texte aus dem Umfeld der Black Panthers z.B. von Studenten übersetzen (Interview).

Auch Hannerz verweist auf die geringe Definitionsfreudigkeit seiner Informanten in Sachen Soul und stellt fest: »There is, of course, some logic to this; if ›soul‹ is what is essentially Negro, it should not be necessary for ›soul brothers‹ to spend too much time analyzing it. Asking about ›soul‹ one often receives answers such as ›you know, we don't talk much about it, but we've all been through it, so we know what it is anyway‹.« (Hannerz 1968: 458f). Die Tendenz zur Zirkularität insgesamt weist die Soul-Rhetorik als Musterbeispiel von ethnischem Essentialismus aus. Das entscheidende Moment ist hier jedoch nicht die Begründungsebene (»›Rasse‹ oder Kultur?«), sondern die Affirmation des Schwarzseins, die einer theoretisch konsistenten Rechtfertigung nicht bedarf. Die Soul-Rhetorik ist also insofern nicht abgeschlossen, als sie eine funktionale Begründungsleerstelle aufweist.[50]

Gerade aus diesem Grund aber lässt sich das Sprachspiel der Soul-Rhetorik gewissermaßen gegen sich selbst wenden: Wenn die Kultur und Alltagsästhetik tatsächlicher, »empirischer« Schwarzer als schwarze Performance immer »Soul«, also die »Performance des Schwarzseins« bedeutet, dann lässt sich dieser formale Ausdruck auch von der anderen Seite lesen. Wenn die Essenz des (»empirischen«) Schwarzseins in der Performance liegt, dann hätte – setzt man mit (2) »auf der Bühne« ein – die erfolgreiche Soul-Performance, die Nachahmung der Gesten, Stile et cetera im Umkehrschluss auch »empirisches Schwarzsein« zur Folge. Dieser Umkehrschluss mag weder Gesetzen der Logik entsprechen noch dem Alltagsverstand, doch scheint er, wie das ständige Spiel mit dem Schwarz-Werden in den folgenden Beispielen zeigt, auf der Ebene des kulturellen Imaginären genau so zu funktionieren. Wer als Weißer tatsächlich »Soul« hat, wäre schwarz, er (seltener: sie) hätte nicht nur Schwarze nachgeahmt, sondern das »I want to be black« in gewisser Weise tatsächlich – temporär und mit Ausstiegsmöglichkeit, aber manchmal doch mit einiger stilistischer und biografischer Konsequenz – erfolgreich verwirklicht. Die globalisierte Call-and-Response-Ästhetik von Soul und anderen afroamerikanischen Musikstilen stellte entsprechende Subjektstellen auch für »empirisch weiße« Fans bereit und codierte sie als Einlassstellen in die schwarze Community. Zugleich verkörperte diese Ästhetik mit ihren ambivalent-modernen Vergemeinschaftungsformen – und

50 Wird diese mit rassentheoretischen Gedanken gefüllt (was nicht nur der twen-Autor mit seiner Rede vom »spezifisch Negroiden« implizierte, sondern z.B. auch diverse »afrozentrische« schwarze TheoretikerInnen vertraten), dann handelt es sich bei dieser »Inflektierung« der Theorie nicht notwendigerweise um ein Kennzeichen der »vernakulären« Soul-Theorie selbst, sondern viel eher um ein spezifisches Decodierungsmuster. Der twen-Autor scheint andererseits auf die Négritude-Bewegung anzuspielen, deren Verhältnis zur biologistischen Rassentheorie komplizierter ist.

nicht nur ein allgemeines Bedürfnis nach »Authentizität« – die Attraktivität »schwarzer Kultur«.[51]

Die Zuordnung der Komplementaritätsverhältnisse (»Schwarz ist x, weiß ist nicht-x«) verliert genau dann an Bindungskraft, wenn eine nachahmende Performance – zum Beispiel beim Tanzen – »gelingt«, wenn man, wie es in der Autobiografie eines Vertreters des linksradikal-antiimperialistischen »Blues« aus Berlin heißt, »›feeling‹ hat«, die semantischen Oppositionen gewissermaßen überlistet (Baumann, vgl. Kapitel 5) und sich erneut in Äquivalenzketten einordnen kann, da man sich vom zugeschriebenen Platz entfernt hat.

Zugleich folgt aber eine neue Komplikation: Als Kriterium für das Gelingen solcher Performances ist zum einen das eigene Empfinden entscheidend, zum anderen sind es aber auch die Reaktionen der Umwelt. Dann allerdings wird auch deutlich, welche Bedeutung schwarzen Menschen, ihren Kommentaren und Blicken hier zukommt: Sie können über das Gelingen und damit über Zugehörigkeit und Nicht-Zugehörigkeit glaubwürdiger befinden als andere, was ihnen eine symbolische Autorität verleiht, die zugleich – wie am Beispiel der Reaktionen auf LeRoi Jones' »Blues People« schon deutlich wurde – aggressive »weiße« Abwehrmechanismen in Gang setzen kann.[52] Wie viele schwarze Menschen tatsächlich präsent sind und in welcher Beziehung sie zu der begehrten populären Kultur stehen, spielt für die unterschiedlichen Ausprägungen der Rezeption schwarzer Musik in verschiedenen Ländern eine entscheidende Rolle.

MITSINGEN UND SCHWARZSINGEN: WEISSE REAKTIONEN AUF DIE EXKLUSIVITÄT VON SOUL

In den vorliegenden Texten über Soul treten einige Varianten hervor, wie weiße Subjekte mit der Zugehörigkeit zur schwarzen Community spielten. Im Folgenden sollen sie in unterschiedlicher, vor allem quellenbedingt variierender Ausführlichkeit skizziert werden: erstens die »Communitas« des Soul-Konzerts und schwarzer GI-Bars, zweitens –

51 Vgl. dazu auch die Kapitel über »Theatralität/Realität« und »Ritualität/Alltäglichkeit« in Klein/Friedrich 2003, mit deren theoretischen Ansatz hier weitgehend analog argumentiert wird. Es ist wichtig zu betonen, dass Soul tatsächlich viele Teile der Erde erreichte, vgl. z.B. Joseph 1998 über Tansania, aber auch Brasilien und Kongo.

52 Als Beispiel für eine wenig schmeichelhafte, wenn auch letztlich wohlmeinende »schwarze« Beobachtung vgl. Eldrige Cleaver: »They were caught up in a whirl of ecstasy, swinging like pendulums, mechanical like metronomes or puppets on invisible strings being manipulated by a master with a sick sense of humor. ›They look like Chinese doing communal exercise‹, said a Negro.« (S. 199)

ausführlicher – das Emulieren der »schwarzen Stimme«, das »Schwarzsingen« weißer Soul-Sänger von Eric Burdon bis Joy Fleming. Jenseits der Soul-Ästhetik, aber nicht gänzlich außerhalb ihres Einflussbereichs, lassen sich auch – dazu in den nächsten Kapiteln mehr – der »interrassische« Sex und die politische Solidarität in ein ähnliches Licht rücken. Natürlich wäre die Behauptung, diese Formen kultureller Praxis seien ausschließlich als imaginäres »Schwarzwerden« zu entziffern, unsinnig. Die angeführten Quellen belegen jedoch, dass die Imagination des Zutritts in die abgeschlossene afroamerikanische Gemeinschaft jeweils eine ähnliche Rolle spielte und mittels vergleichbarer Muster funktionierte.

Konzertbesuche und schwarze Bars

Die »Platte des Monats« in der *twen* vom Oktober 1968 stammt von Aretha Franklin, bekannt als »Lady Soul«. Werner Burkhardt, ein profilierter Jazz-Kritiker, berichtet im zugehörigen Artikel von einem Konzert in Frankfurt, wo er als Weißer unter schwarzen GIs in der Minderheit war.

> Was Aretha Franklin verkündet, sind die Bekenntnisse einer zwar schönen, inzwischen aber auch teuren Seele, und so konnte man eine Show mit ihr nur im Hoechster Seelentempel mit seiner riesigen und treuen Gemeinde von dunkelhäutigen GIs riskieren. Als Mensch weißer Hautfarbe fühlt man sich da immer ein wenig in der Minorität, kommt sich wie ein Eindringling vor; doch wenn die Jungs gemerkt haben, dass einem auch gelegentlich ein scheues ›Yeah!‹ herausrutscht, dass man sich einbeziehen lässt in den magischen Kreis der Enthusiasmierten, dass man sich also mit ihnen und nicht über sie – (die entfesselten Wilden, you know!) – freut, dann wird man akzeptiert und kriegt auch schon mal einen Schluck Bourbon ab. So wurde es ein Volksfest und gleichzeitig ein Triumph des restlosen Einverständnisses zwischen Oben und Unten, ein hautnaher Dialog zwischen den Soulbrothers und der Seelenschwester. (Twen, Oktober 1968: 140).

»Yeah!« – der weiße Konzertgänger versucht sich mimetisch und befangen an der richtigen »Response«, er übernimmt die Subjektstelle des Mitspielers im antiphonen Spiel, ist nicht länger der Eindringling, als den die Blicke der Schwarzen ihn zuerst konstituierten, sondern erhält, Einlass in den »magische[n] Kreis der Enthusiasmierten«: Was der Konzertgänger beschreibt, ist das Erlebnis von Communitas. Auch bei Peter Paul Zahl und Hubert Fichte finden sich ähnlich ekstatische Schilderungen aus »schwarzen« Bars in der Bundesrepublik; Lothar Lamberts Film »1 Berlin-Harlem« inszeniert einige vergleichbare

Szenen an Originalschauplätzen wie der Diskothek »International« in Berlin-Schöneberg (vgl. Kapitel 5). Eine *oral history* der Soul-Ära hätte u.a. zur Aufgabe, mehr über diese Orte und diesen Erfahrungstypus herauszufinden. Bei diesen Immersionserlebnissen handelte es sich freilich nicht um ein Massenphänomen.

Schwarzsingen: »Rasse« und Stimme

Der Topos des weißen »Emulierens« der schwarzen Stimme hatte um 1968 Konjunktur; die Musikzeitschrift *Sounds* fand dafür sogar eine eigene Vokabel, »schwarzsingen« (Sounds: 1057 – angewendet hier auf Rod Stewart). Die spätestens seit den 1950ern heiß diskutierte Frage, ob Weiße überhaupt »schwarz« spielen und singen können, spitzt das Problem der Exklusivität des Zugangs zur schwarzen Community noch einmal zu: Die Leiblichkeit der Stimme scheint einerseits die essentialistische Fundierung des Schwarzseins zu berechtigen, andererseits verweist Gesang immer auch auf eine performative Seite, die Universalität und Übersetzbarkeit verspricht. Als Verkörperung zeitgenössischer schwarzer Kultur stellte Soul dabei die größtmögliche Herausforderung dar, stand aber zugleich in einer direkten Linie mit anderen Formen schwarzer Musik, insbesondere dem im hiesigen Rezeptionshorizont weiterhin dominanten Blues, wie in dieser Rezension einer Platte von »Stone the Crows« von Rainer Blome: »Bei Sängerin Maggie Bell denkt man zuerst an eine Schwarze, so expressiv singt sie den Blues. Sicher, Maggie erinnert an Aretha Franklin, auch an Billie Holiday und an Janis Joplin, doch das ist in ihrem Falle kein Kriterium [...] Maggie Bell ist die erste englische Sängerin mit echtem Bluesfeeling.« (Sounds: 120). »Jazzpapst« Joachim E. Berendt rezensiert in der *twen* die »Dirty Blues Band« unter der Überschrift »Weißer Blues – schwärzer geht's nicht!« (Twen, August 1968: 110). Mit triumphalistischen Untertönen berichtigt er die schwarze Auffassung, »Sie können uns alles nachmachen, nur den Blues nicht«:

> Hier ist der Gegenbeweis! [...] Der Blues war das letzte ›reduit‹ schwarzer Musik in den USA. Das ändert sich jetzt. Mit einem Male gibt es eine Reihe weißer Gruppen, die so schwarz und ausdrucksstark Blues spielen, als hätten sie die Hautfarbe gewechselt. [...] Der amerikanische Kritiker Frank Kofsky findet, dass eine weiße Blues-Band eben noch ›ein Widerspruch in sich selbst‹ gewesen sei. ›Aber nicht mehr jetzt‹. Der Hauptgrund dafür sei das Transistor-Radio. Selbst die Ärmsten unter der weißen Jugend in den Vorstädten Amerikas tragen Tag und Nacht ihre Transistors mit sich herum. ›Sie finden schnell heraus, dass die schwarze Musik besser ist als die weiße, und deshalb lassen sie ihre Radios ein

für allemal auf die Neger-Stationen eingestellt.‹ So geht ihnen der Blues von klein auf ›unter die Haut‹. Er wird ›ihre eigene Musik‹.

Die Rhetorik der Kritiker lässt auffällig häufig offen, ob »weißer Blues«, »weißer Soul« und die »weiße schwarze Stimme« letztlich wirklich möglich sind oder nicht. Der amerikanische Rock-Kritik-Guru Robert Christgau formuliert, »For a white person, and in person, [Mitch] Ryder does soul as well as can be done« (Christgau 1967, o.S.), als sei die Emulation letztlich eben doch ein Ding der Unmöglichkeit, dann wieder zitiert er den Musikethnologen Charles Keil, demzufolge Frank Sinatra und Tony Bennett von schwarzen Soul-Musikern als »soulful« anerkannt werden. Ähnlich schreibt auch Behrendt an dieser Stelle:

Wenn Sie die ›Dirty Blues Band‹ oft genug gehört haben, bemerken Sie gewisse Unterschiede. Es sind nur Nuancen: ein Mangel an Geschmeidigkeit und Biegsamkeit, eine Vorliebe für das allzu Direkte und Offensichtliche. Die dem Blues eigene Expression auf mehreren Ebenen gleichzeitig – Trauer und Ironie, Verzweiflung und Zynismus und jenes so typisch negroide, masochistische Vergnügen am eigenen Unglück – kommen weniger selbstverständlich als bei den schwarzen Bluesgruppen. [...] Ein Unterschied, der schon vor 20 Jahren nur den Fachleuten aufgefallen war und der sich nun im Noch-Subtileren, Kaum-mehr-Merklichen zwar nicht verliert, aber doch versteckt. Diese jungen Leute nehmen den Blues (oder genauer: die einzelnen Elemente des Blues) so genau wie nicht einmal die Neger. Und das eben ist eine ganz ›weiße Eigenschaft‹. (Twen August 1968: 110).[53]

Worin genau besteht für die Kritiker nun die stimmliche Differenz zwischen schwarz und weiß? Laut Nelson George lag die Herausforderung, eine »eigene Version des Soul« zu kreieren, darin, »dass weißen Sängern die *stimmliche Intensität* fehlte, die der Soul braucht« (George 2002: 152, meine Hervorhebung), bei anderen Kritikern ist es eine für Weiße letztlich unerreichbare »Expressivität« (s.o.). Diese Exklusivitätsrhetorik verweist letztlich auf das Konzept von Soul als ethnischem Stil und gelebter Erfahrung[54] und insbesondere auf ein unmittelbares Verhältnis von Stimme, Verkörperung und Erfahrung, »that quality of tone, phrasing, and expressiveness, that way of pulling the sounds out of the body« (Gilroy in Green 1998: 254) – als führe

53 Diese vermeintliche »weiße« Gründlichkeit klingt natürlich stereotyp deutsch.

54 Ein Beispiel dafür ist Behrendts »typisch negroide(s) masochistische(s) Vergnügen am eigenen Unglück« (s.o.) – zugleich eine zeittypische, sicherlich problematische Übertragung »rassentheoretischen« Vokabulars in ein altbekanntes Stereotyp.

von der schwarzen Erfahrung ein direkter, »leiblicher« Weg zur schwarzen Stimme, der sich ohne entsprechenden Erfahrungshintergrund eben nicht imitieren lässt. In jedem Fall verweist Soul auf Qualitäten musikalischer Kommunikation jenseits des Sagbaren und damit eventuell auch jenseits dessen, was sich nachahmen ließe.

Dass ethnischer und musikalischer Kategorien nie gänzlich kongruent sein können, ist leicht zu demonstrieren, die ständige Behauptung und Anfechtung dieser vermeintlichen Kongruenz nichtsdestotrotz erklärungsbedürftig (Gilroy 1998: 259).[55] Das eigentlich Interessante ist hier also nicht die Antwort auf die Frage, ob ein Weißer »schwarz singen« kann, sondern vielmehr die Beobachtung, dass sich diese Frage vielen Zeitgenossen derart nachdringlich stellte – als praktische, stimmliche, und zugleich als *ethische* Frage. Denn je stärker sich afroamerikanophile Weiße der schwarzen Kultur zuwendeten, desto mehr kamen sie auch mit der Kritik afroamerikanischer Künstler und Intellektueller in Berührung.[56] Deshalb ist die fortgeschrittene »Afroamerikanophilie« zumindest der Möglichkeit nach nicht nur weißer Monolog, sie muss sich auch dialogischen Anfechtungen stellen.

Schwarzsänger: Afroamerikanophile Selbstlegitimierungsstrategien und die Begegnungen mit dem eigenen Weißsein

Das Beispiel von Eric Burdon, dem europäischen – wie man damals gern sagte – »White Nigger«[57] par excellence, verdeutlicht, wie Lust und Schuld sich in der afroamerikanophilen Dynamik durchkreuzten. Nicht nur mit seiner »soulige« Stimme konnte Eric Burdon jene »Rock'n'Roll-Fantasie« (Burdon 1988: 126), die er mit vielen Generationsgenossen teilte, »ausleben« (ebd.), sondern auch in seiner Rockstarexistenz: Die Realisierung des imaginären Kontaktes zum

55 Musikwissenschaftliche Versuche, technische Merkmale und Begriffe wie »pentatonisches Melisma« – Tonhöhenveränderungen in der pentatonischen Skala bei einer Silbe des Textes – oder synkopierte Rhythmen in Anschlag zu bringen, um die Differenz zu bestimmen, blieben allerdings immer umstritten. Der Musikwissenschaftler Philip Tagg z.B. bestreitet nicht nur, dass Melisma eine »schwarze« Qualität ist, er hält es letztlich für unmöglich, »schwarze« bzw. afroamerikanische Musik musikwissenschaftlich zu bestimmen. Vgl. Tagg o.J. und 1989: 291; vgl. allgemein auch Frith 1998: 123-144; 269-280.

56 Unter den Intellektuellen meint dies zeitgenössisch vor allem LeRoi Jones, nicht dagegen einen prominenten patriotischen Universalisten wie Ralph Ellison.

57 Auch einer der Zeitzeugen aus dem Berliner »Blues«, Norbert »Knofo« Kröcher (s.u.), nannte im Interview diese m.E. vor allem in Deutschland verbreitete, im Vergleich zum »White Negro« der 50er drastischere Bezeichnung.

schwarzen Amerika nimmt einen beträchtlichen Teil in Burdons Autobiographie »I used to be an animal, but I'm alright now« ein. Sie beginnt schon vor der Phase der Prominenz in der Kindheit und Jugend in Newcastle: Schwarze amerikanische GIs gehören für ihn – wie für den Berliner »Blues« – zum Alltag, er verliebt sich vor dem Fernseher in Billie Holiday (»Der schwarzweiße Blues! Ich hatte das Gefühl, sie singt nur für mich, und ihre Gefühle kommen direkt auf mich zu«, ebd.: 20) und erlebt das »erste Mal« mit Doreen Caulker, einer »hellhäutigen Negerin« (ebd.: 26) aus der Nachbarschaft. »Ihr Lied« ist Ray Charles' Soul-Superhit »What I'd Say«. Das Interesse ist gewissermaßen ein holistisches: »Meine Empfänglichkeit für diese Musik, meine Verliebtheit in Doreen Caulker und die vielen Bücher, die ich über Jazz und die Geschichte der schwarzen Musik in Amerika las, vertieften mein Verständnis der schwarzen Kultur« (Ebd.: 28). Der für Autobiographien obligatorische Satz über das »erste Mal« folgt direkt auf diese Aufzählung.

Andererseits bricht der politische und ethische Konflikt um die Aneignung schwarzer Musik immer wieder durch zur Oberfläche des Textes. Als hartnäckige Erinnerung an ein Schuldprinzip stört dieser Konflikt die Lustbesetzung der schwarzen Kultur. So wird Burdons Freund Eric Clapton von T-Bone Walker, der seinen Status als Original gegen die britische Nachahmung verteidigt, aggressiv an die Wand gespielt (vgl. ebd.: 62) und Little Richard wehrt sich lautstark dagegen, im Vorprogramm der Animals »verheizt« zu werden (ebd.: 87). Die deutlichste und expliziteste Zurückweisung handelte sich der Erzähler von Nina Simone ein. Ihr Manager begrüßte ihn demnach mit den Worten, »Sie sind also das kleine Bleichgesicht, das meine Songs gestohlen hat, der an Ninas Musik, an meiner Musik mitverdient. Sie haben ganz schöne Nerven, hierher zu kommen, Boy.« (Ebd.). Nina Simone selbst war nicht viel freundlicher: »›Das ist die schlechteste Interpretation des Songs, die ich je gehört habe, Mister‹, meinte Nina, wendete sich ab und blickte in den Spiegel.« (Ebd.: 170). Bei dem Konzert, das dieser Begegnung voranging, hatte sie ihn öffentlich blamiert, indem sie ihn mit dem »Stehlen« schwarzer Kultur konfrontierte, so dass ihn aus dem Publikum viele böse Blicke trafen (Ebd.: 169). Seine Reaktion ist – im Text – ein kurzer Moment der Selbstverachtung: »Als Nina ihre Version des Songs gesungen hatte, konnte ich es dem Publikum allerdings nachfühlen. Ich konnte mich nicht mehr ausstehen.« (Ebd.). Dass sich die beiden letztlich vertragen und sogar miteinander anfreunden, entspricht zwar den narrativen Erwartungen auf einen versöhnlichen Abschluss, ändert aber nichts daran, dass der Erzähler immer wieder Zurückweisungen durch die bewunderten Vertreter der schwarzen Kultur erfährt, die schließlich unterschiedliche Formen rhetorischer Selbstrechtfertigung in Gang setzen. Dieses Muster findet sich bei weitem nicht nur bei Eric Burdon.

Den Hintergrund solcher Erzählungen ist die historische Erfahrung, dass die weiße *An*eignung schwarzer Musik in vielfältiger Weise immer wieder auch eine *Ent*eignung ihrer Urheber bedeutete: einerseits symbolisch, in Hinblick auf identitätskonstitutives kulturelles »Eigentum«, andererseits finanziell.[58] Bei LeRoi Jones sind Aspekte der Ökonomie und des Stolzes auf die unvergleichliche kulturelle Identität untrennbar miteinander verknüpft.[59] Das mehrdeutige englische Wort »appropriation« bringt diesen Zusammenhang auf den Punkt (Vgl. Ziff/Rao 1997: 1-27). Insofern ließe sich die schwarze »Grenzkontrolle«, also das im Soul-Diskurs immer wieder zu beobachtende Beharren auf der Unmöglichkeit zum Beispiel einer »weißen schwarzen Stimme«, auch als Versuch interpretieren, der Ausbeutung durch weiße Musiker vorzubeugen. Dass viele innovative schwarze Musiker ein ärmliches Dasein fristeten, während weiße Nachahmer und die beinahe ausschließlich von Weißen dominierte Musikindustrie Millioneneinnahmen verbuchen konnten, zählt bekanntermaßen zu den wiederkehrenden Mustern der Popmusikgeschichte.[60] Diese Machtverhältnisse waren auch den europäischen Kommentatoren geläufig, doch neigten sie häufig dazu, diese Problematik ausschließlich auf US-amerikanische Verhältnisse zurückzuführen.[61] Wie Eric Burdons Bei-

58 Vgl. zur Diskussion Perry Hall (1997), zeitgenössisch u.a. Jones 1969.

59 Hall (1997: 49) stellt diesen Zusammenhang heraus.

60 Die segregierte Struktur der Radio- und Schallplattenindustrie, die Platten schwarzer Musiker bis 1949 unter »race records« führte und auch danach versuchte, die Märkte getrennt zu halten, vermengt sich mit der seit den 1920ern bekannten Unwilligkeit weiter Teile des weißen Massenpublikums, Musik von »schwarzen« Künstlern zu hören und zu kaufen, die man anderen Weißen (insbesondere Engländern) begeistert abnahm. Das ist die Geschichte vor allem der 50er und frühen 60er Jahre zwischen Rhythm and Blues und »Beat«.

61 So beobachtete 1968 auch Joachim E. Berendt, warum Janis Joplin erfolgreicher sei als Big Mama Thornton – »Ich will Ihnen sagen, warum: Weil Janis weiß und Big Mama schwarz ist.« (»Aus Schwarz wird Weiß«, twen, September 1969: 145). Das Problem erscheint hier freilich ausschließlich als eines der US-amerikanischen Gesellschaft und ihres Marktes, die Rassismusfreiheit der bundesrepublikanischen Leserschaft wird an dieser Stelle vorausgesetzt. Die ökonomische »Enteignung« schwarzer Musiker erreichte jedoch schon mit dem »weißen« Rock'n'Roll und der »British Invasion« ihren Höhepunkt; Soul markierte dagegen den Punkt einer zeitweiligen Wende, gerade weil diese Musik lange Zeit nicht erfolgreich kopiert werden konnte. »Soul music's effectiveness as an instrument of cultural cohesion as well as of musical innovation was in part related to the mainstream music industry's inability to control it.« (Hall 1997: 44.) Unabhängige Firmen wie Atlantic, Motown und Stax-Volt setzten sich während der 60er Jahre gegen die »pale imitations« der Majors durch. Weil Soul als schwarzes Identitätsaffirmationsprojekt artikuliert wurde, konnte die Musik in den 60ern und 70ern nicht gänzlich – wie noch der Rhythm and Blues als Rock'n'Roll in den 50ern – von »schwarzer Erfahrung« abgelöst werden. Das Problem musste immer wieder reflektiert werden.

spiel zeigt, konfrontierte die schwarze Kritik afroamerikanophile Europäer mit ihrem eigenen Weißsein, mit der Zugehörigkeit zu einem Kollektiv, das letztere imaginär gerade verlassen wollen, insofern sie überhaupt je realisierten, dass es als solches gesehen werden konnte.[62] Sie reagierten darauf mit unterschiedlichen Legitimationsstrategien. Zuerst ist die gesuchte und demonstrativ erwähnte beziehungsweise zur Schau gestellte, musikalische und menschliche Anerkennung durch Afroamerikaner zu nennen, so wie in diesem Fall die Betonung einiger Auftritte der Animals im »schwarzen« Apollo-Theater in Harlem (Burdon: 99f).[63] Gayle Wald interpretiert dieses verbreitete »desire for black approval« als Ausdruck von letztlich narzisstisch geprägten Schuldgefühlen: »This desire functions both as an oblique acknowledgment of white musicians' indebtedness to black artists and as a sign of anxiety at their appropriation of black idioms.« (Wald 1998: 142).[64] Die Betonung der eigenen gesellschaftlichen Randposition, in diesem Fall der proletarischen Herkunft, ist eine weitere Legitimationsstrategie (vgl. dazu auch Kapitel 5).[65] Das eigene Weißsein tritt dabei hinter eine unterprivilegierte Klassenposition zurück und wird der subordinierten Position der Opfer des US-amerikanischen Rassismus gleichgesetzt. Die Fragwürdigkeit dieses Analogieschlusses fällt angesichts ihrer praktischen Sloganhaftigkeit und der Popularität imaginärer Äquivalenzen nicht weiter ins Gewicht.

Auch das Verkünden politischer Sympathien mit der Sache der schwarzen Amerikaner lässt sich als rhetorische Strategie im Lichte dieses Mechanismus interpretieren. So diniert Burdons Erzähler mit einem weißen Südstaatenpolitiker und dokumentiert mit einem versteckten Tonbandgerät dessen rassistische Äußerungen, um sie »meinen schwarzen Freunden vor[zu]spielen. Ich wollte beweisen, dass sie im Süden noch Rassisten waren. Das sollte an diesem Abend meine Aufgabe sein.« (Burdon: 113). In New York dürfte diese Erkenntnis

62 Vgl. die Diskussion um die »Markierung« und das »Sichtbarmachen« des Weißseins in den US-amerikanischen »Whiteness Studies« (u.a. Frankenberg 1997). Dass Weiße für Schwarze tendenziell immer schon »markiert«, nicht nur normativ, sondern gewissermaßen auch seltsam waren. Vgl. Morrison 1992.

63 Freilich lässt sich dieser Auftritt auch anders – als Erniedrigung – interpretieren; die Animals spielten im Apollo nämlich nur in der »talent show«.

64 Eric Burdons Alben mit der schwarzen Gruppe »WAR« (»Black Man's Burdon« u.a.) zeigen, dass sich dieses dezidierte Bedürfnis nach Anerkennung auch auf seine musikalische Karriereplanung auswirkte: Nirgendwo wird die spontane Communitas so direkt angestrebt wie im gemeinsamen Musikmachen, vor allem natürlich im improvisierten »Jam«. Vgl. die Diskussion um die »psychische Ökonomie« des Strebens nach Akzeptanz durch den »Anderen« bei Betensky (2004: 135, vgl. auch Kapitel 4 dieser Arbeit).

65 Im Film »The Committments«, der von einer weißen Soul-Band handelt, ist es z.B. die irische Herkunft. Vgl. auch die in Kapitel »Black Power…« beschriebene Rhetorik des Berliner »Blues«.

nicht unbedingt als Neuigkeit aufgenommen worden sein. Eine ähnliche Funktion erfüllt die demonstrative Distanzierung von den weißen USA, insbesondere vor einem schwarzen Publikum. So stellt sich Burdons Erzähler einem von weißen Rassisten übel behandelten Schwarzen in New Orleans folgendermaßen vor: »Hören Sie, Mann, ich bin völlig Ihrer Meinung, es ist schrecklich, das dürfte es nicht geben, wissen Sie, es ist verdammt beschissen, das läuft einfach nicht mehr. Ich bin selber nicht von hier, komme aus England. Es ist absurd, ich bin ganz Ihrer Meinung, wirklich, Mann.« (Burdon: 119). Ulf Hannerz, der Ethnograph des »schwarzen Ghettos« in Washington, D.C., stellte sich den schwarzen Männern in seinem Feld sofort als Schwede vor und vermutet heute, das habe seinen Feldaufenthalt entscheidend erleichtert (nach Lindner 2004: 174). In all diesen Fällen soll der vermutete Eindruck, man sei »einfach nur ein weiterer Weißer« korrigiert werden, soll die Hautfarbe hinter Nationalität und vor allem Einstellung verschwinden. Wenn die »schwarze« Ablehnung den afroamerikanophilen Europäer also gegen dessen Willen als Weißen anspricht oder auch – mit Althusser gesprochen – »anruft« und ihn in ein weißes »Täterkollektiv« steckt, das auch moralisch von den Afroamerikanern kategorisch unterschieden bleiben muss, dann ermöglichen ihm diese Strategien, aus dem vermeintlichen Kollektiv herauszutreten und zur Logik der Äquivalenzen zurückzukehren (vgl. Burdon: 122).[66]

Eine weitere Strategie, mit dem Legitimisierungsdruck durch das beobachtende schwarze Auge umzugehen, ist die entwaffnende Ironie, wie sie im Namen der schottischen Soul-Band »Average White Band« anklingt oder auch im Stück »See How a White Negro Flies« der deutschen Gruppe »Out of Focus« (Sounds: 217, auf dem Polydor-Sampler »Sounds 71«)[67]. Robert Christgau stellte schon 1967 fest, dass diese Ironisierungen ein allgemeineres Merkmal der britischen Adaption afroamerikanischer Musik ausmachten, das allerdings auch zum Unverständnis zwischen der Musik der rockigen »British Invasion« und tendenziell »unironischer« schwarzer Soul-Musik führt: »In one sense or another, the English groups injected a sense of self-consciousness into their music deliberately – as parody or self-parody

66 Obwohl es offensichtlich seine Berechtigung hat, auf Unterschieden zwischen den USA und europäischen Ländern zu beharren, ließe sich hier als identitätspolitisches Argument einwenden, dass nicht alle afroamerikanophilen Europäer sich im Klaren waren und sind, dass ihre Distanzierung vom weißen Amerika noch nicht den Verlust der weißen Privilegien bedeutet, die ihr »Weißsein« in entscheidenden Maße ausmachen. Was die Übertragung des Diskurses der »Whiteness Studies« in die Bundesrepublik analytisch möglich macht, kann ich nicht überblicken (vgl. kritisch Dietze 2006).

67 Der Rezensent spottet über das lange Stück: »die schwarzen Neger sind wahrscheinlich schon 6 Minuten vorher gegangen«.

or just plain fun. Even the Stones have a sardonic edge: ›I am an Englishman singing this black music.‹« (Christgau 1967, o.S.).[68]

Für viele afroamerikanophile Beobachter machte schwarze Musik und insbesondere Soul also nicht nur eine ethische Herausforderung, sondern – durch die Interventionen schwarzer Skeptiker – auch eine Konfrontation mit dem eigenen Weißsein aus. Diese minoritäre Anrufung als weißes Subjekt wurde freilich kaum je angenommen. So nahm Helmut Salzinger in »Rock Power«, dem ersten bedeutenden »poptheoretischen« Buch eines Nachkriegsautors, die »racial politics« der US-amerikanischen Rock- und Pop-Musik ausgiebig zur Kenntnis und bezog seinem dokumentarischen Prinzip zum Trotz selbst dazu Stellung. Ausführlich montiert er Texte von LeRoi Jones und Eric Burdon, die dadurch eine Art Gespräch eingehen, bei dem der Autor mit Burdons Position sympathisiert. Salzinger zitiert Jones' abschätzige Beschreibung weißer Rockmusik im Sinne der oben bereits erwähnten Kritik: »Musik stehlen, Energie (Leben) stehlen: ihre eigenen Anliegen und ihr eigenes Leben draus machen, Weiße Musik draus machen, eine saubere Sache verpesten.« (Salzinger 1997: 17). »Je intelligenter ein Weißer ist, umso klarer erkennt er, dass er von den Niggern stehlen muss. Sie klauen von uns von vorn bis hinten. Schließlich, was ist eigentlich der Unterschied zwischen den Beatles, Stones usw. und den Minstrels. Die konnten auch niemanden überzeugen, dass sie schwarz waren.« (Ebd.: 18). Salzinger antwortete ungnädig: »Wir kapieren schon. LeRoi Jones hat eine Stinkwut auf die Weißen. Das ist verständlich, weil er ein Schwarzer ist. Aber nur, weil er ein Schwarzer ist, hat er ja mit dem, was er über die weiße Pop-Musik sagt, noch nicht recht. So wie es da steht, ist es schlicht falsch. Man sollte sich von seiner Radikalität nicht bluffen lassen. Er macht hier auf schwarzen Rassismus, der objektiv ebenso idiotisch ist wie

68 Die dezidierte Ernsthaftigkeit von »Soul« stand der Ironisierung jedoch grundsätzlich im Wege. Joy Flemings »Ein Lied kann eine Brücke sein«, vermutlich der erste erfolgreiche Versuch eines Soul-Hits in der Bundesrepublik, kommt – im Gegensatz zu ihrem späteren »Neckarbrückenblues« – gänzlich ohne Ironie aus, und auch Eric Burdon ist zumindest musikalisch (also von Titeln wie »Black Man's Burdon« abgesehen) meist gänzlich ironiefrei. Als weitere, freilich nicht unbedingt ironische, Thematisierung der Situation des »weißen Negers«, ist auch die Form des Negativs auf graphische Ebene zu nennen (aus hell wird dunkel), z.B. beim auch in twen abgebildeten Plattencover der (weißen) »Dirty Blues Band« (twen) und auch bei der Erstausgabe von Norman Mailers »White Negro« (1959). In späteren Aneignungskonjunkturen anderer afroamerikanischer Stile (z.B. deutschsprachigen HipHop) kehrt, so Diederichsens Beobachtung, das »Eigene« zurück »als die Nebengeräusche, die während der Imitation entstanden sind – mehr und mehr isoliert vom Vorgang der Imitation. Der Genuss konstituiert sich im Anerkennen der eigenen Differenz zum bearbeiteten oder affektiv besetzten Material.« (Diederichsen 1991: 55). Dies war in der Soul-Aneignung kaum je der Fall.

der weiße.« (Ebd.: 20). So fragwürdig Jones' zugespitzte Beurteilungen tatsächlich sind, so ist diese Gleichsetzung in ihrer Aggressivität ebenfalls befremdlich. Die Festschreibung einer kollektiven weißen Identität wird mit utopischen Szenarien kontrastiert: »Rock Power« endet mit langen Zitaten von Burdon, der beim ersten Besuch in Harlem in Ekstase gerät. »And when I got to America / I say it blew my mind«. (Salzinger 1972: 250f).[69] Er berichtet einmal mehr vom Sex mit einem »braunen« Mädchen und gibt schließlich einen Dialog zwischen einem Hippie und einem Schwarzen[70] wieder, der von der »Befreiung« handelt. Die letzten Sätze von Salzingers Buch, in denen die Diskussionen der vorherigen Seiten kulminieren, lauten: »Aus seinem Geschrei, dass er sie hätte, die Freiheit, wird ein Schrei nach Freiheit. Und jetzt antwortet ihm der andere, und er schreit es ihm zu: You are not alone.« (Ebd.: 250). Mit diesem ekstatischen Dialog und der postrassistischen Gemeinschaftsutopie, die sich darin artikuliert, endet »Rock Power«. Um 1968 hat das Prinzip der kollektiven weißen Schuld keine Chance, sich gegen die Logik der identitätsübergreifenden Äquivalenzen durchzusetzen, die den weißen Subjekten eine kulturelle Loslösung von allen festgeschriebenen sozialen Orten verspricht. Dass die sexuelle Begegnung eines weißen Mannes aus der Gegenkultur mit einer schwarzen Frau dabei zum einen als Ziel an sich erscheint, das im Gegensatz zu den identitären Schuldzuweisungen steht, und zum anderen zu einer politischen Begegnung zwischen weißen und schwarzen Männern gewissermaßen überleitet, ist Anlass genug, den Implikationen der »interrassischen« Sexualität weiter nachzugehen.

69 Eric Burdon and the Animals/Every One of Us, New York 1963.

70 Salzinger beschreibt diesen Anderen als »negroide Stimme«, ebd.: 248.

Sex als »Lösung«: der Diskurs um schwarz-weissen Sex

In den USA war 1967 das Jahr, in dem die bis dato insbesondere in den Südstaaten verschwiegene, kriminalisierte und stigmatisierte »interracial intimacy« legalisiert wurde und kulturell an Akzeptanz gewann.[1] Dass der moderne Rassismus überhaupt nur über Sexualität verständlich wird, stellt die einschlägige Literatur zur Genüge dar.[2] Unter den Bedingungen einer dominanten »heterosexuellen Matrix« resultierte dieser Rassismus in einer Herrschaftspraxis, die mit einer bestimmten kulturellen Logik von legitimen und illegitimen Verbindungen (d.h. sexuellen Kombinationspotenzialen und -berechtigungen bzw. -zwängen) einherging und zugleich von Ambivalenzen und Fantasien durchzogen wurde.[3] Dieses klassische Modell, das in den verschiedenen Rassengesetzgebungen kodifiziert und in der alltäglichen Herrschaftspraxis mit weiteren Bestimmungen »angereichert« und durchgesetzt wurde, scheint nun in Bewegung zu geraten, zugleich wird es aus dem kulturell impliziten Wissen in explizite Formate überführt. Dabei stellt sich der Diskurs um »interracial sex« in der Bundes-

1 In eher »braver« Form geschah dies z.B. im Film »Guess Who's Coming to Dinner«. Allgemein gilt, dass die Angst vor der »Rassenschande« im Zentrum rassistischen Denkens steht – in den USA wie in Deutschland. Die Implikationen der »interracial sexuality« in der US-Geschichte sind nachzulesen bei Robyn Wiegman (1995); zum Umschwung des Jahres 1967 vgl. Nikolas Kristof, »Blacks, White and Love«, New York Times, 24.4.2005: 13.

2 Theoretisch kann dies sowohl psychoanalytisch (vgl. z.B. Fanon 1967) als auch über die »Biopolitik« des modernen Staates erklärt werden (vgl. Stoler 1995).

3 Für die USA wurde dieser Zusammenhang als »lynching complex« beschrieben (Dietze 2006), doch finden sich in weiten Teilen analoge Logiken in vielen Teilen der Welt; typisch sind die Kapitelüberschriften in Frantz Fanons (in Frankreich geschriebenem und aus einem karibischen und europäischen Erfahrungshintergrund gewonnenen Buch) »Schwarze Haut, weiße Masken«: Dort sind Kapitel mit »Schwarzer Mann, weiße Frau« und »schwarze Frau, weißer Mann« überschrieben (Fanon 1967; vgl. kritisch Chow 1995; Doane 1991; affirmativ Gordon 1995).

republik einerseits als populärkulturell, literarisch und im Rahmen politischer und moralischer Diskussionen vermittelter Import einer US-amerikanischen Problematik dar, in deren Zentrum im Entstehungskontext die »Emanzipation« schwarzer Männer und tabuierter schwarzer Männlichkeit steht, also als ein aus der Sklaverei und den auf sie folgenden Regimes der »white supremacy« resultierendes Thema (vgl. Finzsch 1999 und 2003). Andererseits wird die Aneignungspraxis durch die Spezifik des bundesrepublikanischen Rezeptionskontextes geprägt bzw. »inflektiert«. Lokale Ausprägungen der vieldiskutierten »sexuellen Revolution« und Repräsentationen des Schwarzseins in der Dimension mittlerer und langer Dauer (vgl. zu den Repräsentationstraditionen u.a. Gilman 1982; Martin 1993 und 2004) spielen dabei ebenso eine Rolle wie die reale Präsenz »schwarzer« Menschen.

Auch in bundesrepublikanischen Zeitschriften, vor allem solchen mit jugendlicher und jungerwachsener Zielgruppe, lässt sich zwischen 1967 und 1972 eine Welle von Texten und Fotostrecken über schwarz-weißen Sex feststellen, die im folgenden Exkurs als Hauptquelle genutzt werden sollen. Es scheint, als wäre im weißen Europa nie zuvor derart öffentlich über Sex mit einem schwarzen Partner beziehungsweise einer schwarzen Partnerin fantasiert und debattiert worden.[4] Eric Burdons auf schwarze Frauen fixierter Sextext lässt sich in diesem Zusammenhang als demonstrativ ausgelebte, männliche Rock'n'Roll-Fantasie lesen, die andere, sich kulturell ähnlich verortende weiße Zeitgenossen teilten und an der sie medial teilhatten, die sie aber nicht – oder zumindest nur in Einzelfällen – verwirklichten.[5]

So warb die Zeitschrift *Jasmin* für ihre Ausgabe im Dezember 1969 mit dem Artikel »Das Erlebnis, eine fremde Haut zu lieben. Über die erotischen und sexuellen Beziehungen zwischen Schwarzen und Weißen«, im November 1970 lautete der Titel – illustriert von einer barbusigen, skeptisch dreinblickenden dunkeläutigen jungen Frau, die von einem blonden, weißen Mann umarmt wird – »Jeder möchte mit mir schlafen – keiner will mich heiraten. Deutsche Mädchen mit brauner Haut berichten.« (Jasmin Nr. 24, 1970).

Auch die *Praline*, ein weniger renommierliches Softsex-Blatt, berichtete 1971 anhand von Günter Hunolds »Schulmädchen-Report« über drei junge Frauen mit sexuellen Vorlieben für schwarze Männer. Ausgiebig bebildert, schwankt der Bericht zwischen der Frage, ob schwarze Männer bessere Liebhaber sind (Soziologen beschwichtigen) und karitativen Zuschreibungen (Sex aus Mitleid); die Problemperspektive scheint die Masturbationsvorlage zu adeln.

---

4 Wobei auch hier die These, die späten 1960er Jahre schlössen auch in dieser Beziehung vor allem an die 1920er Jahre an, als in Unterhaltungsromanen viel über schwarz-weiße Beziehungen geschrieben wurde, einige Plausibilität besitzt. Vgl. Schultz 1995: 54.

5 Vgl. die New Orleans-Episode (Burdon 1988: 125f).

Die *twen* platzierte das schwarz-weiße Sexmotiv in anderen Diskursen. In der auf den großen Soul-Artikel folgenden Ausgabe ging es um nichts weniger als das, »was morgen wichtig ist [...] auf dieser herrlichen, schönen, aufregenden Welt.« Die einzelnen Artikel waren jeweils mit prägnanten Bekenntnis-Sätzen überschrieben. Eines dieser Statements stammt von einer schwarzen Frau und lautete »Ich küsse einen Weißen«. Dazu heißt es erklärend:

> Ich bin jung. Ich bin schwarz. Ich bin schön. Ich sehe es an den Blicken der jungen Männer. Sie wollen mich küssen. Manche sind schwarz wie ich. Manche sind weiß. Auch ich küsse gern. Ich bin froh, dass ich heute lebe. Heute, in einer Zeit, in der ein Mädchen sich den Mann aussuchen darf, den es küssen möchte. Ich weiß, dass es andere Zeiten gab. Meine Eltern erzählen mir davon. Es gab eine Zeit, da musste ein schwarzes Mädchen stillhalten, wenn der weiße Herr es küssen wollte. Ich weiß nicht, welchen Genuß ein weißer Mann dabei empfunden haben kann, ein ängstliches, willenloses schwarzes Stück Fleisch zu besitzen. Ich weiß ungefähr, was die Generation meiner schwarzen Mutter dabei empfunden hat. Es war viel Mitleid dabei. Und Angst. Ich weiß auch, dass an manchen Orten unserer Welt die Zeit stehengeblieben ist. Ich bin glücklich, dass meine Welt anders ist. Ich liebe meinen weißen Freund. Ich liebe das Spiel meiner schwarzen Hände an seinem Körper. Ich liebe das schwarz-weiße Muster, wenn wir uns lieb haben. Für mich ist er mein schönster Schmuck, ich liebe es sehr, seinen schönen weißen Körper mit meiner schwarzen Haut zu schmücken. Ich weiß, dass es Schwarze und Weiße gibt, die uns beiden diesen Schmuck nicht gönnen. Aber sie alle werden uns diesen Schmuck auf die Dauer nicht verwehren können. Ich liebe die Liebe meines weißen Freundes. Denn ich habe ihn mir aus allen anderen ausgewählt. (Twen, Januar 1969: 70f).

Eine schwarze Frau, deren »rassische« Exemplarität schon darin sichtbar wird, dass unerwähnt bleibt, wie sie heißt und aus welchem Land sie kommt, wählt also aus freien Stücken einen weißen (Sex-) Partner. Die Erinnerung an die Sklaverei, an Vergewaltigungen und Lynchings ist zu einem diffusen Mitleid mit dem Vergewaltiger verkehrt.

Diese Beteuerung einer schwarzen Frau in einem »weißen«, primär an der Ästhetisierung der Lebensführung orientierten Magazin erklärt sich nur vor dem Hintergrund dessen, was hier implizit bleibt, aber doch mitgedacht zu sein scheint: dass die exemplarische schwarze Frau dies auch anders sehen könnte. Sie könnte nicht »vergeben und vergessen« und weißen Männern stattdessen ihr Weißsein vorhalten; sie könnte angesichts der alten Mythen um schwarze Männlichkeit und Potenz einerseits und angesichts der kulturellen Aufwertung des Schwarzseins andererseits (in der *konkret* wurde über das Hingezogensein weißer Studentinnen zu schwarzen Studenten in den USA unter der Überschrift »Black Power – schwarzer Gott in Ebenholz« berichtet) aber auch schwarze Männer weißen prinzipiell vorziehen – die alte Angstphantasie in der Logik des »lynching complex«.

Tatsächlich bestand ein entscheidendes Element der aktuellen »Black Power«-Bewegung darin, dass seine – primär männlichen – Exponenten verkündeten, dass »weiße Sexualpartner [...] nicht mehr wie bisher das Erstrebenswerteste auf der Welt« sind (Brief von Eldridge Cleaver »Von allen schwarzen Männern an alle schwarzen Frauen«, zitiert nach James Berger, »Sexualität und Rassismus«, konkret 24.2.1969: 36). Im Gegensatz dazu erscheint in *twen* die schwarz-weiße Vereinigung als die wahre schwarze Utopie. Es ist, als würde die in der Soul-Prosa einige Wochen vorher noch so sehr betonte schwarze Selbstabgrenzung nunmehr sexuell aufgehoben. Die Abfolge von Artikeln über schwarze Kultur einerseits und Sexualität »zwischen den Rassen« andererseits zeigt, wie letztere zugleich auch als Teilhabe an und Zugehörigkeit zu schwarzer Kultur gerahmt beziehungsweise imaginär überdeterminiert werden konnte.

Von einem etwaigen Bekenntnis eines schwarzen Mannes, seine weiße Freundin zu lieben, würde offenkundig über ein ganz anderes Irritationspotenzial ausgehen. In der *twen* findet sich ein solcher Text (als Teil eines doppelten Monologs; vgl. twen, Juli 1968: 53ff) – ansonsten bin ich in den Zeitschriften, die ich während meiner Recherchen durchsah, auf eine solche Perspektive nicht gestoßen.

In kleineren medialen Produktionen finden sich dafür viele schwule Arrangements, wie sie z.B. in Lothar Lamberts »1 Berlin Harlem« (1975) thematisiert werden. Sie machen sicherlich einen bedeutsamen Teil der »afroamerikanophilen« kulturellen Formation aus, wie u.a. bei Jean Genet und Hubert Fichte deutlich wird (vgl. Fichte 1981 und schon in den 1920er Jahren u.a. bei Carl Van Vechten, vgl. Smalls 1997). Deutlich werden viele Aspekte in Lamberts Film, wo der sexuell und politisch afroamerikanophile Student Jürgen einem »hip« wirkenden schwarzen Freund z B. ein aus New York importiertes, einschlägiges Pornoheft mit dem Titel »Mixing it« zeigt; während das Paar sich in Nahaufnahme küsst, sind im Hintergrund antirassistische Plakate zu sehen.[6] Zugleich hat Jürgen jedoch wenig Interesse an den Problemen seiner schwarzen Sexpartner. Auch in der schwulen Subkultur Berlins und im (schwulen wie heterosexuellen) Nachtleben, so die kritische »Message«, um die sich Lambert offensichtlich bemüht, werden schwarze Männer sexuell fetischisiert, kaum jedoch als Individuen respektiert.[7]

6 Vgl. allgemein – auch über den Bereich Homosexualität und Dekolonisation – Aldrich 2003. Über Homophobie bei Cleaver u.a. vgl. u.a. Finzsch 1999 und 2003.

7 Der Low-Budget-Film thematisiert diese Begehrensstruktur immer wieder, so auch in einer verstörenden Szene, in der der Protagonist, ein schwarzer

ANTI-SCHWARZER RASSISMUS UND SEXUALITÄT

Angesichts nationalsozialistischer Erziehung, eines völkischen Verständnisses von Staatsbürgerschaft und auch in den 1950er Jahren noch florierenden »rassologischen« Denkens kann die Kontinuität »negrophoben« Rassismus' in Deutschland kaum überbetont werden (vgl. zur strukturellen Situation schwarzer Deutscher El-Tayeb 2004b: 406. Zum Thema Rassismus in Deutschland allgemein vgl. u.a. Anti-DiskriminierungsBüro Köln 2004; Terkessidis 2004). Als strukturierende Bedingung der lokalen Afroamerikanophilie ragte sie bis weit in den fraglichen Zeitraum hinein und über ihn hinaus. Die Gegenwart afroamerikanischer GIs seit 1945, die größte und angesichts des Besatzungskontexts symbolisch bedeutsamste »schwarze« Präsenz in der Bundesrepublik, förderte auf weißer, deutscher Seite von Anfang an einen Zwiespalt zwischen populärer und in weiten Teilen hegemonialer Negrophobie einerseits und einer antirassistischen, postfaschistischen Rhetorik andererseits zutage.[8] Dass sich weiße, deutsche Frauen freiwillig mit schwarzen Amerikanern einließen, konnte nach einer kurzen Phase zur Schau getragener »Besserung« bereits Mitte der 1950er Jahre wieder auch im öffentlichen Diskurs als nationale Gefahr artikuliert werden und Anlass zu rassistischen Moralkampagnen geben.[9] Angst- und lustbesetzte Bilder bedrohlicher schwarzer Männlichkeit geisterten durch die bundesrepublikanische Presse.[10] In den Debatten um die sogenannten »Negermischlingskinder« afroamerikanischer GIs 1951/52 kamen ebenfalls immer wieder Kontinuitäten völkischen Denkens zum Vorschein, wobei hier letztlich ein paternalistischer Diskurs dominierte, der Motive des »Helfens, Rettens und Erziehens« (Lemke 2002: 70) in den Vordergrund rückte, um »mit einer bewusst nach außen getragenen vorurteilsfreien Haltung [...] der

Ex-GI und Programmierer, am Wannsee steht und ein blonder junger Mann ihn sehnsüchtig betrachtet, bevor er sich nähert und ihn (und damit vor allem sich) oral befriedigt. Narrativ wäre diese Szene nicht notwendig gewesen; der blonde junge Mann wird vom Regisseur selbst gespielt. Unklar bleibt natürlich, ob er damit einfach tat, was er sexuell wollte, oder ob er besonders raffiniert die eigene Verstrickung thematisierte (oder beides zugleich).

8 Damit wiederholt sich in weniger explizit negrophober Ikonographie und Rhetorik ein Muster, das aus den nationalistischen Kampagnen gegen die »schwarze Schmach am Rhein« nach 1918 bekannt war und ist (vgl. u.a. Nagl 2004).

9 Die »geschändete« weiße Frau hat nationalallegorische Funktion, zugleich wurde diese Gefährdung der völkischen Reinheit als Gefährdung der Geschlechterordnung begriffen. Vgl. dazu u.a. Höhn 2002: 132. Höhn fragt zurecht, ob zwischen diesen Diskursen der 50er Jahre und den Reaktionen auf die »Gastarbeiter« der 60er Jahre Zusammenhänge bestehen (ebd.: 235).

10 Es handelt sich um den Bildtypus, der in der US-amerikanischen Ikonographie »buck« genannt wird (Bogle 1973). Vgl. auch Höhn 2002: 122.

skeptischen Welt die neuen Qualitäten der westdeutschen Demokratie« (ebd.: 201) zu demonstrieren.[11]

Wie sich diese widersprüchliche Gleichzeitigkeit von »umerzogenenen« liberalen und konservativen Selbstverständnissen, afroamerikanophilen Unterströmungen und alltagspraktisch oft dominanten Interaktionsrassismen auf der Ebene der »gelebten Erfahrung« auswirkte, lässt sich wohl nur noch anekdotisch rekonstruieren.[12] Auch Umfragen zeichnen ein widersprüchliches Bild. Laut Gallup befürworteten im Jahr 1968 nicht mehr als 35 Prozent der Westdeutschen (20 Prozent der US-Amerikaner; 67 Prozent der Schweden) Eheschließungen zwischen Weißen und Schwarzen (zitiert nach Siegfried 2006). Dass laut einer Umfrage des STERN (1972, im Rahmen einer Artikelserie über »schwarz-weiße Ehen in der Bundesrepublik« (Nr. 33, 34, 39 (1972)) nur 19% der Befragten davon ausgingen, »Neger« seien in Deutschland »unbeliebt«, 39% aber von einer Ehe mit einem beziehungsweise einer Schwarzen abraten würden, scheint wiederum charakteristisch für einen abstrakten und symbolisch überfrachteten, wenig konsistenten und erst recht kaum in tatsächliche Praxis übersetzten »Antirassismus« (STERN Nr. 34, 13. August 1972).[13]

Vor diesem Hintergrund hebt sich die neue, gerade nicht als Moralpanik, sondern vielmehr utopisch inszenierte Aufmerksamkeit für

11 Gustav von Mann, Direktor der Caritas, schrieb 1952 in diesem Sinne »Sie sind uns gegeben, dass an ihnen das deutsche Volk die Verbrechen an den Menschen anderer Rassen wieder gutzumachen sich bemühe.« (Zitiert nach Lemke 2002: 70). Vgl. auch Fehrenbach 2001; Höhn 2002. Die Einschulung 1951/52 wurde von »ein(em) regelrecht(en) öffentliche(n) Diskurs über die Pathologie der ›Mischlingskinder‹« (Lemke 2002: 68) in Fachpresse und populärwissenschaftlichen Abhandlungen – »hundertfach« (ebd.) – begleitet.

12 1969 waren Menschen, die 1946 geboren wurden, 23 Jahre alt. Die Zahl der »Mischlingskinder« mit afroamerikanischen Vätern betrug ca. 5000 (vgl. Lemke 2002: 11). Hinweise, dass sich das Stigma des Schwarzseins – viel stärker als die Position z.B. von türkischen »Gastarbeitern« – zugleich in eine Art politischen Fetisch verwandelte, gibt z.B. Charles M. Hubers Autobiographie »Ein Niederbayer im Senegal« (2004). Der Sohn eines senegalesischen Diplomaten und einer deutschen Haushälterin wurde um 1968 von vielen weißen Mitschülern höherer Klassen qua Hautfarbe als »revolutionäre(r) Mitstreiter für die Gleichberechtigung der Klassen und Rassen« (2004: 184) angesehen. Mehr zu dieser Thematik im folgenden Kapitel.

13 Umfrage: »Neger in der Bundesrepublik«. »43% der Befragten lernten nie einen Neger kennen. 52% würden Neger als Vorgesetzte akzeptieren. 78% hätten nichts dagegen, im Milchladen von einer Negerin bedient zu werden. 19% glauben: Neger sind in der Bundesrepublik unbeliebt.« (38) »Einen Neger heiraten? Es würden zuraten 19% der Männer, 12% der Frauen, abraten 38/40, kommt darauf an 43/48. Einen Italiener heiraten? Es würden zuraten 14/14, abraten 43/36, kommt darauf an 43/48. Einen Engländer heiraten? Zuraten 37/29, abraten 5/10, Kommt darauf an 58/61.« Zu weiteren Umfragen über Vorurteile gegen Schwarze bzw. »Neger« vgl. die Zusammenfassung in Siegfried 2006.

schwarz-weißen Sex umso deutlicher ab. Bildet man die Zeitschriftenlandschaft auf den kulturellen Raum ab, fällt sofort auf, dass die ekstatischen Töne schwarz-weißer Vereinigung vor allem dort zu hören waren, wo sich ein wenn schon nicht dezidiert linkes, dann doch zumindest »fortschrittliches« und junges Publikum konzentrierte, das mit dieser – von offiziellen Diskursen des Antirassismus sanktionierten – Umwertung auch seine eigene Differenz zu den politisch und kulturell in der »Vergangenheit« Verhafteten formulierte. In Blättern wie »Praline« wurden ähnliche Fantasien bebildert, jedoch mit pathologisierenden Texten auf Distanz gehalten.

ELDRIDGE CLEAVERS »SEELE AUF EIS«

Die Verknüpfung von Sexualität mit Rassismus einerseits und Emanzipation andererseits kommt nirgendwo so publikumswirksam zur Sprache wie in Eldridge Cleavers 1969 auf deutsch veröffentlichtem Buch »Seele auf Eis«. Symptomatisch für den kulturellen Status des Buches in der Bundesrepublik ist weniger die Einschätzung der *Zeit* (»eines der bedeutendsten Bücher des Jahres«; Anzeige des Hanser-Verlages in *konkret* vom 16.6.1969) als wiederum eine Inszenierung der *twen*. Im September 1969 stellte sie das im aktuellen Sinn »fortschrittliche« Wohnzimmer seiner Entsprechung von zehn Jahren zuvor gegenüber. Auf dem Schreibtisch der vorbildlichen Lifestyle-Wohnung des Jahres 1969 liegt prominent platziert *Seele auf Eis*. Offensichtlich eignete sich Cleavers Buch zur Einrichtung der Musterwohnung auf intellektuellem Gebiet nicht weniger als der Flokati auf dem Boden und der Sportwagen vor der Tür im Bereich des Designs.[14] »Seele auf Eis« verkörpert in den Augen der *twen*-Redaktion also den Moment der Gegenwart.[15] Wodurch qualifizierte sich das Buch für diese Rolle?

Durch Cleavers Buch zieht sich der autobiographische und gleichnishafte Versuch, die »Logik des Rassismus« als eine pathologische, insbesondere sexuelle Figuration zu begreifen. Der durch die Sklaverei und die Trennung geistiger und körperlicher Arbeit entstandene Rassismus in den USA manifestiert sich demnach in vier Idealtypen

---

14 Black Panthers als Lifestyle-Accessoire in der weißen Mittelschicht: Diese etwas zynische Lesart gibt es auch bei Tom Wolfe, »Radical Chic« (1970). Twen hatte sich schon 1962 in der Rezeption von Normal Mailers Manifest vom »White Negro« hervorgetan, der einer prä-Black-Power-Ära zuzurechnen ist (vgl. Siegfried 2006) und auch von Cleaver ausgiebig kommentiert wird.

15 Auch Charles Huber meint, das Buch finde sich zu diesem Zeitpunkt »in jede(m) Schulranzen eines Schülers der gymnasialen Oberstufe« (Huber 2004: 184).

von »Rasse«, Geschlecht, Herrschaft und Körperlichkeit: Der schwarze Mann erscheint als auf seinen Körper reduzierter »Supermaskuliner Knecht«, die schwarze Frau als »Schwarze Amazone«, der weiße Mann als intellektueller »Allmächtiger Administrator« und die weiße Frau als »Ultrafeminine Frau«.[16] Indem der »entkörperlichte« weiße Mann die »mit dem Körper verbundenen Attribute der Maskulinität« wie »Stärke, rohe Macht, Muskelkraft, sogar die Schönheit des tierischen Körpers« dem Schwarzen zuschrieb, habe er sich in die paradoxe Situation manövriert, einerseits auf all jene – scheinbar transhistorischen – Attribute zu verzichten, andererseits die »sexuelle Souveränität« (Cleaver 1969: 213), d. h. potenziell die Verfügung über die Frauen aller »Rassen« – beibehalten zu wollen. Dieser Widerspruch sei nicht aufzulösen. »Der Penis des schwarzen Mannes war genau das richtige Mittel, die perfekte Maschine des weißen Mannes zu stören.« (Cleaver 1969: 190; vgl. auch Friedman 2001: 93-155). »Schwarzer Knecht« und »Ultrafeminine Frau« sind gemäß dieser phallischen Kombinatorik »seelische Braut« und »seelischer Bräutigam« (Cleaver 1969: 213, 215). So meint Cleaver sowohl die kulturelle Obsession mit dem Thema »weiße Frau, schwarzer Mann« in den USA (vgl. Wiegman 1995) als auch die eigene Vergangenheit als Vergewaltiger erklären zu können – ein pathologischer, ein pathogener Zustand, wie er erklärt.

Zugleich sieht Cleaver Zeichen einer »Rekonvaleszenz« heraufziehen. Genau hier liegt ein entscheidender Anknüpfungspunkt für seine weiße Leserschaft, und zwar nicht nur in den USA, sondern im Einflussbereich der schwarz inspirierten US-Kultur überhaupt. Politischer Gezeitenwechsel und Populärkultur verlaufen demnach in wechselseitiger Abhängigkeit, in beiden Bereichen wird der komplementären Verteilung von Eigenschaften auf »Rassen« ein Ende bereitet: Intellektuelle Kapazität und Autonomie der Schwarzen ringen um politische Anerkennung, während sich die weiße Jugend durch das Medium der schwarzen Musik mit ihrer eigenen Körperlichkeit versöhnt (vgl. Cleaver 1969: 228 und 231). Die Begeisterung für die schwarze Kultur – von Cleaver in vier Phasen unterteilt (vgl. Cleaver 1969: 85-93, 228-236) – hat demnach Teil am weltgeschichtlichen Prozess: »Während der sich jetzt abspielenden Weltrevolution liegt die Initiative bei den Farbigen. Dass eine wachsende Anzahl weißer Jugendlicher ihr Bluterbe verabscheut und Farbige zu Helden und Vorbildern wählt, spricht nicht nur für ihre Selbsteinsicht, sondern auch für die Beweglichkeit des menschlichen Geistes.« (Ebd. S. 98). So kann Cleaver die »Afroamerikanophilie« und das Schwarz-Werden-Wollen eines Jack

16 Inwiefern diese Logik »idealtypischen« Status hat, inwiefern sie ein imaginäres Schema ist und inwiefern sie sich sozialgeschichtlich realisierte, lässt Cleaver weitgehend im Dunklen.

Kerouac welthistorisch überhöhen, Norman Mailers Modell des Hipsters als »White Negro« gegen die Einwände von James Baldwin, den er als homosexuell denunziert[17], verteidigen und eine revolutionäre Eschatologie entwerfen, an deren Ende die »apokalyptische Fusion« steht, die wiederhergestellte Einheit[18], eine orgiastische Aufhebung aller »künstlichen« Trennungen.[19] Gegenüber allen Dystopien der Trennung geht in der »Rekonvaleszenz« die individuelle »Heilung« des schwarzen Mannes mit einer »Heilung« der »Rassen« einher, die in der politischen Aktion und der populärkulturellen Praxis gleichermaßen verwirklicht werden soll. In der Sexualität, dem Sex zwischen weißer Frau und schwarzem Mann wird diese »Heilung« einerseits vorweggenommen, andererseits findet sie hier ihre Leitmetapher.

Zugleich geht es Cleaver aber auch – und an dieser Stelle schlägt das Wirre um ins Gefährliche – um eine »apokalyptische Fusion« der Geschlechter, die nur durch eine gesteigerte Heterosexualität in einer klassenlosen Gesellschaft zu erreichen sei, wohingegen Homosexualität abzulehnen sei als »the product of the fissure of society into antagonistic classes and a dying culture and civilization alienated from its biology« (Cleaver 1969: 177).

DER REZEPTIONSKONTEXT IN »KONKRET«

Die Vorabveröffentlichung von Auszügen aus Cleavers Buch in *konkret* im Mai 1969, inszeniert als publizistisch-politisches Großereignis[20], steht nicht allein, sondern setzt eine Reihe von thematisch einschlägigen Artikeln und Fotostrecken fort, zu denen zum Beispiel der Titel »Black Power – Potenter Gott aus Ebenholz« zählte. Ein halbes Jahr zuvor, im Dezember 1968, hatte eine sechsteilige, reißerische Artikelreihe unter dem Titel »Kill-In« begonnen, in welcher der ameri-

17 Vgl. dazu Finzsch 1999, der argumentiert, Cleaver habe seine eigenen homosexuellen Erfahrungen im Gefängnis verarbeitet. Finzsch stützt sich auf Aufzeichnungen Huey Newtons. »Von Baldwins leichtfertiger, schulmeisterhafter Ablehnung des The White Negro fühlte ich mich .. persönlich verletzt. In seiner arroganten Verdammung einer der wenigen wirklich bedeutsamen Äußerungen unserer Zeit machte sich Baldwin eines literarischen Deliktes schuldig.« (1969: 117).

18 Hier wird auch die geläuterte Zuneigung zu schwarzen Frauen artikuliert: »Blume Afrikas, nur durch die befreiende Macht deiner erneuten Liebe kann meine Männlichkeit erlöst werden.« (S. 239) Zur feministischen Kritik vgl. Wallace 1982; hooks 1992; Finzsch 2003.

19 Das Buch richtet sich zumindest in Teilen direkt an die weiße Jugend, was nicht überrascht, da Cleaver nach seiner Entlassung aus dem Gefängnis bei dem »weißen«, liberalen Magazin Ramparts arbeitete.

20 Der Titel der Ausgabe lautete »Weiße Frau, schwarzer Mann«, vgl. Abbildung.

kanische Autor William B. Huie die Untaten des Ku-Klux-Klans in semipornographischer Manier fiktionalisierte. Die Redaktion betonte, der Artikel gehöre »zu den meist gelesenen Artikeln unseres Heftes« (Konkret, 10.2.1969: 25), verlängerte die Serie und inszenierte in einer dieser Ausgaben eine Softporno-Bilderstrecke mit einem schwarzweißen Frauenpärchen als Gegenstück: »Love-In« (Konkret, 2.12.1968). Damit wurde der grenzüberschreitende Sex als Gegenmittel zum rassistischen Mord präsentiert. Der (vermeintlich) doppelte Tabubruch (»Rassenschande« und lesbischer Sex) analogisiert Rassentrennung und »Heterosexismus« als konservative Normen (vgl. zur kulturwissenschaftlichen Diskussion um Pornographie u.a. Williams 1989; Mercer 1994: 189-214. Vgl. auch Tanner über binäre und manichäische Gegenbegriffe wie »Love/War« um 1968 (1998: 210)).

Im Februar 1969 druckte *konkret* einen zweiteiligen, freudomarxistisch argumentierenden Theorieartikel über »Sexualität und Rassismus«. Während sich der Autor James Berger bemühte, die Komplexe von Sexualität und Rassismus in den USA auf kapitalistische Verhältnisse zurückzuführen und auf Gemeinsamkeiten mit anderen Situationen verwies, »wo eine kapitalistische Wirtschaftsordnung mit neokolonialer Politik Hand in Hand geht« (Konkret, 2.12.1968: 36), inszenierte die Bebilderung, für die Stefan Aust verantwortlich zeichnete, die im Text theoretisierten Fantasien als exotistisches Spektakel: Der erste Teil des Textes, »Schwarzer Mann – weiße Frau«, war in eine Fotostrecke eingebunden, auf der eine tanzende schwarze Frau mit nacktem Oberkörper mit einem Schädel hantiert. Mit Totenkopf, Fackel, Kopftuch und schwarzem Hintergrund wird sie auf plumpe Weise als fremd und exotisch sexualisiert. Erotische Bilder des Afrikanischen begleiten also einen Text, der von Rassismus vor allem in den westlichen Ländern handelt. Die Abbildung eines schwarzen Mannes mit dem Oberkörper eines Bodybuilders im selben Artikel wirkt hingegen eher grotesk.

So bebildert diese mit vermeintlichen Archetypen spielende Inszenierung eine Wahrnehmung, in der dunkle Haut mit dem Fremden und Archaischen gleichgesetzt wird und lässt, wie schon damals kritisiert wurde (s.u.), das männliche und weiße Blickprivileg bestehen. Der Kontext, in dem Cleavers Texte rezipiert werden, arbeitet mit einer Verdopplung des Rassismusproblems, indem er seine Abschaffung als ein visuelles Spektakel inszeniert, dessen Wahrnehmung sich als Antirassismus geriert.[21] Darüber hinaus, und das scheint bedeutsamer, ist

21 Mit Richard Dyer lässt sich hier von einem symptomatischen »Verrutschen« (slippage) zwischen verschiedenen Bedeutungsebenen sprechen, zwischen der sexuellen Symbolik des Schwarzen einerseits und der Ebene der hautfarbenbasierten Politik andererseits. Vgl. Dyer 1997: 61ff. Auch in twen verstrickt sich der antirassistische Anspruch – so er denn existiert – in performative Widersprüche. Die Black Power/Black Beauty-Fotostrecke richtet,

die Betonung »schwarzer« Attraktivität der Logik dieser Artikel zufolge selbst schon ein antirassistischer Akt, ein Ausweis gesteigerten »Bewusstseins«. »Ladies and gentlemen, geben Sie peinlich acht, es handelt sich hier um eine sogenannte Rassenschande«, so ein Begleittext in der *twen*:[22] Was das soziale Umfeld einer »weißen Frau« traditionell als Entehrung, als individuelles Korrelat zur biopolitischen »Rassenschande« begriffen hatte, soll den Protagonisten nunmehr eine individuelle Statusaufwertung verschaffen. Die Bilder wiederum sprechen die Zuschauer gerade insofern als antirassistische und sexuell befreite Subjekte an, als sie sich von ihnen erregen lassen.

So verwundet es nicht, dass *konkret* die Gelegenheit des Vorabdruckes von »Seele auf Eis« einige Monate später nutzte, um das Thema »schwarz-weißer Sex« ein weiteres Mal – jetzt tatsächlich mit der Konstellation schwarzer Mann / weiße Frau – zu bebildern. Die Rassismusanalyse ist nicht mehr von der Erotisierung rassischer Differenz loszulösen. Dieser Veröffentlichungskontext verschärft die im Text bereits angelegte Tendenz, Rassismus im Sexuellen aufzulösen, und gibt ihr eine exotistische Wendung, ohne dass deswegen freilich der politische Charakter von Rassismus geleugnet würde: Es wäre fraglos anachronistisch, Politik und Sex als gegensätzlich zu begreifen. Offensichtlich reicht die zeitgenössische Politisierung von Sex weit über die Vorlieben des linken Schmuddelblattes hinaus. Deshalb kann derselbe Stefan Aust, der für die primitivistische Bildauswahl des Textes über »Sexualität und Rassismus« verantwortlich zeichnete, im August 1969 in Algiers schließlich ein Interview mit Eldridge Cleaver führen und fast schon unterwürfig fragen: »Was ist mit der Rolle der Radikalen Linken in Westeuropa? Was kann sie ausrichten?« (Konkret, 11.8. 1969: 47). Antirassismus als rassistische Sexfan tasie: So schließt sich ein Kreis von Fetischisierung und Solidarität, der im folgenden Kapitel »dichter« beschrieben wird.

ungewöhnlich genug, einen Appell an ihre weißen Leserinnen und Leser *als Weiße*: »Mit Respekt und Geduld muss die weiße Rasse die Voraussetzungen für ein neues, gleichberechtigtes Nebeneinander der Rassen verstehen lernen: dass schwarzer Selbsthass zu schwarzem Stolz wird, dass schwarze Schönheit, Klugheit und Geschichte einverstanden wird mit sich selbst. Die Bilder auf den nächsten Seiten sind Anschauungsmaterial.« (twen März 1970: 73) Der fetischistische »visuelle Konsum« der betonten schwarzen Differenz – feucht glänzende Lippen, Oberkörper und Kopf einer Frau, Kopf eines Mannes, nackte Körper – verleiht sich damit einen pädagogisch-antirassistischen Überbau. Auf einer abstrakteren Ebene liegt das Problem allerdings auch im Medium einer Zeitschrift dieses Typs, in dem der visuelle Konsum von Differenz als Rezeptionsmuster vorgezeichnet ist.

22 An dieser Stelle kann weder über den Zusammenhang von Sexualität, Rassismus und Biopolitik ein allgemeiner Überblick gegeben noch eine Geschichte der »sexuellen Befreiung« geschrieben werden. Einige thesenhafte Hinweise müssen genügen.

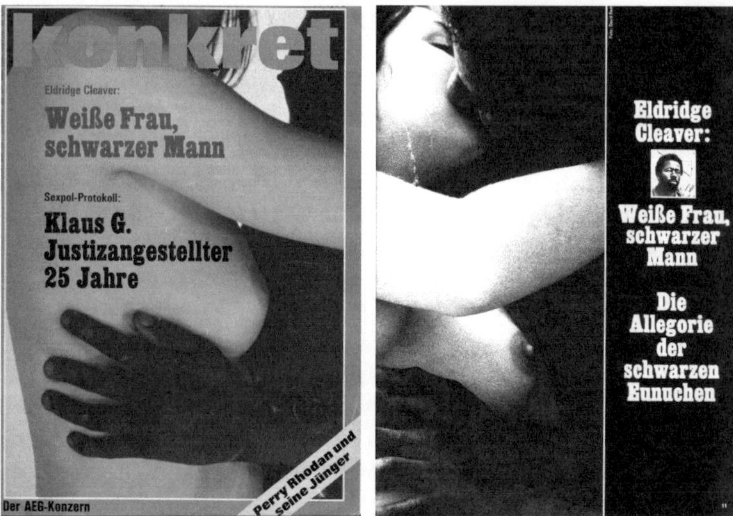

Abbildung 4a und b: »konkret« vom 19. Mai 1969

Die Sorglosigkeit von *konkret* im Umgang mit der rassistischen Ikonographie, die Überhöhung des Sexuellen und das Versändnis von Antirassismus als visueller Konsum erotisierter Differenz sind also nicht allein (aber sicherlich auch) mit der »Sex-Sells«-Politik des *konkret*-Herausgebers Röhl zu begründen. Zur weiteren Kontextualisierung wäre erstens der freudomarxistische Denkstil im Allgemeinen heranzuziehen, der postuliert, dass sich auch Rassismus nur über Sexualität begreifen lässt.[23] Zweitens ist das in den Zeitschriftenartikeln thematisierte weiß-schwarze sexuelle Begehren wiederum als zeittypische Legitimierung bislang »verdrängter« Wünsche anzusehen: die allseits konstatierte »Sexwelle«, die »Sexualisierung des öffentlichen Lebens« in den Bilderwelten der populären Kultur und die linke Sexpol-Theorie gingen in dieser Hinsicht trotz ihrer gegenseitigen Abneigung durchaus miteinander einher. Die Problematik des Rassismus wird dabei analytisch wie praktisch der sexuellen Befreiung untergeordnet. Im Zuge dessen wird auch das Stereotyp von den sexuell besonders beschaffenen Schwarzen reproduziert. Der »Problemdiskurs« weicht einer hedonistischen und sinnlichkeitsbejahenden Perspektive. Drittens liegen die Konjunktur von »blackness« im Allgemeinen und das Interesse für Cleaver im Besonderen auch darin begründet, dass schon auf »Encodierungsseite« Politik und Sex eben nicht als zwei

23 Vgl. zur zeitgenössischen Diskussion um »repressiv entsublimierende« Sexwelle und sexuelle Revolution z.B. Reimut Reiches »Sexualität und Klassenkampf« (vgl. zu Reiche auch das Kapitel »Theorien...«) und die konkret-Texte von James Berger in den angesprochenen Heften sowie sekundär Weißler 1986; Schulz 2003; Siepman 1986; Herzog 1998.

gänzlich unterschiedene Ebenen, sondern – ebenfalls unter freudianischem Einfluss – als zusammenhängender Komplex repräsentiert wurden. Dies war freilich weniger Ausdruck eines grundlegenden Wesenszuges »schwarzer Kultur« als vielmehr das Resultat einer zeitspezifischen kulturellen Unterströmung, einer vor allem jugendlichen, subkulturellen Bewegung, gegen die sich innerhalb des schwarzen Amerika durchaus auch Widerstand regte (vgl. z.B. schon Baldwin 1955, ein auch in Deutschland viel gelesener Autor).

Dennoch konnten sich »organische Intellektuelle«[24] wie Cleaver auch in zumindest teilweise glaubwürdiger Weise auf »autochthone« Praxen, Selbstbilder und Überlieferungen stützen: Die Überwindung der »Sphärentrennung« im Konzept »Soul« zum Beispiel weist strukturelle Parallelen zur Utopie des allseits politisierten und dadurch befreiten Lebens auf. In mancherlei Hinsicht kann man vor diesem Hintergrund tatsächlich von kulturellen Wahlverwandtschaften zwischen weißen Gegenkulturen und afroamerikanischer Kultur sprechen.[25] Während sich weiße Zuschauer im Akt des Sehens also als Antirassisten verstehen konnten, traten repräsentationspolitische Fragen dabei in den Hintergrund, gerade weil sich dieser weiße Antirassismus als Spielart sexueller Befreiung verstand, Befreiung hier im wesentlichen monologisch funktionierte und sich einer konventionellen Ikonologie bediente.

Im Juli 1972 findet sich in *konkret* dann ein Artikel mit dem Titel »Schwarze Haut für weiße Kassen«, der sich über die Welle der Zurschaustellung von Schwarzen in der Werbung empört: »Charles Wilp, exzentrischer Starwerber aus Düsseldorf, hat die Schwarzen für die bundesdeutsche Werbung entdeckt.« (Konkret, 27.7.1972: 22). »Onkel Toms Nachfahren« würden »achtzig Jahre (sic!) nach der Abschaffung der Sklaverei in den USA [...] abermals vermarktet«: »Das neue Selbstbewusstsein der schwarzen Bevölkerung – black is beautiful, schwarz ist schön – wird von gewieften Werbebossen schon lange zu harten Dollars verarbeitet. Nun schwappt diese Welle auch über in die Bundesrepublik.« Die Verwandtschaft zwischen der Warenästhetik und der eigenen Softpornoästhetik wird dagegen nicht weiter erörtert. Letztlich würde ein Vergleich freilich zeigen, dass Wilps Inszenierun-

24 Antonio Gramscis Begriff des »organischen Intellektuellen«, in den »Black Cultural Studies« immer wieder aufgegriffen, bezeichnet nicht den kulturellen Herkunftsort als »organische Gemeinschaft« o.ä., sondern verweist auf eine Beziehung des Intellektuellen zu den subalternen Klassen, die sich von den Modellen »klassischer« Intellektueller unterscheidet. Der »organische Intellektuelle« produziert Deutungen, die die Hegemonieverhältnisse verschieben.

25 Zugleich gab es natürlich auch schwerwiegende Unterschiede zwischen beiden. Die Sakralisierung des Politischen in weiten Teilen der afroamerikanischen Bewegung war z.B. kaum mit den Vorstellungen der Studentenbewegung unter einen Hut zu bringen.

gen mit ihren Pop-Bezügen und gegenkulturellen Äquivalenzketten zumindest insofern deutlich »fortschrittlichere« Züge trugen, als sie nicht der überaus deutschen Softpornowelt verhaftet waren, sondern jene Gemengelage von »antirassistischer« Erotik und visuellem Konsum in einer entgrenzten Politik von Kapitalismus als Spektakel vorwegnahmen, die seit den 1980er Jahren in immer weniger politisch aufgeladener Form zu beobachten ist und als »corporate multiculturalism« oder »glamour of blackness« diskutiert wird (vgl. hooks 1992: 14).

Gegen die Bild-Politik von *konkret* regte sich Protest: Im Underground-Schnipselblatt »Charlie Kaputt« wurden die schwarz-weißen Softpornos mit härterer Pornografie kontrastiert – wenn schon, denn schon, so die Herausgeber. Ihre Empörung ist in den zwei Artikeln, die sie dem Thema im Abstand von einigen Wochen widmen, ebenso greifbar wie ihre Suche nach einer »ehrlichen«, nicht rassistischen und nicht verklemmten Alternative.

Redaktionsintern formulierte sich eine Perspektive, die sich ebenfalls als radikaler Gegenentwurf zur Ökonomie des Spektakels verstand: Ulrike Meinhof kritisierte am Ku-Klux-Klan-Artikel, dass er den »Konsum« befördere und Schwarze in sadistischer Manier als Opfer zeige. Diese zwei Argumente sind letztlich eines. »Der Prozeß der Internationalisierung der Widerstands- und Protestbewegungen wird nicht einmal angedeutet. ›Kill-In‹ kann nur konsumiert werden, mit Ekel oder Geilheit, mit Trauer oder Belustigung.« (Konkret, 10.2.1969).[26] Wenn »Konsum« also für ein zu überwindendes Verhältnis zur Gewalt und auch zum schwarzen Anderen steht, was sind dann die Gegenmodelle? Journalistisch klagt Meinhof eine Betonung der Opferperspektive ein, politisch die »Solidarisierung« und eine aktivistische Wendung. Sie hätte freilich eine Konstruktion von nicht nur kulturellen Äquivalenzen zur Voraussetzung: »Kein deutscher Leser kann nach diesen Geschichten aufstehen und dem nächstbesten Ku-Klux-Klan-Mann die Fensterscheiben einschmeißen, einen flüchtigen Farbigen verstecken, mit Farbigen über Guerilla-Taktik diskutieren.« Deshalb, so Meinhof, müsste der Zusammenhang »zwischen Black Power dort und SDS-Strategie an den Universitäten hier« diskutiert werden. Wenig später beteiligte sich Meinhof an der Baader-Befreiung.

Die Praxis der Solidarisierung und ihre kulturelle Grundierung sind Thema des folgenden Kapitels. Zu diskutieren bleibt dort freilich auch, inwiefern die politische Orientierung an »Black Power« in Teilen des sich revolutionär verstehenden, militanten Untergrunds mit Motiven von schwarzer Ursprünglichkeit und Potenz einherging, wie wir sie bislang betrachtet haben.

26 Die Ausgabe mit der Totenkopffrau (vgl. Abbildung).

BLACK POWER: SCHWARZE POLITIK UND GEGENKULTUR

Die »internationale Solidarität« war ein zentraler Topos um 1968 (vgl. Balsen 1983). Unter den verschiedenen Möglichkeiten, wie sich ein »majoritäres«, d. h. nicht identitätsbedingt diskriminiertes Subjekt affirmativ zum »minoritären« Anderen verhalten kann, galt und gilt »Solidarität« auch vielen Kulturwissenschaftlern als der am wenigsten jeglichen Rassismus' verdächtige Beziehungstypus, denn dieses Konzept, das seine Bedeutung wesentlich aus der europäischen Arbeiterbewegung des 19. Jahrhunderts bezieht, postuliert gegenseitige Anerkennung und gemeinsame Praxis.[1]

Im Selbstbild der westlichen Studentenbewegung und Jugendrevolte der späten 1960er Jahre spielte die Überzeugung, man sei Teil eines internationalen, insbesondere von den sozialrevolutionären »Massen« in den ehemaligen Kolonien ausgehenden Kampfes, eine entscheidende Rolle (vgl. zum Beispiel Kraushaar 2001: 23ff). Das Gefühl unbedingter moralischer Dringlichkeit, das die Rhetorik weiter Teile der 68er-Bewegung kennzeichnete, war nicht zuletzt auf die verbreitete Überzeugung zurückzuführen, die Linke in den »Metropolen« stehe unter strategischem und moralischem Zugzwang, die Befreiungsbewegungen in der Dritten Welt durch Aktionen im eigenen Land zu unterstützen. In der Bundesrepublik war der aktionistische Internationalismus insbesondere in der Frühphase der Studentenbewegung mit deren antiautoritärer Fraktion verbunden.[2] Zugleich war die

1 Vgl. z.B. Kobena Mercer: »Insofar as it is possible to represent the ambivalences of white identities theoretically, one might contrast the forms of identification based on imitation to those based on allegiances that created new forms of political solidarity.« (1994: 304) Obwohl er Raum für mehrdeutige Phänomene einräumt, begreift Mercer die Solidarität letztlich also als Gegenbild der »unkorrekten« Nachahmung. S.u., vgl. auch Lipsitz 1999: 106.

2 In der Gruppe um Kunzelmann, Dutschke, Rabehl u.a. entwickelten sich situationistisch inspirierte, aktionistische Formen politischen Handelns, die

Studentenbewegung Teil eines nicht allein programmatisch-politischen, sondern auch kulturellen Umbruchs, der gerade in seiner hedonistischen Ausrichtung entscheidend von einem Gefühl der Inter- und Transnationalität geprägt war.[3] Wie am Beispiel der Wilp-Werbekampagnen deutlich wurde, spielten auch populärkulturelle Repräsentationen mit Äquivalenzen zwischen phänotypischen, ethnischen und gegenkulturellen Markierungen. Eine simple Unterscheidung zwischen politischer Solidarität und kommerzialisierter, populärkultureller Äquivalenzimagination ginge angesichts der gegenseitigen Durchdringung kultureller und politischer Phänomene offensichtlich am Kern der Sache vorbei. Damit stellt sich die Frage, ob und inwiefern die normativen Ansprüche des Solidaritätskonzepts mit den imaginären Identifikationen vereinbar waren.

Um diese Konstellation herauszuarbeiten, wird in diesem Kapitel zuerst sehr kurz der Zusammenhang zwischen der Black-Power-Bewegung in den USA und der Philosophie und Praxis der Dekolonisierung angeführt, um dann – wiederum kursorisch – auf ihre Wahrnehmung und Aneignung durch weiße, US-amerikanische Gruppen wie die »White Panther Party« einzugehen. Ein kurzer Vergleich mit Solidaritätsaktivitäten und Nachahmungen in der Bundesrepublik beschließt diesen ersten Teil. Dabei verdeutlicht das Beispiel des »GI-Widerstands«, dass politische Zusammenarbeit zwischen Afroamerikanern und weißen, deutschen Linken nicht nur imaginiert wurde, sondern gelegentlich tatsächlich stattfand, ohne sich ganz von den im kulturellen Imaginären vorgezeichneten Mustern loszumachen. Im zweiten Teil des Kapitels wird der Fokus verengt: In seinem Mittelpunkt steht der Berliner »Blues«, dessen Afroamerikanophilie anhand von Selbsteinschätzungen und kulturellen Details nachvollzogen wird.

AFROAMERIKANISCHE POLITIK: BLACK POWER UND SCHWARZE AUTONOMIE

Mitte der 1960er Jahre radikalisierten sich bedeutende Teile der afroamerikanischen Bürgerrechtsbewegung unter dem Slogan »Black Power« und wandten sich verschiedenen Ausprägungen des schwarzen

Suche nach neuen Lebensformen (vgl. Kunzelmanns »Manifest für antiimperialistische Kommunen in den Metropolen«) und eine antiimperialistische Ausrichtung parallel (»Aktion der Rätesozialisten«, »Aktion für internationale Solidarität«, »Subversive Aktion«). Vgl. u.a. Juchler 1996: 124ff.

3 Die globale Dimension der Revolte und Fragen transnationaler Diffusion sind Thema mehrer neuerer Forschungsarbeiten (Vgl. Schildt u.a. 2000; della Porta 1998), wobei die Dynamik »schwarzer« US-Kultur und ihrer Aneignung tendenziell vernachlässigt wird. Vgl. auch Tanner 1998: 211.

Nationalismus zu.[4] Die Black-Power-Bewegung war sowohl politisch als auch kulturell geprägt (wie im Soul-Kapitel bereits angedeutet wurde), und sie war organisatorisch vielfältig. Der vieldeutige Slogan verwies nicht nur auf die Affirmation schwarzer Identität – vom fremdbestimmten »Neger« zum stolzen »Schwarzen« – und auf eine Wendung hin zur Militanz, sondern bedeutete zugleich eine Aufkündigung der konkreten Zusammenarbeit mit Weißen.[5] So verbat sich die schwarze Studentenorganisation SNCC 1966 die Mitarbeit der weißen Unterstützer, die in den Jahren zuvor eine wichtige Rolle gespielt hatten.[6] Die Black Panther Party for Self-Defense (BPP), die medienwirksamste Gruppierung der Zeit (s.u.), vertrat einen revolutionären Befreiungsnationalismus. Die wichtigsten Strömungen der BPP setzten zwar auf internationale Solidarität, zuerst einmal aber nicht auf konkrete Zusammenarbeit. Exponenten wie Stokely Carmichael[7] bedeuteten den weißen Sympathisanten, sie sollten sich um die »Organisierung« der »eigenen«, weißen »Communities« kümmern, damit man schließlich gemeinsam gegen den weißen Imperialismus kämpfen könne, wobei der BPP die Rolle der Avantgarde zukomme.[8] Anderen Fraktionen der Black-Power-Bewegung ging auch das nicht weit genug, sie wandten sich gegen jegliche Koalitionen mit Weißen.[9] Zugleich orientierte sich die Black Power-Bewegung zunehmend an Befreiungsbewegungen in der Dritten Welt.[10] Die militante schwarze

---

4 Zur Bedeutung von »Black Power« vgl. Carmichael/Hamilton 1967; vgl. auch Van Deburg 1992: 11-28.

5 Die Entstehung des Slogans wird meist auf 1966 und einen Bürgerrechtsmarsch in Mississippi datiert, er geht auf ältere Vorbilder zurück, darunter Richard Wright, Robert F. Williams und Adam Clayton Powell. Vgl. Carmichael/Hamilton 1967; Van Deburg 1992: 34f.

6 Bei den »Freedom Rides« um 1961 hatten diese noch eine große Rolle gespielt – vgl. West 1984: 49. SNCC verstand sich in der Folge als »black staffed, black-controlled and black-financed« (zit. nach Juchler 1996: 107). Kern von Black Power ist dieser Ausschluss: »If we are to proceed toward true liberation, we must cut ourselves off from white people. We must form out own institutions, credit unions, co-ops, political parties, write our own histories.« (Zitiert nach Juchler: 107f)

7 Zuerst SNCC-Aktivist, dann prominenter Sprecher der Black Panther Party. Später Kwame Ture, gest. 1998.

8 Damit schloss Carmichael an schwarz-nationalistische Vordenker wie den bereits 1965 getöten Malcolm X an.

9 Die verschiedenen Lager innerhalb der Black Power-Bewegung können hier nicht sauber auseinandergehalten werden, Van Deburg unterscheidet Black Power-Pluralismus und -Nationalismus. Vgl. Van Deburg 1992: 112-191, vgl. auch West 1984: 52-65, Reed 1984: 254ff.

10 Die Afroamerikaner waren dieser Analyse zufolge eine »interne Kolonie« der USA. Carmichael vertrat »Afroamerika« in diesem Sinn bei internationalen Befreiungskongressen wie der Trikontinentalen Konferenz in Havanna 1966. Vgl. dazu Juchler 1996: 176, Van Deburg 1992; Guillory/Green 1998 u.a. Die Black Power-Bewegung knüpfte damit auch an panafrikanische Traditionen der 1930er und 40er Jahre an.

Bewegung innerhalb der USA stellte sich nicht nur Europäern, sondern auch den Militanten in Lateinamerika und Vietnam in der Folge als eine »zweite Front« gegen den gemeinsamen Feind dar, eine zweite Front im »Herzen der Bestie«, wie Ernesto Che Guevara meinte.

Die historische Dimension dieser Entwicklung erschließt sich erst vor dem Hintergrund der postkolonialen Situation.[11] Sie kommt in Jean-Paul Sartres Vorwort zu Frantz Fanons antikolonialem Gewaltmanifest *Die Verdammten dieser Erde* in aller Klarheit zum Vorschein.

> Wenn dagegen Fanon von Europa sagt, es renne in sein Verderben, so ist er weit davon entfernt, einen Alarmruf auszustoßen: er stellt einfach eine Diagnose. Dieser Arzt sagt weder, dass es keine Rettung gebe – es sind ja schon Wunder passiert –, noch will er ihm Mittel zu seiner Heilung reichen. [...] Was die Behandlung angeht: Nein, er hat andere Sorgen im Kopf; ob Europa krepiert oder überlebt, ist ihm egal. Aus diesem Grunde ist sein Buch skandalös. (Sartre in Fanon 1965: 8f).

Der »Skandal« dieses einflussreichen Buches[12] besteht also im Ausschluss der Weißen aus der intendierten Leserschaft. Gerade darin vollziehe sich, so Sartre, die koloniale Emanzipation: »Es wird oft von uns gesprochen, zu uns niemals. [...] Kurz, in dieser Stimme entdeckt die Dritte Welt sich und spricht zu sich.« (Sartre, a.a.O.: 9). Identifikation und Nachahmung sind dabei absolut zentrale politische und philosophische Probleme: Hatte der vormalige Psychiater Fanon in seiner Phänomenologie der Rassismuserfahrung (Fanon 1967) noch herausgearbeitet, dass die epistemologische Unterdrückung, die »symbolische Gewalt« des Kolonialismus, die kolonisierten Schwarzen dazuzwingt, sich mit dem weißen »großen Anderen« zu identifizieren und sie vom Status des Subjekts im politisch-philosophischen Sinn kategorisch ausschließt[13], soll das Projekt der Dekolonisation nun das Ende

11 Inwiefern der Begriff »postkolonial« auf die politische Konstellation wirklich trifft, kann hier nicht geklärt werden. Mit »postkolonial« wird im Sprachgebrauch der angloamerikanischen Kulturwissenschaften nicht allein auf eine Epoche verwiesen, der Begriff bezeichnet zugleich eine analytische Zugriffsweise, deren – zugleich immer wieder kritisierter – Ahn Frantz Fanon ist. Vgl. dazu auch Steyerl 2003.

12 Der Text wurde vom SDSler Traugott König ins Deutsche übersetzt und vor Veröffentlichung an Dutschke weitergereicht (Juchler 1996: 89).

13 Die Reichweite des Problems ist gewaltig, sie geht nicht weniger an als die Menschlichkeit von kolonisierten Subjekten innerhalb der Dispositive westlicher Macht- und Wissensverhältnisse. Dabei ist die Dynamik der Anerkennung offensichtlich ungleich: »While the ›black man must be black in relation to the white man‹, the converse does not hold true; the white man can be white without any relation to the black man because the sign ›white‹ ex-

der Mimikry des Kolonisierten bedeuten.[14] In weiten Teilen der Black-Power-Bewegung lautete die entscheidende Frage gerade nicht, ob sich schwarz und weiß komplementär verhalten oder ob eine neue Logik von Äquivalenzen möglich ist. Vielmehr ging es um eine umfassende Selbstbesinnung, die sich als anerkennungstheoretische Autarkie bezeichnen ließe: Wenn sich das koloniale »Ding« in einen Menschen verwandeln will, so Fanon, darf es Anerkennung nicht von weißer Seite erwarten, sondern muss sein eigener Anderer werden.[15]

REAKTIONEN GEGENKULTURELLER WEISSER

Wenden wir uns wieder der weißen Seite zu, so wird schnell deutlich, dass sich auch für den wohlmeinendsten Afroamerikanophilen die Frage stellen musste, welche Beziehung er oder sie zu einer schwarzen Befreiungsbewegung einnehmen konnte, die gerade davon handelte, ihn oder sie nicht zu benötigen. Die Zurückweisung weißer Sympathisanten in die »eigene« Welt, wie sie seitens der Black Panther Party geschieht, bedeutet wiederum eine Markierung und Fixierung der gegenkulturellen Subjekte als »weiß«. Zweierlei ist hier zu betonen. Erstens zeigt sich, dass die »Afroamerikanophilie« trotz ihrer imaginären Überdeterminierungen nicht nur als weißes Selbstgespräch funktionierte, sondern auch als Reaktion auf Aktionen von Afroamerikanern und anderen »Schwarzen« zu verstehen ist, die damit ihre reale Handlungsfähigkeit demonstrierten. Zweitens verhält sich diese politische Entwicklung analog zur Sphäre der populären Musik: Während die weiße Soul-Stimme zur Unmöglichkeit erklärt wurde, ging es dem weißen Revolutionär im Kontext der Befreiungsbewegungen nicht viel besser. Einer der feldübergreifenden Effekte der Afroamerikanophilie bestand gerade darin, dass diese Markierungen und Ausschlüsse keinesfalls zur Resignation führten, sondern zu verstärkten Anstrengungen, schwarze Anerkennung zu erfahren.

Zwischen dem amerikanischen SDS, seinen Nachfolgeorganisationen und den eher durch den gegenkulturellen Lebensstil bestimmten Hippies tummelten sich im US-amerikanischen »Underground« verschiedene Gruppen, die sich einer Vereinigung von politischem Akti-

empts itself from a dialectical logic of negativity.« (Fuss 1995: 143; vgl. auch Gordon 1995)

14 Vgl. zur »Mimikry« auch Bhabha, der die Instabilität des kolonialen Blickregimes betont, da die Mimikry des Kolonisierten dessen Ambivalenz offenbare (1994, Kapitel 4).

15 »Das kolonisierte ›Ding‹ wird Mensch gerade in dem Prozeß, durch den es sich befreit« – dieses Zitat von Fanon dient als Kapitelmotto bei P.P. Zahl (1979: 349). Bei der Übertragung wird deutlich, dass Zahl und Co. den eigenen Emanzipationsprozess »im Widerstand« dieser »Menschwerdung« analogisierten.

vismus und Gegenkultur verschrieben hatten und sich dabei besonders am radikalen Flügel der afroamerikanischen Bewegung orientierten. Zu nennen sind die »Yippies« um Jerry Rubin, der aus einer Fraktion des US-SDS hervorgegangene »Weather Underground« und die »White Panther Party«.[16]

Nicht nur in diesen Extremfällen war die Gleichzeitigkeit von politischem Handeln und kultureller Identifikation offenkundig. Die *Los Angeles Times* sprach zum Beispiel anlässlich der Proteste rund um den Parteitag der Demokraten im Sommer 1968 von einer »leidenschaftlichen Liebesaffäre mit dem Ghetto« und konstatierte bei den weißen Studenten einen zunehmend »negroiden« Stil.[17] Bei den »Weathermen« erreichte diese Identifikation programmatischen Status. Man wollte jede Spur von weißer »honkiness« in sich selbst abschaffen: »Our political objective is the destruction of honkiness. We are going to wipe out the imperialist State and every vestige of honky consciousness in white people.«[18] Mit »Honkiness« verweisen sie auf den stereotypen rassistischen, ignoranten, körperlich und geistig schwerfälligen Weißen in den Südstaaten. Der Begriff ist der afroamerikanischen Sprache entlehnt. Die kollektive weiße Schuld sei jedenfalls nur praktisch zu sühnen. Dabei meinten manche wie Jerry Rubin gar, ihr eigenes Weißsein hinter sich gelassen zu haben:

> Das lange Haar ist unsere schwarze Haut – langes Haar macht aus einem Sohn des weißen Mittelstandes einen Nigger. Wenn man lange Haare hat, ist Amerika plötzlich ein ganz anderes Land. Wir sind Ausgestoßene. Wir, die Söhne und Töchter des weißen Mittelstandes, fühlen uns wie Indianer, Schwarze, Vietnamesen, die Außenseiter in der Geschichte Amerikas.[19]

16 Beide sind in linken Pop-Genealogien inzwischen beinahe kanonisiert. Zur Geschichte des »Weather Underground« vgl. Jacobs 1997.

17 Bernard Wolfe über die Berichte eines Zeitungskorrespondenten: »Time after time his thoughtful dispatches from the erupting sidewalk fronts dealt with the ›Negroid‹ styles of the young white middle-class street fighters, the wholesale ways in which they mimicked their Black brothers in dress, hairdo, lingo, stance. What he was observing, Bruckner decided, was one more chapter in ›a passionate love affair with the ghetto‹ – carried on by people far removed in color and circumstances from the ghetto.« (Wolfe 1999: 389)

18 Yippies und Weatherpeople benannten damit – lange vor den akademischen »whiteness studies« die Struktur weißer Identität und Privilegien als gesellschaftliches Problem. »We've understood that smashing the pig means smashing the pig inside ourselves, destroying our own honkiness« (Weatherman-Kommuniqué, zitiert nach Juchler 1996: 345)

19 So berichtet Jerry Rubin von einem Gespräch mit seiner kommunistischen Tante, zitiert nach Salzinger 1972: 169.

Wie unangemessen diese Einschätzung ist, konnten bereits viele Zeitgenossen leicht zeigen.[20] Trotzdem konnte offensichtlich ein direkter Weg von der gefühlten Äquivalenz zur politischen Solidarität führen.

Den direktesten Bezug zur Black Power-Bewegung stellte die »White Panther Party« um John Sinclair in Detroit und Ann Arbor her, die auch in der Bundesrepublik ein gewisses Echo fand.[21] Sowohl der in einem allgemeineren Sinne »kulturrevolutionäre« Ansatz als auch die Orientierung an schwarzer Politik und die Begeisterung für schwarze Musik gingen hier mit einer enthusiastischen Bewunderung schwarzer Männer und schwarzer Männlichkeit einher. Im »White Panther Statement« heißt es über John Coltrane, Archie Shepp, James Brown, LeRoi Jones, Malcolm X, Huey Newton und Eldridge Cleaver: »These are magic names to us. These are men in America. And we're as crazy as they are, and as pure. We're bad.«[22] Es geht hier also nicht nur um äquivalente Positionen im Sinne gemeinsamer Benachteiligung und ähnlicher Rollen im vermeintlichen Befreiungskampf, sondern um die Übertragung konkreter Eigenschaften von Männlichkeit, die wiederum direkt aus dem Wörterbuch des Primitivismus gegriffen zu sein scheinen.

»For Sinclair and the MC5«, so der Musikwissenschaftler Steven Waksman, »it was only through the appropriation of black masculinity

---

20 Ralph Gleason war einer von vielen Schwarzen, die diese Analogisierung zurückwies: »Ich habe einige meiner langhaarigen Freunde sagen gehört, sie wären ›die neuen Nigger‹. Langhaarige werden bösartig und schwer diskriminiert, und so sagen sie, sie wüssten, was es bedeutet, in einer weißen Gesellschaft schwarz zu sein. Auch das ist Scheiße, und schlimmer noch, es ist überheblich. Es wird euch wenig nützen, so was zu sagen, meine Freunde. Jeder schwarze Mensch in der ganzen Welt weiß, dass es Scheiße ist, wenn ihr so was sagt. Ihr könnt eure Haare abschneiden. Er bleibt schwarz in einer weißen rassistischen Gesellschaft. Es ist ein weit hergeholter Gedanke, der euch in die Lage versetzen soll, euch als Teil einer Gruppe außerhalb, oder so gut wie außerhalb, der sozialen Struktur zu fühlen. Aber es ist immer noch Scheiße.« (Zitiert nach Salzinger 1972: 176).

21 John Sinclair, WPP-Gründer und MC5-Manager, war älter als die Gruppe, sein Hintergrund lag in der Beatnik-Kultur der 50er Jahre (vgl. Waksman 1998: 50f). Die Übernahme »schwarzer« Politik und die Selbstbenennung als »White Panthers« signalisierte nicht nur organisatorische Parallelität, sondern bedeutete zugleich eine symbolische Unterordnung unter die Strategie des schwarzen »Originals«. In Detroit war dies nach den gewaltigen Riots und angesichts der schwarzen Bevölkerungsmehrheit auch plausbiler als anderswo. Die WPP-Kommune erreichte durch ihre Verbindung mit der Band MC5 – und deren Slogan »Sex and Drugs and Fucking in the Streets« – größere Berühmtheit. Auf der bekannten LP »Kick Out the Jams« verkündete eine »schwarze« Stimme, man müsse nun entscheiden, ob man Teil des Problems oder Teil der Lösung sei.

22 Erstveröffentlicht in »Fifth Estate«, Nov. 14, 1968. Zitiert nach Waksman 1998: 58. Waksman sieht die Fetischisierung schwarzer Männlichkeit nicht zuletzt im Umgang mit der E-Gitarre.

that white men could become any kind of men at all.«[23] Die amerikanische Konsumgesellschaft entfremde von der Natur, dem körperlichen Genuss und von der eigenen Männlichkeit.

So komplex die Geschlechterpolitik der vorwiegend weißen US-Gegenkulturen der 1960er Jahre auch ist, so war die Abgrenzung von einem durch die »Konsumkultur« feminisierten »weißen Eunuchen«, wie ihn Cleaver beschrieb (vgl. Kapitel 4), für viele ihrer Vertreter doch identitätskonstitutiv.[24] Im schwarzen Revolutionär mit Lederjacke, Sonnenbrille und Gewehr fanden sie ein maskulines Leitbild, das freilich auf einen Kontext rekurriert, der sich von dem der weißen Gegenkultur fundamental unterscheidet:[25] Passt die Männlichkeitsperformance der Black Panthers und anderer schwarzer Nationalisten mit ihrer teilweise extrem frauenfeindlichen und homophoben Ausrichtung auch zum »Heterosexismus« sozialer Bewegungen vor der zweiten Frauenbewegung, so ist er doch in erster Linie in die afroamerikanischen Geschichte einzuordnen, in deren Verlauf schwarzen Männern die Attribute patriarchaler Männlichkeit – von der ökonomischen Unabhängigkeit bis zur symbolischen Anerkennung als Subjekt in der Öffentlichkeit – die längste Zeit verweigert wurden.[26] Der Kampf um Bürgerrechte und Emanzipation nahm deshalb oft die Form eines Kampfes um die eigene Männlichkeit an.[27] Eine weiße Aneignung der daraus resultierenden stilistischen Ausdrucksformen stellt deshalb immer schon ein Missverständnis dar.

---

23 Waksman 1998: 49f. Er spricht von einer Fortsetzung der Blackface-Tradition (S. 61). Auch Mercer ist ähnlich unwirsch und nennt die WPP – ohne genauer auf die Gründe einzugehen – als schlechtes Beispiel weiß-schwarzer Nachahmung um 1968 (1994: 304).

24 Vgl. Gitlin 1993. Es handle sich dabei, so Waksman, um einen historischen Moment, an dem der Fordismus nicht mehr den amerikanischen Traum verkörpert, sondern dessen Scheitern (1998: 55).

25 Die beeindruckende, heroische Erscheinung der BPP wird von den Zeitgenossen immer wieder betont und als ästhetisches Ereignis beschrieben. Zum Outfit der Black Panther Party vgl. u.a. Van Deburg 1992: 156. Adolph Reed kritisiert die Kehrseite der weißen Zuwendung, die Ebene des »radical chic« und der unausgesprochenen Abhängigkeit von dieser Zuwendung: »At that point [1970, Anm.] the Panthers made clear that they had opted for their tragic style of embodying the nihilistic fantasies of their white leftist allies. No amount of exaltation of and exulting in the imagery of the noble black revolutionary savage […] could paper over the conditions of clientage that mediated the Panthers' relation to their white patrons.« (Reed 1984: 257; vgl. auch Wolfe 1970).

26 Vgl. Finzsch 1999: 215. Finzsch bemerkt zu Recht, dass diese analytische Kontextualisierung nicht als »Entschuldigung« zu verstehen ist. In der bundesrepublikanischen Rezeption der BPP wurde dagegen gerade ihre strategische Allianz mit Schwulen- und Lesbengruppen herausgestellt, vgl. 883, Nr. 69, 16.10.1970:

27 Wobei diese Konstellation schwarze Frauen, die sich auch in der weißen Frauenbewegung nicht repräsentiert fanden, ein weiteres mal um ihre Stimme brachte. vgl. Wallace 1982; hooks 1992.

Trotz seiner eher winzigen organisatorischen Basis muss das Projekt der White Panthers eine symbolische Leerstelle gefüllt haben: Es führte zwar nicht zu einer nennenswerten Massenbewegung, dafür aber zu großem Presseecho, erheblichen polizeilichen Repressionsmaßnahmen und zu einer Reihe von Nachahmungen auch in Europa. In England formierte sich eine Handvoll »White Panther«-Gruppen[28], die ihr Zirkular über das »Underground Press Syndicate« verbreiteten, und sogar in Marl (Nordrhein-Westfalen) gründeten jazzbegeisterte Gymnasiasten eine Filiale und verteilten ein übersetztes und abgeändertes 10-Punkte-Programm.[29] Auch die Yippies fanden Nachahmer.[30] Nicht nur in Marl, im »Underground« überhaupt waren die MC5, was heute »Kultband« heißt.[31]

Dabei ist anhand der vorliegenden Quellen jedoch kaum auszumachen, wie die Geschlechterpolitik der Black Panthers hier rezipiert wurde. Es wäre voreilig, auf eine ungebrochene Übernahme zu schließen.[32] Rückblickend meint einer der Beteiligten, Ausgangspunkt sei die Begeisterung für die Musik von schwarzen Musikern gewesen. Man habe sich verpflichtet gefühlt, »etwas für die zu machen, weil man die auch auf kultureller Ebene so gut gefunden hat«. Ein bei den Black Panthers beobachteter »kultureller Ansatz von Politik«, das »Spannungsfeld von Musik, Kultur, Radikalismus« sei entscheidend dafür gewesen, dass er und seine Freunde sich mit den Black Panthers identifizierten und sich mit deren Insignien wie zum Beispiel Buttons

28 Es gab »Chapters« in London-Abbey Wood, West London, Rochdale, Glasgow und Ilford (Material: Privatarchiv Norbert Nowotsch).

29 Vgl. »Honk«, Nr. 1. »1. Wir fordern Freiheit! Wie verlangen, dass alle Völker die Macht haben, ihr Schicksal selber zu bestimmen. 2. Wir fordern Gerechtigkeit! Wir fordern, dass sofort und endgültig Schluss gemacht wird mit aller politischen und sexuellen Repression aller unterdrückten Menschen der Welt, besonders mit der Repression der Frauen, der Farbigen, der jungen Leute und aller nationaler Minderheiten.«

30 Die Fizz nannte sich Organ der »Yippies Westberlin«.

31 »Vor jeder militanten Demo oder Aktion suchten deren Protagonisten Aufmunterung beim Abspielen der MC5-Scheibe«, so Langer über die Berliner »Scene« (1986: 330). So hofft auch Peter Paul Zahl auf den revolutionären Moment, wo »die Unten aufstehen und singen und sagen: KICK OUT THE JAMS, MOTHERFUCKERS!« In Die Glücklichen ist auch ein Plakat für ein Konzert an der TU Berlin abgedruckt: »Es treten auf: Die MC5. Im Vorprogramm: OKTOBER, Hamburg, featuring: P.P. Zahl.« In der Fizz wiederum werden die White Panthers und die MC5 sehr häufig erwähnt, das Logo kehrt als grafisches Mittel häufig wieder, inhaltlich wird über »kämpfende Genossen in den USA« berichtet und Einheit beschworen: »Die Hippie-Yippie-SDS-Bewegung ist eine ›White Nigger‹-Bewegung. Die amerikanische Wirtschaft braucht keine jungen weißen und schwarzen mehr: Wir sind überflüssiges Material.« (Nr. 5).

32 Vgl. auch das Bildmaterial unten.

schmückten.[33] Diese kulturalisierte Wahrnehmung der Black Panthers rekurriert auf teilweise plausible Wahlverwandtschaften (vgl. Kapitel 3), ist aber insofern bemerkenswert, als sich in anderen Ländern eher aufbegehrende ethnische Minderheiten des »Diskursrahmens« der Black Panther bemächtigten.[34] Zwar gab es auch in der Bundesrepublik immer wieder Andeutungen, wonach die »Fremdarbeiter« die hiesigen »Neger« seien, doch stammten diese Hinweise meist aus gegenkulturellen Zirkularen, deren Autoren sich im selben Satz rhetorisch in dieselbe Front einreihten.[35] Die Aneignung war also exklusiver als anderswo durch gegenkulturelle Weiße geprägt.

Auch auf der deutschen Seite ging die Begeisterung für schwarze Militanz über die kulturrevolutionären Zirkel hinaus und umfasste zentrale Kreise der Studentenbewegung, deren primäres Anliegen die organisierte Politik darstellte und die eine »übertriebene« Orientierung an ästhetisch Avantgardistischen und Distinktionsorientierten gerade ablehnten, da es die Revolutionäre von der Bevölkerung entfremde. Bernardine Dohrn von der Weatherman-Fraktion referierte zum Beispiel bei der Vietnamkonferenz des SDS in Berlin im Februar 1968.[36] Im März desselben Jahres beschloss die SDS-Delegiertenkonferenz, Informationsveranstaltungen über den »revolutionären Kampf der

33 Interview mit Norbert Nowotsch. »Authentisch« an den »Panthers« war demzufolge, dass ihr Zugang zu Politik unmittelbar und erfahrungsbasiert schien.

34 In Israel die arabisch-jüdische Minderheit, in Québec die Francokanadier, in den USA andere Gruppen wie Chicanos, Puertorikaner u.a.. Mercer beschreibt das 10 Punkte-Programm der BPP in diesem Sinn als «discoursive framework«, das andere Gruppen – sie sind hier ebenfalls (qua Geschlecht und sexueller Präferenz) identitätsbasiert – qua »metaphorischem Transfer« benutzen können (Mercer 1994: 303) In der Bundesrepublik war der »weiße« Underground offensichtlich anschlussfähiger. Fraglich bleibt dabei freilich, ob die Black Panthers ihre Politik gleichermaßen kulturell begründeten (diese Frage bejaht Van Deburg 1992: 9: 192-292. Bei Reed (1984: 254-261) steht sie dagegen eher im Hintergrund).

35 Zum Gedanken, die wahren Äquivalente zu den US-amerikanischen Schwarzen seien in der Bundesrepublik »Gast- oder Fremdarbeiter«, vgl. u.a. Zahl, »Kreuzberg, Bruder...« (s.u.); das Schweizer Underground-Blatt Hotcha (Vol. II, Nr. 21, Februar 1969: 2f), Fizz: Nr. 8 (Oktober 1971): »Der Neger des Bundesrepublikaners sind ›Fremdarbeiter‹ und vor allem die sogenannten sozial schwachen Schichten. Heimkinder und Kinder aus sogenannten asozialen Lagern sind hier die Insassen der Gefängnisse.« (Nr. 8, Oktober 1971).

36 Insbesondere habe sie auf den neuen Lebensstil der amerikanischen Bewegung »sowie auf die mögliche Unterstützung von Revolutionen in der Dritten Welt durch die Aktivitäten der militanten Afro-Amerikaner und der ›weißen‹ Studenten« abgehoben, so Juchler (1996: 260). In der Agit 883, in dem sich verschiedene radikale und kulturrevolutionäre Fraktionen im Umfeld des Berliner »Blues« verständigten, wurden die Yippies als Vorbild in Sachen »Politisierung aller Lebensbereiche« wahrgenommen (21.8. 1969, Nr. 28, Leserbrief Werner Olles, »Kiff und Revolution«).

Schwarzen in den USA« durchzuführen und mit dem SNCC in »organisatorische Verbindung« zu treten. Teach-Ins, Kongresse und Demonstrationen, eine Spendenkampagne und eine Reihe von Veröffentlichungen, koordiniert vom »Black Panther Solidaritätskomitee« in Frankfurt und Berlin, bei dem Karl-Dietrich Wolff eine zentrale Rolle spielte, waren die Folge (vgl. zu den Details Juchler 1996: 329-360). Spätere Solidaritätsaktionen für die ehemalige Frankfurter Kommilitonin und Kollegin Angela Davis wie der »Solidaritätskongress« im Mai 1972 in Hannover, veranstaltet vom Offenbacher Sozialistischen Büro um Oskar Negt, führten die Solidaritätsarbeit mit dem schwarzen Amerika fort.[37] Auch die Vielfalt der einschlägigen Veröffentlichungen dokumentiert die »zunehmende Orientierung der bundesdeutschen Studentenbewegung an der militanten afro-amerikanischen Bewegung«, wie sie der Politologe Ingo Juchler konstatiert (Juchler 1996: 252).[38] Für diese Orientierung gibt es fraglos eine ganze Reihe »stra-

---

37 Zur Angela Davis-Solidarität vgl. den Band »Materialien zur Rassenjustiz« (Davis (Hg.), 1971), wo sich neben Statements zum Fall Angela Davis auch Solidarität bekundende Texte von prominenten schwarzen AmerikanerInnen, und von europäischen Linken (Lukacs, Marcuse, Negt, Walser) finden. Vgl. auch das vom Sozialistischen Büro Offenbach herausgegebene Heft (mit Poster!) »Am Beispiel Angela Davis« von 1971. 1972 fand in Frankfurt am Main eine »Angela Davis-Konferenz« statt. In einem Interview definiert Negt die »Neue Linke« in Deutschland schlicht als »die Gruppen, die am vorletzten Wochenende zu dem Angela-Davis-Kongreß hier in Frankfurt versammelt waren« (Der Spiegel, 12.6.1972). Zu Davis' Rolle hier und in der DDR, wo sie 1973 als Stargast der Weltfestspiele der Jugend auftrat, wäre fraglos mehr herauszufinden.

38 Die Liste der Schriften umfasst u.a. Robert F. Williams/Robert B. Rigg, Großstadtguerilla (=Voltaire Flugschrift 24). Berlin 1969; H. Rap Brown, Die Nigger Die!, London 1969; Dutschke (Gretchen) et al (Hg.), Black Power. Dokumentation (=Kleine Revolutionäre Bibliothek 2), Berlin 1967; Black Power. Ursachen des Guerilla-Kampfes in den Vereinigten Staaten (=Voltaire Flugschrift 14), Berlin 1967; V.H. Brandes/Joyce Burke, Now. Der schwarze Aufstand. München 1968; Partisan (Hamburg) 1, 1968; Edward Reavis, Burn Baby Burn. Die schwarze Revolte, Darmstadt 1968; Stokely Carmichael: Die Dritte Welt, unsere Welt. Thesen zur schwarzen Revolution. Voltaire Flugschrift 20, Berlin 1969; Leroi Jones, Ausweg in den Hass. Darmstadt 1967; Now: Der schwarze Aufstand, Trikont Verlag, Aktuell 4; Stokely Carmichael/Charles Hamilton, Black Power. Die Politik der Befreiung in Amerika, Stuttgart: Günther, 1968; Huey P. Newton, Selbstverteidigung! Frankfurt: Roter Stern, 1971; Dorothea Peters (Hg.), »USA: Farbige Revolution und Klassenkampf. Die Organisierung des farbigen Fabrik- und Lumpenproletariats im Verhältnis zur weißen Arbeiterbewegung.« (Schriften zum Klassenkampf 26) München: Trikont, 1972; Michael »Cetewayo« Tabor, Harlem: Kapitalismus & Heroin = Völkermord. Frankfurt am Main: Roter Stern, 1970; Gerhard Amendt (Hg.), Black Power. Dokumente und Analysen. Frankfurt am Main: Suhrkamp; Cleaver, Eldridge und Lee Lockwood,. Gespräche in Algiers. München: Hanser, 1971; Eldridge Cleaver, Nach dem Gefängnis. Aufsätze und Reden, Reinbek bei Hamburg: Rowohlt, 1971;

tegischer« Gründe, deren Beurteilung nicht Aufgabe dieser Arbeit ist.[39] So vielfältig diese Aktivitäten auch waren, so sticht doch besonders heraus, dass die Solidaritätsarbeit mit dem schwarzen Amerika insbesondere im Symbolgebrauch an die Ästhetisierung politischen Handelns anknüpfte.[40] Auch hier kamen die »Ambivalenzen des ethnischen Signifikanten« ins Spiel (Mercer 1994: 300). Auf ideologischer Ebene verdeutlicht dies ein Flugblatt, das eine Mannheimer SDS-Gruppe 1968 gezielt an *schwarze* US-Soldaten verteilte. Es dokumentiert das Interesse an Zusammenarbeit nicht etwa mit allen potenziellen Sympathisanten unter den Soldaten, sondern nur mit Afroamerikanern, und gleichermaßen das Wissen um die schwarznationalistische Ideologie, die eine solche Zusammenarbeit bedrohte:

Black GI's! [...] Shocked by MLK being killed by white fascists we make a demonstration on monday april 8th at 20:00 [...] We know there was a conclusion of black-power-leaders not to join any action organized by whities. But the part of German youth sympathizing with black power is much more radical as those at home in the States. We want to contact black men, friends or members of black power, that are ready to discuss and work with us.[41]

Der Gebrauch des Wortes »whities« ist bemerkenswert. Wie William Van Deburg schreibt, hätte eine an Afroamerikaner gerichtete Black Power-Rhetorikschule nämlich auch folgende Lehreinheit beinhaltet: »Define white people just as they have defined you. Use names they wouldn't be caught dead using themselves. Options include but are by no means limited to the following: blue-eyed devil, beast, Chuck, cracker, gray, honky, The Man, Miss Ann, Mr. Charlie, paddy, peckerwood, o-fay, red neck, whitey.« (Van Deburg 1992: 218).[42]

Eldridge Cleaver, Zur Klassenanalyse der Black Panther Partei. Erziehung und Revolution. Frankfurt am Main: Roter Stern, 1970.

39 Die von Ernesto Guevara geprägte sogenannte Focus-Theorie lieferte schon zu Beginn der 60er die politisch-strategische Begründung für den Aktionismus der »Internationalisten«. Im Voluntarismus der Fokus-Theorie rückt »die Revolution« in den Bereich des Machbaren und wird den Internationalisten so zur unmittelbaren Verpflichtung. Vgl. dazu Juchler 1996: 135ff. Protagonisten der deutschen Studentenbewegung nahmen darüber hinaus an, dass »Black Power« als einzige »antikoloniale« Bewegung innerhalb der westlichen Metropolen (und in deren Großstädten) sich in zumindest teilweise vergleichbaren Bedingungen bewegte und ihre Aktionsformen deshalb als »modellhaft« gelten könnten. Vgl. Juchler 1996: 250f, Zitat aus Dutschke et al 1967.

40 Vgl. z.B. die Titelbilder der Newton-Veröffentlichungen, das Panther-Logo »Big Man« (s.u.) und die »Emory«-Illustrationen (s.u.).

41 Archiv APO und soziale Bewegungen, Ordner GIs.

42 Vgl. auch ein anderes, wohl etwas älteres Flugblatt aus Mannheim: »We have to analize the connection and if we want to succeed, we have to get practical consequenses. Every isolated group struggling for emancipation of

Ob sich die deutschen Autoren des Flugblatts selbst zu den »whities« zählen? Von der Antwort auf diese Frage hängt ab, ob es sich hier um eine polit-masochistische Selbsterniedrigung oder um eine Distanzierung vom Weißsein handelt, das dann als allein US-amerikanisches Problem erscheint.[43] In jedem Fall geht es erneut darum, schwarze Anerkennung zu erlangen. Symbolisch »werden« also auch Protagonisten in der Solidaritätsarbeit um 1968 zumindest insofern schwarz, als sie nicht weiß sein wollen.[44]

PRAKTISCHE SOLIDARITÄT UND IMAGINÄRE ORTE: DIE UNTERSTÜTZUNG DES »GI-WIDERSTANDS« IN DER BUNDESREPUBLIK

Auch in verschiedenen Kleingruppen, die sich die »Unterstützung des GI-Widerstands« auf ihre Fahnen schrieben, hatte die Fixierung auf afroamerikanische Politik eine praktische Seite.[45] Der organisierte »GI-Widerstand« »agitierte« mittels eines Netzwerks von Treffpunkten und Beratungsstellen nach dem Vorbild der »Coffee Shops« in den USA, zum Beispiel dem »New Times« in Berlin, und vor allem mittels eigener Zeitschriften.[46] Diese oft im Flugblattstil zusammengeschnipselten und kopierten Zeitschriften unterschieden sich in Sachen Anspruch und Professionalität, hatten jedoch gemeinsame, in unterschiedlicher Radikalität verfolgte Ziele.[47] Die meisten forderten – we-

mankind has to back the others. Before You decide whether its useful, to go together with us in some special cases, we should discuss, how and what we could do for Your interest. We try to make the first step, by reprinting information, we got from the States. If You would like to meet people who would support You in Your cause, come to the Republican Club.« (Archiv APO, ebd.)

43 Vgl. zur Masochismus-Interpretation allgemein Betensky, deren Einschätzungen ich letztlich nicht teile.

44 »Symbolisch«, weil es hier um die kulturelle Logik geht und nicht in erster Linie um imaginäre Bilder.

45 Vgl. 883, Nr. 44, 11.12. 1969, »Unterstützt den GI-Widerstand«; Nr. 45, 18.12. 1969, »Unterstützt den GI-Widerstand, Teil 2«, vgl. APO-Archiv.

46 Zu den GI-Zeitschriften in der Bundesrepublik zählten »Where It's At« (Berlin), »Up Against the Wall« (Berlin), »Forward« (Berlin), »Voice of the Lumpen« (Frankfurt – V.i.S.d.P.: ASTA der Uni Frankfurt), »The Next Step« (Frankfurt), »Fight Back«, »The Baumholder Gig Sheet«, »The Second Front«, «ACT – Resisters Inside the Army«.

47 Ein US-SDSler formulierte in einem Referat an der FU Berlin, es gehe darum, »a) die Armee von innen heraus zu paralysieren und sie als Instrument des internationalen und nationalen Klassenkampfs unbrauchbar zu machen, b) möglichst viele Soldaten noch während ihrer Dienstzeit so zu politisieren, dass sie nach ihrer Entlassung weiter politisch tätig sind.« (Flugblatt »Vom

gen der Rechtslage in verklausulierter Weise – zur Desertion auf. Zu den Verfassern zählten u.a. entlassene Soldaten und US-amerikanische Studenten.[48] Dass sich die Dynamik des Bemühens um schwarze Anerkennung auch hier fortsetzt, zeigt sich zum Beispiel darin, dass sich manche – aus schwarzen und weißen Mitgliedern zusammengesetzte – Redaktionen gegenüber Lesern unter weißen GIs rechtfertigen mussten, die bemängelten, dass afroamerikanische Angelegenheiten so sehr privilegiert würden und ihre eigenen Interessen nur am Rande vorkämen.[49]

Hier ist nicht der Ort, um diese Zusammenarbeit zwischen US-Soldaten, US-Zivilisten und einheimischen Linken im Detail zu analysieren. Ohnehin stellt sie bisher weitgehend eine historiographische Lücke dar, so dass hier zuerst aufwändige Quellenarbeit zu leisten wäre.[50] Der »GI-Widerstand« wird an dieser Stelle dennoch angeführt, weil er beispielhaft deutlich macht, dass die »weiße« Afroamerikanophilie auf der Suche nach einer adäquaten politischen Praxis zwar vom kulturellen Imaginären überdeterminiert wurde, sich aber in der praktischen Wendung auch mit den Anfechtungen einer widerspenstigen Wirklichkeit auseinanderzusetzen hatte, in der sich neben den Afroamerikanophilen und ihren imaginären Gesprächspartnern zwei weitere Akteursgruppen bemerkbar machten: zum einen konservative, häufig negrophob rassistische Positionen innerhalb der bundesrepublikanischen Gesellschaft, zum anderen die beteiligten, in Wirklichkeit sehr unterschiedlichen Afroamerikaner, die den afroamerikanophilen Erwartungen nicht immer entsprachen.

Protest zum Widerstand«, Referat eines US-SDSlers an der FU Berlin, 16.2. 1968)

48 Der »Afro-American«, ein Artikelkonvolut, das in Mannheim verteilt wurde, stellt eine Ausnahme dar, da er ausschließlich von »weißen« deutschen Studenten verfasst worden zu sein scheint. »Voice of the Lumpen« scheint hingegen von afroamerikanischen Autoren für afroamerikanische Soldaten produziert, während Zeitschriften wie »Forward« und »Where It's At« (Kontaktadresse: SDS in Berlin-Wilmersdorf) sich an alle US-Soldaten richteten, in ihrer Berichterstattung aber starke Schwerpunkte auf »schwarze« Themen wie die Black Panther Party setzten und mit Black Power-Symbolik spielen.

49 »Where It's At« im 5. Heft und »Forward« (Nr. 7) vom Februar 1972. »Over the months as we have been putting out issues, various readers, in fact a very large number, have criticized that the paper is rather one-sided. That is to say that it has quite a few articles on blacks and their oppression. The reason for this is in the fact that blacks are so openly oppressed by the army on such a large scale that we have an abundance of material in that area. We're not trying to say that white GI's aren't oppressed, but just not as greatly or as openly as most blacks.« Forward Nr. 7 vom Februar 1972: 2, unterschrieben mit »Right On!« und einem schwarzem und einem weißem Panther.

50 Auch in einem allgemeineren Sinn ist die Situation schwarzer GIs in der Bundesrepublik bisher wenig erforscht. vgl. Höhn 2002: 103.

Zu berücksichtigen ist hier zuerst der Kontext innerhalb der US-amerikanischen »Truppe«. Schwarze Soldaten waren dort vielfältigen Formen institutioneller Diskriminierung ausgesetzt, was von der Segregation im internen Unterhaltungsbereich bis zum mörderischen »Verheizen« schwarzer Einheiten in Vietnam reichte. Auch in den europäischen Stützpunkten kam es deshalb immer wieder zu Kämpfen, zu Schlägereien zwischen schwarzen und weißen Soldaten beziehungsweise zwischen Soldaten und der Militärpolizei.[51] In der Bundesrepublik waren afroamerikanische Soldaten zudem mit dem hiesigen Rassismus konfrontiert, der zwar Beziehungen zu weißen Frauen weniger streng sanktionieren konnte als dies in den Südstaaten der USA der Fall war, der aber nichtsdestotrotz alltagspraktische Folgen hatte. Auf Seiten deutscher Polizei und Behörden, die (nicht ohne gelegentliche Konflikte) mit dem amerikanischen Militär zusammenarbeiteten, herrschte offenbar beträchtliche Angst vor einem »Import« der gewaltbereiten schwarzen Emanzipation. Die Angst, die Black Power-Bewegung könne von den schwarzen Armeeangehörigen aufgegriffen werden, entbehrte nicht jeder Grundlage. So ist in GI-Zeitschriften immer wieder zu lesen, dass nicht alle Soldaten gewillt waren, politisch motivierte Festnahmen durch die deutsche Polizei einfach hinzunehmen[52]. So brüsten sich die *Voice of the Lumpen*-Autoren, der Polizei eine Abreibung verpasst zu haben, als diese sie wegen ihrer Black Power-Flugschriften festnehmen wollte: »We stood

51 Konflikte spielen sich auch außerhalb der Armeebasen ab, vgl. Höhn 2002: 98. »Whenever a confrontation occurred in the United States over civil rights, German authorities and the American military police were put on alert to deal with the expected clashes between the soldiers.« (Ebd.) In Baumholder gab es dabei auch Tote.

52 Voice of the Lumpen berichtet von einem Verfahren gegen Lawrence Martin Barnes in Augsburg, Mai 1971, und zitiert aus einem Strafantrag des Stadtamtmanns Zettl: »Der dunkelfarbige Zivilamerikaner hat nach der Feststellung des 5. Polizeireviers in der vergangenen Nacht in hiesiger Gaststätte ›Jägerhaus‹ an dort anwesende – meist dunkelfarbige – Gäste Zeitungen, Bücher und Abzeichen *politischen* Inhalts zum Verkauf angeboten bzw. verkauft. Diese Druckerzeugnisse sollen dem Polizeibericht nach von der sog. Politisch-extremen ›Black-Power-Bewegung‹ vertrieben werden. Sämtliche Erzeugnisse sind in englischer Sprache abgefasst und offenbar in erster Linie für die US-Soldaten dunkler Hautfarbe bestimmt.« Vgl. auch APO-Archiv, Zeitungsartikel aus der »Rheinpfalz«, Ende November 1970, »Starke Unruhe durch ›Schwarze Panther‹«. »Letztes Wochenende« sei »eine Rotte farbiger Amerikaner« durch das nächtliche Ramstein gezogen, habe Autos demoliert, Scheiben zerschlagen, Leute verprügelt. Die Polizei habe daraufhin eine »Razzia in einer Negerbar« durchgeführt. Vgl. auch Forward No. II, December 1972: 28f; Voice of the Lumpen, o.J., über Würzburg: »Some brothers and their wives walked into this place […] and were allowed to sit down. They requested some soul-music and things were moving along smoothly« – bis es wohl wegen mitgebrachter Getränke dazu kommt, dass der Wirt die Soldaten mit einem Gewehr bedroht.

up to let the Pigs know that they were dealing not with ex-slaves, Niggers, Toms, but with revolutionary black men.«[53]

Das größte Aufsehen in Sachen Black Power und Gewalt erregte in der Bundesrepublik (neben den Kontroversen um die vom Außenministerium zuerst untersagte Einreise von Eldridge Cleaver) der Fall der »Ramstein 2«, der sich 1970 in der Pfalz abspielte, als zwei afroamerikanische Zivilisten aus den Kreisen des GI-Widerstands einen Wächter des Kasernengeländes anschossen und sich in ihrem Auto Black Power-Materialien fanden.[54] Das »Black Panther Solidaritätskomitee« um K.D. Wolff und der Frankfurter SDS veranstalteten anlässlich des Prozesses eine ca. 1200 Teilnehmer starke Demonstration in Zweibrücken.[55] Die Lokalpresse, die seit der Ankunft der amerikanischen Besatzer immer wieder an der Präsenz schwarzer Soldaten und ihrem Umgang mit deutschen Frauen Anstoß genommen hatte (vgl. Höhn 2002: 130-154), nahm die Demonstration als bedrohliches Eindringen von »Schwarzen und Roten Panther« wahr.

Die vom ›Black-Panther-Solidaritätskomitee‹ lautstark dirigierte Demonstration, die eine Sympathiebekundung für diese radikale Negerorganisation im allgemeinen und für die [...] bisher in der Zweibrücker Justizvollzugsanstalt Inhaftierten beiden farbigen Amerikaner sein sollte, stieß bei den Einheimischen weitgehend auf Ablehnung oder zumindest Gleichgültigkeit. Etwa tausend Anhänger

---

53 Freilich stellten solche Auseinandersetzung häufig auch einfach typische Wirtshausschlägereien kasernierter Soldaten dar. In diesem Sinne sprach auch Ralf Reinders im Interview vom Berliner »International« und der oft aggressiven Stimmung an diesem Ort.

54 Zur Cleaver-Kontroverse vgl. z.B. den großen, illustrierten Bericht in der twen, Dezember 1970: 90-93. Zu den »Ramstein 2«: Diese szeneinterne Bezeichnung ist an die »Chicago 8« und andere symbolisch aufgeladene Angeklagtengruppen bei Verhandlungen vor allem gegen Black Panther Party-Aktivisten in den USA (New York 10 etc.) angelehnt. Für eine historisch genaue Darstellung der Vorkommnisse wären weitergehende Recherchen notwendig gewesen. Maria Höhn bearbeitet dieses Thema aktuell. Zu rekonstruieren war bislang diese Version: Die afroamerikanischen Zivilisten William Burrel (22, Sprachstudent) und Larry Jackson (30, Photograph) waren am 19. November von der deutschen Polizei festgenommen worden, weil sie »einer vierköpfigen Gruppe angehört haben [sollen], die am Tor des amerikanischen Luftwaffenstützpunkt Ramstein nach einer Auseinandersetzung den deutschen Wächter Dieter Lippeck mit Schüssen verletzten.« (Undatierter und nicht weiter ausgewiesener Zeitungsausschnitt, wohl aus der Lokalpresse in der Pfalz oder Hessen, APO-Archiv) Die Beschuldigten waren im Begriff, Plakate für einen Auftritt Kathleen Cleavers in Frankfurt zu verteilen.

55 Ebenda stand zu lesen: »Kein politisches Ereignis in diesem Teil des Landes der Reben und Rüben hat seit der Hitlerzeit an einem Samstagnachmittag so viele Bürger-, Bauern- und Polizistenbeine in Bewegung zu setzen vermocht wie der erste Demonstrationsabstecher der extremen Linken in die tiefste Provinz.«

der Black Panthers, darunter viele Frauen und Mädchen, waren aus verschiedenen Teilen der Bundesrepublik angereist.[56]

Der Hinweis auf die »vielen Frauen und Mädchen« erschließt sich vor dem Hintergrund der »Moral Panics« um schwarze Soldaten und deutsche Frauen in der Pfalz der späten 50er Jahre, er soll – ganz im Stil des oben zitierten *Praline*-Textes – die politische Motivation als sexuelle Vorliebe entlarven.[57] Während also die Lokalpresse die Präsenz militanter Afroamerikaner und ihrer Unterstützer in das mindestens seit der Besatzung des Rheinlands durch französische Kolonialtruppen bekannte Muster bedrohlicher schwarzer Männlichkeit, die nicht nur weiße Frauen, sondern zugleich die nationale Geschlechterordnung gefährdet, einordnete, zeigt sich an Schilderung aus dem Unterstützerkreis erneut, dass genau diese Männlichkeitsbilder von einer anderen Gruppe in affirmativer Absicht aufgegriffen und idealisiert wurden.[58]

Mit welchen Reaktionen afroamerikanische Soldaten dieser Solidaritätsarbeit begegneten, ist bislang eine weitgehend unbeantwortete Frage. Während eine Reihe von afroamerikanischen Black-Power-Aktivisten die Arbeit mit koordinierten und sie an vielen Orten überhaupt erst initiierten, gab es auch eine ganze Reihe von Soldaten, die tatsächlich mit Hilfe dieser Netzwerke desertierten. Über sie ist wenig bekannt, in den Recherchen für diese Arbeit tauchten sie nur in den Erzählungen ehemaliger Solidaritätsaktivisten auf.[59] Ein Berliner Ak-

---

56 Archiv APO und soziale Bewegungen.

57 Vgl. Höhn 2002: 189-222.

58 Dass der Konflikt um die »Ramstein 2« auch in einem anderen Kontext als politisches Spektakel funktionierte, zeigt nicht nur das graphisch ungewöhnlich reißerische Flugblatt des Komitees, sondern auch die Erinnerung von Jörg Fauser, der in »Rohstoff« von der ersten Ausgabe seiner Frankfurter Underground-Zeitschrift erzählt. Als glamouröse, existenzielle Rebellen werden die »Rammstein 2« zum Inbegriff spektakulärer Politik im Gegensatz zu langweiligen studentischen Flugblattschreibern: »›Wir müssen ein bisschen Action drinhaben‹, sagte ich zu Bramstein, dem einzigen Germanistikstudenten, dem ich eine Chance als freier Mitarbeiter gegeben hatte. [...] ›Nimm die Black Panther, schlug Bramstein vor, ›da ist doch jetzt der Prozeß in Zweibrücken gegen die Black Panther, so was macht sich jetzt gut – Power to the People!‹ [...] ›Das setzen wir auf die letzte Seite‹, sagte ich, ›mit diesem Foto, wo sie die gefesselten Hände zum Black-Power-Gruß recken, und dann mach ich dem einen eine Sprechblase: Kill the Pigs!‹« (Fauser, Rohstoff: 92).

59 Auch im Berliner »Blues« (s.u.) beteiligten sich einige an der Unterstützung des »GI-Widerstands«, indem sie – fast durchweg afroamerikanische – Deserteure nach Skandinavien schmuggelten. »Man sprach eigentlich nur Schwarze an, weil die auch am ehesten bereit waren, zu gehen, weil sie sozusagen überproportional an die Front mussten.« Es habe aber auch einige politisierte Weiße gegeben, aber die seien dann über Umwege dazugekommen. [...] Viele Schwarze kannte man auch über Drogengeschäfte und andere Geschäftsdeals.« (z.B. Handel mit gebrauchten US-Autos) Andere

tivist erzählt, seine Gruppe habe einige Dutzend afroamerikanischer Soldaten durch die DDR-Transitstrecke über Rostock nach Dänemark und Schweden geschmuggelt, wo sie in den folgenden Jahren aber nicht glücklich geworden seien und nur auf eine Amnestie hätten hoffen können.[60] Zugleich scheint es aber auch viel Ablehnung gegeben zu haben. Auf wiederkehrende Muster misslungener Kommunikation verweist zum Beispiel ein Dokument, das weiße Studenten instruiert, wie sie an Kasernentoren beim Verteilen ihrer Flugblätter und Zeitschriften an schwarze Soldaten vorgehen sollten. Der »soziologische und kulturelle Abgrund zwischen bürgerlichen deutschen oder amerikanischen Studenten und dem einfachen amerikanischen Soldaten« stellte demnach regelmäßig ein größeres Hindernis in dieser Kommunikation dar. Gerade das Einnehmen der Opferperspektive – offenbar eine verbreitete Vorgehensweise der Flugblattverteiler – stieß auf wenig Gegenliebe: »Schädlich ist die unvermittelte Identifizierung mit dem ›leidenden‹ Neger, dem armen oder ausgebeuteten Amerikaner«, so eine Anweisung an die Genossen.[61] Viele afroamerikanische Soldaten dürften das Risiko des Desertierens gescheut haben und wollten sich in dieser heiklen Frage nur ungern mit unbekannten, weißen Europäern einlassen. Es gibt keine Hinweise, dass übermäßig viele von ihnen die eigene Situation mit derjenigen der weißen Gegenkultur in der Bundesrepublik zu identifizieren bereit waren. Wie die Figur des »John« in Lothar Lamberts dokumentarisch angelegtem Film »1 Berlin Harlem« hatten viele afroamerikanische Soldaten einfach besseres zu tun, als dem Bild des schwarzen Revolutionärs nachzueifern, dessen Erfüllung gerade weiße Unterstützer von ihnen erwarteten.[62]

Schwarze Orte: Black Bars und Meat Markets

Sowohl in diesem Film als auch in den Erzählungen der Solidaritätsaktivisten stößt man immer wieder auf sogenannte »Black Bars«, vorwiegend von Afroamerikanern und häufig auch von Weißen, ins-

betonten, sie hätten die amerikanischen Soldaten bekämpft (z.B. bei Paraden mit Steinen beworfen), nicht »agitiert«. (Zitate aus Interviews)

60 Insgesamt hätten er und seine Truppe um die 80 US-Amerikaner, fast ausschließlich Schwarze, nach Schweden geschmuggelt. Das weitere Schicksal der Männer sei ihm nicht bekannt, bei einem zufälligen Treffen einige Jahre später habe einer seine Situation in Schweden als sehr schlecht beschrieben. Vgl. auch Zahl 1979, Kapitel 7.

61 Flugblatt unterzeichnet von »Das Revolutionskomité«, wohl aus Berlin, Archiv APO und soziale Bewegungen.

62 In Peter Paul Zahls Die Glücklichen fragen die weißen Unterstützer ihren afroamerikanischen Bekannten in der vor allem von schwarzen Männern und weißen Frauen frequentierten Diskothek »International« hoffnungsfroh, »Viele Panther hier?«, und er kann nur antworten, »No, nur Sympathisanten. Viele hier. Ich auch.« (Zahl 1979: 146).

besondere weißen Frauen, frequentierte Bars und Diskotheken. Diese »Black Bars« entstanden in der Bundesrepublik in größeren Städten und auch in der Provinz, im Umfeld von Kasernen, seit den späten 1940er Jahren.[63] An diesen Orten werden kulturelle Selbstbilder und Machtverhältnisse in ihrer situativen Verdichtung entzifferbar. Zum einen stellen diese Bars ein Resultat der segregierten US-Armeekultur und des Rassismus der bundesrepublikanischen Umgebung dar. Sowohl die Gewohnheiten im Freizeitbereich der Armee als auch die »Türpolitik« von Kneipen und Diskotheken führten dazu, dass diese Bars – die »Bar« war eine von den Amerikanern importierte Form – in manchen Städten die einzigen nächtlichen Ausgehorte waren, zu denen Schwarze Zugang hatten.[64] Aus Sicht der GI-Zeitung »Voice of the Lumpen« stellte sich die Situation 1971 in Frankfurt folgendermaßen dar: »For you, Brothers, the situation is especially cruel. First you have suffered exploitation, racism and police brutality constantly back in Babylon, and now, you are confronted with the same racist situation here in Germany.«[65] Neben der Segregation und der schlechten Behandlung durch Wirte beklagt die Zeitung vor allem das Verhalten der deutschen Polizei (vgl. u.a. Forward No. II, December 1972: 28f).

Zum anderen hatten diese Orte auch für ihre weiße Umgebung mehrere Funktionen. Einerseits verkehrten dort viele Prostituierte, wobei erst noch genauer zu untersuchen wäre, welche Ausprägungen von Prostitution, Zweck- und Liebesverbindungen sich tatsächlich etablierten. Schon in den 1950ern scheint es darüber hinaus immer wieder auch kulturell afroamerikanophile Deutsche in diese Bars gezogen zu haben.[66] Als Orte, wo »schwarze« Musik und Nachtleben »authen-

---

63 Oft wurden sie von »Displaced Persons« betrieben, ehemaligen Zwangsarbeitern und KZ-Insassen, und von weiten Teilen der örtlichen Bevölkerung abgelehnt. Höhn schreibt über Kaiserslautern: »The street [...] was also known as ›Little Harlem‹ or ›Bimbo-City‹ because the quarter was frequented predominantly by African American GIs and their German women friends.« (Höhn 2002: 198)

64 »Black Bars in Germany«, Voice of the Lumpen, o.J.: 4, zur Vorgeschichte vgl. Höhn, a.a.O. Schon damals setzten sich Afroamerikaner zur Wehr: »In 1958, black soldiers staged a sit-in in a Baumholder bar that had put up a sign informing guests that the place was closed to ›colored soldiers.‹« (Höhn 2002: 99) Vgl. auch Forward o.J. (1971?): 30 über »Darmstadt 53«.

65 Der deutsche Rassismus sei weniger subtil als der im Norden der USA: »Unlike the subtle prejudice displayed by the proprietors of night clubs in several metropolitan centers in the United States, the local German approach is blatant, disgusting, and probably could be summed up in one word: OUTRAGEOUS. [...] It appears that, aside from military clubs, the Rio Bar, Corso Mar and M.A.S.H. are the only spots a Brother may frequent. [...] These are your bars, like the RIO BAR in Frankfurt, the PLAYBOY CLUB in Kirchgöns, the ATLANTIC CLUB in Mannheim and Hanau, the JÄGERHAUS in Augsburg etc.« (Voice of the Lumpen, o.J.: 4).

66 Vgl. zur Berliner Lokalgeschichte von Jazzclubs und anderen von Afroamerikanern frequentierten Etablissements Domentat 1995: 132-138 und 154-

tisch« erlebt werden können, stoßen wir in Peter Paul Zahls Schilderung einer Fluchthilfeaktion für den afroamerikanischen Soldaten Jeff erneut auf diese Bars und Diskotheken. Hier dienen sie zur Kontaktaufnahme und veranschaulichen erneut die kulturelle Grundierung der politischen Afroamerikanophilie. Zahls Erzählerin Ilona beschreibt den Besuch im »International« in Berlin auf eine ekstatische Art und Weise, die ein längeres Zitat rechtfertigt.

Da drinnen afrikanische Dunkelheit, Tabakqualm, Tänzer, über denen ein müder Casablanca-Ventilator. Dagmar geht an der Tanzfläche vorbei, wir folgen hintereinander. Bunte Lämpchen, Soul. Am besten, wir stellen uns hier hin, sage ich, und warten, bis ein Tisch frei wird.
Wir haben Mühe, unser Staunen zu verbergen: schwarze Männer, weiße Frauen, der Tanzstil schaukelnd, wiegend, mit drehenden Schultern, angedeuteten Schritten aus dem Kniegelenk heraus, brusthoch gehaltenen, zu Fäusten geballten Händen.
Muhammad Ali Stil. Guck dir die Bewegungen an, sag das mal Peter, von wegen positiver Rassismus. [67] Die GIs tragen alle Zivil, sind bunt, teils verwegen gekleidet. Wildlederstetsons, Wildlederflickenanzüge, Schals, Baskenmützen, Hosen zweifarbig und mit 80er Schlag. Schattenboxer. Seine Partnerin wippt, völlig ernst, mit dem Kopf, wirft Boxerhände vor die pralle Brust. Lederjacken, Sonnenbrillen, Barette. Grelle Sakkos, weite Hosen, abgesteppte Schuhe; Brusttücher groß und duftig (Schlagsahne) in vielen Pastellfarben; Kettchen um

---

166. In Berlin gab es seit den 50ern z.B. die Bars »Femina« und »Badewanne«, in denen sich weiße Jazz-Fans und auch Afroamerikaner trafen. In den späten 70ern zählte auch die Diskothek »LaBelle« dazu. Höhn stellt in ihrer Untersuchung der Pfalz heraus, dass nicht nur Prostituierte diese Bars frequentierten: »Young, interracial couples also frequented the black bars because they sought the company of like-minded couples and the entertainment the bars offered, such as jazz, blues, or rock and roll.« (2002: 195). Sie betont auch, dass viele weiße Männer sich an diesen Orten aufhielten, vermutlich als Freier (ebd.: 189).

67 Dem Besuch ging eine Diskussion zwischen den Protagonisten um »positiven Rassismus« voraus, der zwar problematisiert wird, letztlich aber als gerechtfertigt erscheint. Ilona ist die »positive Rassistin« der Gruppe.
Im Dialog mit Jeff wird das Thema ebenfalls angesprochen:
»Ihr mogt sswarze Leute?
Nicht mehr und nicht weniger als andere auch. Verstehst du, darüber haben wir uns auf der Fahrt hierher unterhalten, über Rassismus.
Rassism?
Ja, auch über positiven Rassismus. Wenn ich sagen würde, ich liebe nur schwarze Menschen, ist das das Gleiche, wie wenn ein weißer Rassist sagt, er haßt schwarze Menschen.
Right, sagt Jeff. Habt ihr Papier bei?«
Ilona behält letztlich recht, denn dieses Problem tritt hinter die legitime Faszination für die überlegen körperliche schwarze Kultur einerseits und das konkrete, gemeinsame Projekt andererseits zurück: Na, habe ich Recht gehabt, ich – positiver Rassist? / Haste.« (Zahl 1979: 145)

Handgelenke. Viele schließen die Augen, viele Frauen lassen die Augen weit offen und ahmen jeden Schritt, jedes Wiegen ihrer Tanzpartner nach. Ein gutaussehender, gutgebauter Schwarzer Mann mit Oberlippenbärtchen, in enger schwarzer Samthose mit Matrosenschlag, sackbetont, trägt ein Mikrofon in der Rechten, bewegt tänzerisch den Oberkörper, der sich unter dem hautengen, taillierten, mit Schillerkragen und weiten Ärmeln versehenen Hemd abzeichnet, singt Refrains mit, ruft in Gesang hinein, wechselt die Platten, schreit in Schwarzem Dialekt einige Sätze, wird unterbrochen, yeah mohn, yeah, kündigt die nächste Gesanggruppe an, schnappt mit den Fingern, wirft den Oberkörper nach hinten, die Oberschenkel hoch, hat glänzende haselnußbraune Augen, strahlt gute Laune ab, trinkt einen Schluck aus der Bierflasche, die ihm ein Soulbrother hochreicht, auf das Podest neben der Box steigend, ein anderer stößt hinzu, der Jockey verläßt die Box, sie stehen nebeneinander, wippen im Takt, deuten Schritte an, yeah mohn, schließen die Augen, werfen Afrofrisuren nach hinten, abwechselnd die Linke, die rechte Schulter nach vorn, die Hände, schlängelnd wie Fische, schießen nach vorne und oben, Arme winkeln sich in Hüften.
James Brown! Sage ich begeistert. Tanzt du? [...]
Ilona hat Recht, der Typ ist ein Ass. So'n Discjockey hab ich noch nie erlebt. Verstehst Du sein Amerikanisch?
Nur zum Teil. Der spricht nen wüsten Dialekt.
Soulbrother halt.
Der hat mehr Pep in Fingerspitzen und Arsch als die ganze deutsche Schlagermafia zusammen.

Dass diese Orte und das Zusammenspiel der in die kulturellen Codes Eingeweihten eine weit über das politisch Obligatorische hinausgehende Faszination auf die Aktivisten ausübten, ist eine mittlerweile schon beinahe triviale Feststellung. Der Blick der Zahlschen Erzählerin auf die »fremde Welt« ist fasziniert und voller Sympathie (Zahl 1979: 145). Sie nimmt das »International« durch die Brille populärkulturell vermittelter Erwartungen wahr und registriert jedes Detail der schwarzen Kultur in Berlin.[68] Dass das Problem des Ausschlusses aus der schwarzen Community und damit vom Communitas-Erlebnis hier letztlich unproblematisch erscheint, liegt in erster Linie darin begründet, dass die Protagonisten meinten, mit den Afroamerikanern in einem kontinuierlichen ideologischen Universum des linken, antirassistischen Antikapitalismus zu leben, was sich zum Beispiel an der Darstellung der Meinung zeigt, die Jeff von James Brown hat: »›Musik is good. James Brown ist ein Swein. Pigs aren't always pink, Schweine sin nich immer rosa.‹« Genau das hatte die Erzählerin auch

68 »Richtig« heißt hier, dass etwas der medial vermittelten Vorstellung (Muhammad Ali; Casablanca; Fats Waller...) entspricht.

im Sinn, als sie James Brown als »schwarze Sau, wie sie im Buche steht, Kapitalist, Schwanzideologe, Onkel Tom« beschrieb (ebd.: 145f). So kann sie triumphieren: »Hab ich doch gesagt, ne.« (ebd.).

In »1 Berlin Harlem« spielt derselbe Ort, das »International«, eine ähnliche Rolle, in diesem Fall freilich zur Anbahnung sexueller Kontakte.[69] Lambert inszeniert eine komplexe Blick- und Begehrensstruktur, in deren Zentrum der tragische Held des Films steht, der afroamerikanische Ex-GI und Siemens-Programmierer John, der mit einer Black Power-Gruppe sympathisiert, von verschiedenen weißen Deutschen begehrt und fetischisiert wird und schließlich einen Anwalt tötet, der als Lohn für die Vertetung vor Gericht sexuelle Dienstleistungen verlangt. In der Szene im »International« überlagert die Problematik der Hautfarbe die ohnehin gegebene, sexualisierte Theatralität eines Nachtclubs. Der filmische Apparat verdichtet das hierarchische Spiel der Blicke zwischen Männern und Frauen, Schwarzen und Weißen, Deutschen und Amerikanern, bürgerlichen Bohemiens und Rotlichtmilieu.[70]

In »Black Bars« ereignen sich Urszenen afroamerikanophiler Subjekte.[71] So erklärte auch der Schriftsteller und Ethnograph Hubert Fichte, ebenfalls schwul, in einem Interview: »In ›Grünspan‹ gibt es die große Anfangssituation, die Schilderung der ›Sahara‹-Bar auf Sankt Pauli, wo damals Schwarze aus der ganzen Welt zusammenkamen und tanzten. Mit dem Erlebnis der ›Sahara‹, mit der Schilderung der ›Sahara‹ entwickelte sich bei mir das Bedürfnis, genauer über die afroamerikanische Welt, die afrikanische Welt orientiert zu sein.«[72]

---

69 Im Film geht es um hetero- und vor allem auch um homosexuelle Kontakte. »Geh ins International, da findste immer einen«, rät eine sexuell »afrophile« und zugleich sehr rassistische weiße Frau ihrer Freundin.

70 Vgl. die Anmerkungen über den »linken Studenten« Jürgen und dessen »verlogene« politische und sexuelle Afroamerikanophilie in Kapitel 3. Ähnlichkeiten zu Fassbinders »Angst essen Seele auf« und der Figur des Ali sind offensichtlich. Kaja Silvermans Analyse des Fassbinder-Films trifft auf viele Aspekte von Lamberts Film zu: »Fassbinder is unwilling even for a moment to countenance the notion that a black or third world man operates out of an existential plenitude or a self-sufficiency denied to the first world white man, or that such a figure is any less driven by anxiety or desire.« (Silverman: 154)

71 Für Begegnungen mit schwarzen Menschen und schwarzer Kultur gibt es viele »Urszenen«, im Fall der Berliner liegen sie meist in der Kindheit. Kröcher erzählt, die schwarzen Soldaten seien zu den Berliner Kindern viel freundlicher gewesen als die weißen und hätten sie oft zu Ausflügen mitgenommen und auch mit ihnen getanzt.

72 Fichte im Interview (Lindemann 1987: 208). In Detlevs Imitationen: Grünspan besucht der Protagonist Detlev/Jäcki das »Sahara,« eine Hamburger Bar, die von Schwarzen aus Afrika und Amerika frequentiert wird. Er beschreibt »hellhäutige Manhattanboys« und Männern aus Kansas City, beschäftigt sich aber vor allem mit der Auflistung von Stammesnamen und

Am Ursprung von Fichtes Forschungen über die afrikanische Diaspora, deren Ökonomie des Wissens und Wünschens in seiner späterer Aussage »Ich wollte immer schwarz sein« zum Ausdruck kommt, steht also die sexualisierte Atmosphäre einer Diskothek, die dem Ort ähnelt, an dem Zahl und seine Mitstreiter ihre Fantasie einer Vereinigung von Politik, Musik, Droge, Körper verwirklicht sahen. Die Schilderungen von Fichte und Zahl sind Zeugnisse außergewöhnlicher, auf sehr unterschiedliche Art und Weise »afrophiler« Biographien. Sie verweisen darüber hinaus auf eine Vielzahl von Erfahrungen, die sowohl generationstypisch als auch spezifisch für eine subkulturell zweitsozialisierte Gruppe sind. Die literarische Verarbeitung sammelt diese verstreuten Erfahrungen und Momente angeeigneter schwarzer Kultur wie ein Brennglas. Zugleich reduzieren sich diese Erfahrungen nicht auf Literatur, sondern sind Teil jenes heterogenen Bedeutungsgewebes, in das auch politische Aktionen, Solidaritätserklärungen und kulturrevolutionäre Programme eingesponnen sind.

Der Umstand, dass sich auch die »Solidaritätsarbeit« keinesfalls außerhalb der Logik von Projektion, Identifikation und beinahe schon zwanghaft gesuchter Anerkennung abspielte, sondern vielmehr eine besondere Ausprägung derselben bedeutet, besagt freilich gerade nicht, dass die politische Aktivität darauf reduzierbar wäre. Ohne ihre Inspiration durch die Szenarien des kulturellen Imaginären wäre diese politische Praxis vermutlich gar nicht erst zustande gekommen.[73]

Zu fragen bleibt aber, wie sich die Übergänge zwischen dieser beobachtenden Faszination und der tatsächlichen Aneignung schwarzer Kultur im Detail abspielten. Da politische und stilistische Elemente sich in Subkulturen symbolisch verdichten, erlaubt ein Blick auf eine an dieser Stelle besonders einschlägige Subkultur, den Berliner »Blues«, eine weitere Annäherung an die ambivalenten Elemente der politischen Afroamerikanophilie. Wie verstanden die Akteure des »Blues« das schwarze Amerika und ihr Verhältnis dazu? Welche Formen nahm die Afroamerikanophilie hier an? Um dann wieder auf größere Kreise zu sprechen zu kommen, schließt daran die Frage an, wie sich die Elemente der Subkultur zu ihren Kopien außerhalb subkultureller Kontexte in der Populärkultur verhalten. Um diese Fragen zu beantworten, sind zuerst einige Anmerkungen zum kulturellen Ort des »Blues« vonnöten.

Haitianischen Voodoo-Göttern. Hartmut Böhme schreibt, »das Schwarze trifft Fichte wie eine Epiphanie.« (1992: 246).

73 Zu Genet vgl. die Biographie von Edmund White (1993), auch Mercer 1994: 304. Hubert Fichte interviewte Genet (1981) und befragte ihn detailliert über seine Beziehung zu den Black Panthers und mögliche erotische Untertöne.

BLACK PANTHER-BEGEISTERUNG UND AFROAMERIKANOPHILIE IN DER WEST-BERLINER »SCENE«

Am 27. November 1969 prangte auf dem Titelbild der linksradikal-gegenkulturellen Berliner Wochenzeitschrift *Agit 883* das Symbol der Black Panther Party, eine Zeichnung des im Sprung begriffenen schwarzen Panthers. Der Panther »*...KOMMT NACH BERLIN*« – mehr war auf dem simplen, aber grafisch eindrucksvollen Titelbild über Solidaritätsdemonstration und »Teach-in«, die vom Black Panther-Solidaritätskomitee in Frankfurt und Berlin organisiert wurden, nicht zu erfahren. Diese Titelgrafik verdeutlicht den ikonischen Status des schwarzen Panthers – dazu später mehr – und die Zentralität schwarzer Politik in der Herausgeberschaft und im Publikum des Blattes.

Das »Anarchoblatt« 883 wurde im Umkreis des Berliner »Blues« veröffentlicht, jener »Scene« aus gegenkulturell und antikapitalistisch gesinnten Studenten und Jugendlichen, zu der auch die »Haschrebellen« um den Situationisten Dieter Kunzelmann zählten.[74] Später ging die »Bewegung 2. Juni« aus dem »Blues« hervor, die sich aus Kleingruppen zusammensetzte, welche sich Namen wie »Schwarze Ratten« und »Tupamaros Westberlin« gaben. Im Unterschied zu leninistischen und maoistischen K-Gruppen[75] sahen sich die Protagonisten des »Blues« als antiautoritäre, kulturrevolutionäre Aktivisten, die sich keiner vermeintlich proletarischen Parteidisziplin unterwarfen, hatten sie doch – eher noch als die Kader der K-Gruppen – häufig selbst eine proletarische oder »lumpenproletarische« Biographie.

Blues-Identifikationen

In Selbstbild, kultureller Praxis und politischer Theorie orientierte sich die »Scene« stärker am schwarzen Amerika als alle anderen politisch-aktionistischen Gruppen der deutschen Geschichte. Zugleich bezogen sich Protagonisten des »Blues« auch auf andere Bewegungen wie die Tupamaros in Uruguay und auf andere Popkultur-Produkte wie zum

74 Vgl. Langer 1986; aus distanzierter Perspektive Claessens/de Ahna 1982; Backes 1989; zur Selbstdarstellung u.a. Reinders/Fritsch 1995; Baumann 1980; Fizz (Neuausgabe), »Der Blues. Gesammelte Dokumente« (o.J.).

75 Auch maoistische Gruppen entwickelten durchaus eine eigene Formen des Anders-Werdens: die »Chinoiserie« der 1960er. Regis Débray urteilte: «In France, the Columbuses of political modernity thought that following Godard's La Chinoise they were discovering China in Paris, when in fact they were landing in California« (zitiert nach Jameson 1984: 189).

Beispiel Italo-Western.[76] Die Black Panthers stellten eine besonders wichtige Referenz dar, weil sie durch Identifikationen unterstützt wurde, die in der populärkulturellen Sozialisation verwurzelt waren. Schon die Selbstbeschreibung »Der Blues« verweist auf das Lebensgefühl des schwarzen Amerikas, oder zumindest auf die durch kulturindustrielle und subkulturelle Kanäle konstituierte Wahrnehmung derselben.[77]

Abbildung 5: Zeichnung von Robert Crumb

In einer späteren Dokumentation – aus der auch die Robert Crumb-Abbildung[78] stammt – erklären einige Protagonisten den Begriff folgendermaßen:

Ursprung des BLUES. Sklavenelend im 19. Jhdt. Der Blues – das war zuerst der Gesang amerikanischer Negersklaven. Später eine Musikrichtung, die fast nur von Schwarzen ausgeübt werden konnte: Denn sie hatten das feeling, das die Grundlage des Blues bildete, ja praktisch mit der Muttermilch reingekriegt: Zu leben auch in der größten Scheiße. Zu leben mit Ketten, vor den Gewehrläufen,

76 Langer spricht auch hier von »Identifikationsobjekten«. Vgl. Langer 1986: 324f.

77 Es geht hier nicht um eine Bewertung, Verharmlosung oder Verteufelung der »Bewegung 2. Juni«. Neben der Lorenzentführung gehen politische Morde wie die Erschießung des Berliner Richters Drenkmann und eines vermeintlichen Spitzels auf das Konto des 2. Juni und seines Umfeldes; eine Bombe tötete einen Unbeteiligten. Auch der misslungene, jüngst von Wolfgang Kraushaar »aufgeklärte«, von dem Verfassungsschutzagenten Peter Urbach maßgeblich mit angezettelte Anschlag auf das Jüdische Gemeindezentrum in Berlin kommt aus dem Umfeld.

78 Vgl. den Band »Der Blues« (ohne Autor- und Jahesangabe). Die Wahl des Crumb-Comics ist bezeichnend, war dieser doch nicht nur allgemein von Frauen, sondern insbesondere von schwarzen Frauen nahezu besessen, vgl. seine Hefte »Angelfood McSpade«, »Nigger« etc.

hinter Knastgittern. Und hin und wieder n Supermarkt ausräumen oder einen der ermordeten Brüder rächen: ›Sieh dich vor, Mr. Jones, wir leben‹.[79]

Andererseits sei der Name »Blues«, so ein Zeitzeuge, in ihrem Berliner Umfeld zuerst als despektierliche Zuschreibung entstanden:

Naja, eigentlich ist das ein Ausdruck, der mal von Gudrun Ensslin kam, weil die meinte, ihr liegt sowieso immer nur in den Betten, hört immer Blues und fickt die kleinen Mädchen. Statt permanent politische Arbeit zu machen. Und darüber haben wir dann gesagt, ja, wir sind der Blues. Weil, unser Interesse war natürlich damals in der Musikrichtung, der Blues [...] Und gleichzeitig das Gefühl, dass fast alle Bluesmusiker ja Schwarze waren, Unterdrückte waren, die zu der Zeit in den USA noch ziemlich viele Probleme hatten. Also, es kam eigentlich mehr vom Musikhören [...] Und davon, dass wir halt dafür galten, dass wir den ganzen Tag im Bett liegen und nur kiffen.[80]

Die Behauptung, dass zwischen dem schwarzen Blues-«Feeling« und dem eigenen, subkulturell durchstilisierten Alltag gewisse Verwandtschaften herrschen, hat hier eher beiläufigen Charakter.[81] Ihre häufige Wiederkehr in autobiographischen Erzählungen verweist aber darauf, dass sie über das Anekdotische hinaus Bedeutung für das »self-fashioning« der Protagonisten hatte.[82] In diesem Sinne schreibt Michael »Bommi« Baumann[83]:

In dem Fall bei mir, also am Anfang in Berlin, war es ja so, dass es dir mit den langen Haaren plötzlich wie einem Neger gegangen ist, versteht du. Die ham uns aus Kneipen rausgeschmissen, auf den Straßen angespuckt, beschimpft und sind hinterhergerannt, also du hast wirklich nur Trouble gehabt. Auf der Arbeit bist du rausgeflogen oder hast gar keine mehr gekricht, sagen wir mal besser so, oder du hast denn echt miese Jobs gekricht oder klar unterbezahlte, und ewig Ärger [...] Bei mir war es gleichzeitig so, bei dieser Bluesmusik, dieser Problematik, die da rauskommt, die Situation der Neger, du siehst denn plötzlich

79 Ralf Bär, Fritze Satan, Ronni Frisch, Gerald Klopper (»Sie kamen aus dem Blues: 4 von der Bewegung 2. Juni«), »Was ist der BLUES heute?« (in: Der Blues, o.J.: 137). »Mr. Jones« ist die Figur des Spießers, wie sie Bob Dylan besingt. Vgl. dazu Doggett o.J., »Me and Mr. Jones. Bob Dylan and the Revolution«.

80 Interview Reinders.

81 Auf die »strategischen« Diskussionen rund um die BPP-Solidarität (vgl. u.a. 883, Nr. 73, 24.12. 1970) kann hier nicht genauer eingegangen werden.

82 Identifikationen sind eine wesentliche Technik des »self-fashioning«, wie es Stephen Greenblatt beschreibt.

83 Die schriftliche Ausarbeitung der stilisierten Berliner Straßensprache stammt von Harun Farocki, der Baumann interviewte. Wegen späterer Verwicklungen und Aussagen war Baumann eine auch im »Blues« umstrittene Figur. Vgl. auch Backes 1989.

den Zusammenhang. Du bist denn plötzlich och sone Art Jude oder Neger oder Aussätziger, auf alle Fälle bist du irgendwie draußen, vollkommen unbewusst. (Baumann 1980: 8).[84]

Nicht nur die Diskriminierungserfahrung bildet das *tertium comparationis* dieser Äquivalenzbehauptung. Der Boden des Vergleichs dehnt sich auch auf andere Aspekte aus, vor allem ein besonderes Körpergefühl. Dabei verbindet sich die Deutung der eigenen Situation mit einer emphatischen, Befreiung versprechenden Theorie von Rockmusik als schwarzer Musik. Aus dem rhetorischen Vergleich – »auch so eine Art Neger« – wird eine Verschmelzung.

Zu der Rockmusik hat ein Arbeiter mehr Beziehung natürlich wie ein Intellektueller, bei dir läuft's 'n bisschen mehr über'n Körper, du wirst ja nur auf Körper getrimmt, nicht auf Gehirn, und Tanzen und so ist eigentlich eine angemessene Sache für dich, denn du bist irgendwo erdnäher. Also schon eher eine Körpergeschichte, so 'ne Musik, einfach im feeling. Rockmusik, die ganze Message heißt ja Ficken oder wie immer du es nennen willst, bumsen oder make love not war, war ja auch so ein Slogan. Das ist natürlich für einen Arbeiter leichter zu ticken oder umzusetzen.
Ich kann mich zum Beispiel erinnern, da hab ich im Bett gelegen und habe immer Radio Luxemburg gehört, abends, wenn du nicht mehr runtergegangen bist, hast du denn in der Nacht immer noch Musik gehört und wie ich das erste Mal Chubby Checkers ›Let's Twist again‹ gehört habe, bin ich aus dem Bett aufgestanden und habe Twist getanzt und habe es genauso getanzt, wie ich es später gesehen habe, also ich habe es intuitiv richtig verstanden wie der Mann das gemeint hatte. Zum Beispiel in Cleavers ›Seele auf Eis‹, Rekonvaleszenz, dieses Kapitel, da ist es ganz gut drin, da stimmts. Ich hab's damals intuitiv richtig erlebt, also feeling gehabt. (Baumann 1980: 16).

Die »intuitive« Einfühlung in den schwarzen Körper gelingt, weil der eigene Körper als proletarischer gleichermaßen durch körperliche Arbeit geformt sei wie der afroamerikanische. Das »Feeling« ist also keinesfalls exklusiv, sondern ist im Gegenteil innerhalb des Einflussbereichs der US-Populärkultur all jenen zugänglich, die äquivalente Erfahrungen machen (vgl. Kapitel 2).[85] Für diese Rhetoriken – von der

85 Ganz ähnlich der Beginn von Peter Paul Zahls »Schelmenroman« Die Glücklichen, der im »Blues« spielt und in der typischen stilisierten Sprache der Westberliner »Scene« gehalten ist. Der Leser wird folgendermaßen in die Szenerie eingeführt: »Kreuzberg, Bruder, ist Westberlins Harlem / oder Bronx, bei uns / heißen die Nigger / Türken, Rentner, Arbeiter. / [...] / Kreuzberg, Berlin SO / Herz und Magen der Stadt / über hundertsiebzigtausend Nigger /auf engstem Raum«. Der Übergang vom Vergleich (»Westberlins Harlem«) zur Metapher (»hundertsiebzigtausend Nigger«) und die akklama-

vermeintlich äquivalenten Diskriminierungserfahrung bis zur gefühlten Identität – gab es, wie gezeigt, Vorbilder aus den »weißen«, US-amerikanischen Gegenkulturen, die den Blues-Protagonisten auch geläufig waren.[86] Vor allem aber leitete offenkundig Eldridge Cleavers *Seele auf Eis* Baumanns re-konstruierende Erinnerungen an. Was als intuitive Einfühlung in den schwarzen Körper erlebt worden sein mag, ist zugleich in einem Dickicht diskursiver Selbstdeutungen verfangen.[87] Das schwarze »feeling« soll dabei in erster Linie das körperliche Empfinden einer subalternen gesellschaftlichen Position mitsamt der damit verbundenen Entwurzelung und Depression bezeichnen, wie sie die klassischen Blues-Sänger beschrieben.[88] Es meinte aber gerade auch, wie der obige »Blues«-Text zeigt, dass das als entwürdigend empfundene Leben, die »ganze Scheiße«, durch Verweigerung und Rebellion mit »Leben« gefüllt werden konnte.[89] Deshalb spielte das Gefängnis auch eine derart entscheidende Rolle für Analogiebehauptungen und imaginäre Identifikationen. Zahls Heroine Ilona (die »positive Rassistin«, s.o.) schreibt in *Die Glücklichen* an ihren wegen des Druckens inkriminierter Flugblätter inhaftierten Autor: »vom buchladen lassen wir dir jacksons soledad brother zugehen. guck innen spiehel (ne, nich BILD AM MONTAG!) und guck genau zu, wie sich nach und nach deine fresse schwarz färbt. biste drin, biste politisch, bisten nigger. is doch ganz einfach. wehr dich, bruder, entwickel folk-

---

torische Anrede (»Bruder«) sind nicht nur literarische, sondern zugleich alltagskulturelle Tropen: sie entsprechen, wie weiter unten noch ausgeführt wird, einer Selbststilisierung als »schwarz« in der Praxis. Die Wahl des drastischen Wortes »Nigger« ist dabei durchaus typisch für die Sprache des (Berliner) Blues.

86 Vgl. auch: Jerry Rubin, »Do It! Wie wird man ein Yippie?« in Fizz, Nr. 3.

87 Im zitierten Kapitel (»Rekonvaleszenz«, vgl. Kapitel 3 dieser Arbeit) spricht Cleaver von tanzenden weißen Jugendlichen und in diesem Zusammenhang auch von Chubby Checker (s.o.), so dass der Eindruck naheliegt, dass Baumann sich in der Erinnerung zu Zwecken des »self-fashioning« eher an Cleavers Text orientierte, als dass er nur an alte Erfahrungen erinnert worden wäre. Diese Übernahme – also eine durch Cleaver angeleitete Selbstinterpretation – widerlegt als möglicherweise »gefälschte« Erinnerung nicht die These von der imaginären Einfühlung in die schwarze Kultur, sondern bestätigt nur, wie stark Eldridge Cleavers »Seele auf Eis« in diesem Sinne auf Akteure wie Baumann wirkte und dabei den Wunsch verstärkte, die darin umrissene Stelle des symbolisch bzw. imaginär schwarzen »White Negro« einzunehmen.

88 Vgl. Greil Marcus' Analysen, zusammengefasst bei Diederichsen 1991: 52f.

89 Die kulturkritische Anklage der modernen, nicht allein kapitalistischen Gesellschaft ist typisch für mehrere afroamerikanophile Texte, insbesondere die von Peter Paul Zahl. Immer wieder ist es besonders die Wohnsituation, die als entfremdend empfunden wird. Auch im Film »1 Berlin Harlem« wird das Märkische Viertel in Berlin durch musikalische Untermalung und Kameratechnik zum Ghetto nach US-amerikanischem Vorbild stilisiert.

lore!« (Zahl 1979: 337).[90] Schwarze Musik und schwarzer Widerstand – »Folklore« – bilden ein Kontinuum. Die Wunschfantasie der Protagonisten, das eigene Schwarz-Werden, nähert sich in diesem Fall seiner Erfüllung umso mehr, je stärker sie sich verfolgt und unterdrückt wissen.[91]

Die Aneignung von Stil: schwarze Sprache

Die Soul-Ästhetik setzte sich als sowohl ethnisch als auch subkulturell codierter Stil aus homologen Ausdrucksformen zusammen. Eine besondere Funktion in Sachen Gruppenbildung und kulturelle Selbstpositionierung kam dabei der »schwarzen« Sprache zu, deren Differenz vom amerikanischen Standardenglisch auch in der Soul-Musik herausgestellt und ästhetisiert wurde. »Initially, this was an in-group dialogue, inextricably connected to other forms of urban black folk expression«, so Van Deburg. »But as this music became more popular, the choicest colloquialisms were ›borrowed‹ by outsiders, filtered through the popular culture, and eventually treated as part of the public domain.« (Van Deburg: 216f). Beim Berliner »Blues« überbrückte die Nachahmung afroamerikanischer Sprache Alltagsästhetik und politische Programmatik, obwohl man des Englischen nicht durchgängig mächtig war. Norbert »Knofo« Kröcher, der zusammen mit P.P. Zahl u.a. an der Zeitschrift »Fizz« arbeitete, sagt im Rückblick, man habe von der »schwarzen Kultur viel übernommen«, sie habe von einem gewissermaßen »Besitz ergriffen«. Man habe so viel schwarzen Slang übernommen, »dass man das heute gar nicht mehr verstehen würde«.[92] Statt Geld sagte man »bread«, statt Regierung »the man«.[93] Als ein

90 Briefe aus dem Gefängnis von George Jackson (1941-1971), einem militanten, marxistisch orientierten Afroamerikaner (Angehöriger der Black Panther Party), der mit seinen Schriften, durch einen blutigen Befreiungsversuch und schließlich seiner Erschießung durch Gefängniswärter zur Symbolfigur wurde. Über Jackson wurde in diversen Zirkularen ausgiebig berichtet; »Soledad Brother« erschien in deutscher Sprache 1971 unter dem Titel »In die Herzen ein Feuer«.

91 Natürlich wissen Zahl und seine Figuren, dass das »Schwarz-Werden« eine befremdliche Idee ist; auch die Problematik des »positiven Rassismus« handeln sie wie erwähnt ab. Sie versuchten die populärkulturell vermittelte Fantasie des »Schwarz-Werdens« in der Variante des glamourösen schwarzen Revolutionärs konsequenter auszuleben als ähnlich gestimmte, aber weniger enthusiastische und gewalt- und risikobereite Zeitgenossen. Zahl lebt inzwischen mit »schwarzer« Familie auf Jamaica und verfasst Kriminalromane, deren Ich-Erzähler ein schwarzer Detektiv namens »Ruffneck« ist.

92 Auch hier handelt es sich um eine Parallele zum »weißen« US-Underground.

93 »›The man‹ is an expression meaning ›white-man boss‹« (Abrahams 1970: 50).

schwarzer Freund ihn nach seiner Freundin fragte, meinte er: »What the fuck, I don't know about my old lady«, dann habe man eben auch auf Deutsch immer »meine old lady« gesagt und natürlich »fuck« sowie »›shit‹ für Dope« (sic). Kurz: »Wir haben schwarzen Ami-Slang gesprochen.«[94] Neben diesen alltäglichen Sprachspielen, wie sie für Jugendkulturen typisch sind, fand auch eine Übernahme politisch programmatischer Begriffe statt. Die in dieser Hinsicht markanteste und folgenreichste Übernahme aus dem Lexikon des schwarz markierten amerikanischen Englisch ist das »pig«. Die Anwendung des Wortes auf Polizisten wurde im Sprachgebrauch der Black Panther Party etabliert, Huey Newton gilt als ihr Urheber.[95] Auch im »Blues« war man sich der Herkunft des Begriffes bewusst, so Ralf Reinders. »Das war ja eigentlich ein richtiger Bezug auf die Black Panther, die ja jeden Bullen als Pig bezeichnet hatten. Und das ist nachher so ein bisschen ausgedehnt worden auf alle Ausbeuter.«[96] »Pigs« oder »Schweine« meinte dann nicht nur die Polizei, sondern auch Richter, Unternehmer, Manager oder eben: das ganze »Babylon«.

Abbildung 6: Flugblatt mit beschriftetem Foto aus Stuttgart, Archiv APO und soziale Bewegungen

94 Interview Kröcher.

95 Newton 1971. Vgl. auch: David Hilliard, »Pig – an international language«: »The very fact that you have created an international language [...] When you hear the Mexican-American brothers, or the Latino brothers, use the correct description pig, it shows you that already we have transcended the language barrier, because we've created an international language in pig. Everybody recognizes who these people are, they're pigs.« (S. 9, The Black Panther. Black Community News Service, Vol. IV, No. 4, Saturday, December 27, 1969, APO-Archiv) Auch die GI-Zeitung »Voice of the Lumpen« z.B. erklärt in einem längeren Artikel (von »Brother Al«): »What is a pig?«.

96 Interview Reinders.

Während sich die Black Panthers rühmten, eine »international language in pig« geschaffen zu haben, macht die Begriffsübertragung aus dem afroamerikanischem Kontext zugleich auch deutlich, wie problematisch die Analogien sein konnten, die sich damit verbanden. An dieser Stelle leisteten sie einer rhetorischen Entmenschlichung des politischen Gegners Vorschub, die angesichts der Rolle der Polizei bei der Unterdrückung der afroamerikanischen Bevölkerung im Allgemeinen und der Black Power-Bewegung im Besonderen in deren Kontext doch zumindest verständlicher war als in der postfaschistischen Bundesrepublik. Ein im Umfeld des »Blues« entstandener »Aufruf gegen den Diebstahl en gros und en detail der Pigs an der Menschheit« (Der Blues, o.J.: 23-35), zeigt, wie das Wort »pig« den vorherrschenden Manichäismus auf den Punkt bringt und politische und kulturrevolutionäre Gegner auf einen Nenner bringt: »Besser jetzt ein paar Millionen rollende Schweinsköpfe, als in dieser faden Lebenshaltung, die uns letztlich doch zwei Milliarden Gefallene kosten wird, weiter zu vegetieren. Den unbewussten pigs solange vor die Köpfe knallen, bis sie wach werden oder tot umfallen.« (Ebd.: 32). Im »Programm« der Bewegung 2. Juni (1972) nehmen die »Schweine« ebenfalls eine prominente Rolle ein.[97] In der 883 kehren die zu »schlachtenden« Polizei-Schweine des Black Panther Party-Zeichners Emory regelmäßig wieder.

Der Trikont-Verlag publizierte von Emory gezeichnete »Agitationsplakate der Black Panther Party aus den Gettos« als »Black Panther Karten«.[98] In den Zirkularen der radikalen Linken finden sich gelegentlich auch einige andere im amerikanischen Englisch schwarz markierte Worte wie »Whitey«.[99]

97 Laut Ralf Reinders und Roland Frizsch ist das Dokument allerdings eher ein zufälliges Produkt. Dort steht jedenfalls: »Unser Ziel ist nicht die Schaffung einer ›Diktatur des Proletariats‹ sondern das Zerschlagen der Herrschaft der Schweine über die Menschen, ist das Zerschlagen der Herrschaft des Kapitals, der Parteien, des Staates. Das Ziel ist die Errichtung einer Rätedemokratie. Das Regime der Schweine wird nicht durch Formeln beseitigt, sondern durch den revolutionären Kampf. Dieser Kampf kann nicht national geführt und gewonnen werden, er ist international.« (Der Blues, o.J.: 13) »Schweine« ist kein unmittelbarer Ausruf moralischer Empörung, sondern eine Übersetzung.

98 »Motive und Texte stammen aus Agitationsplakaten der Black Panther Party aus den Gettos. Sie wurden von uns ins Deutsche übersetzt. Jede Serie enthält 25 verschiedene Karten und kostet DM 4,50. Ein Teil des Erlöses wird für politische Arbeit mit GI's verwendet«. In: Dorothea Peters (Hg.), »USA: Farbige Revolution und Klassenkampf. Die Organisierung des farbigen Fabrik- und Lumpenproletariats im Verhältnis zur weißen Arbeiterbewegung.« (Schriften zum Klassenkampf 26) München: Trikont, 1972.

99 »Huey Newton, Gründer der PARTY und ihr Verteidigungsminister, ist in Alameda angeklagt, einen Whitey Bullen umgelegt zu haben.« (Linkeck Nr. 5)

Abbildung 7: »Ober-Pig Krause«, Zeichnung von Emory, in: Agit 883, Nr. 63, 18. Juni 1970
Abbildung 8: »What's in a Name?«, in: »All Power to the People. The Story of the Black Panther Party«. San Francisco 1970 (Bestand des SDS-Archivs im Archiv APO und soziale Bewegungen)

Auch die Bezeichnung »white cats«, die ein weißer Student in Lothar Lamberts Film »1 Berlin Harlem« in einer Diskussion mit einem schwarzen Aktivisten in einem Berliner Solidaritäts-Büro verwendet, stellt eine ähnliche Aneignung schwarzer Sprache dar, wobei »whitey«, wie gezeigt, ein pejorativer, »white cats« dagegen ein tendenziell anmaßender Begriff ist (s.o.).[100] Manche Schlüsselbegriffe – wie zum Beispiel »Soulbrüder« – sind in den Zirkularen dann teilweise übersetzt.[101] Und wenn die *883* schreibt, »die Schweine in Babylon haben ihre uneingeschränkte Macht« über die »Massen« der USA verloren (Agit 883, 15.11.1970), dann wird damit nicht nur ein Sprachgebrauch übertragen, sondern mit »Babylon« auch ein prominentes Diskursfragment verschiedener schwarzen Nationalismen.[102] Politische Phrasen und Slogans, die durch ihre Entstehungs- und Verwendungskontexte schwarz markiert sind, schwirren ebenfalls durch das rhetorische Universum des Blues. So hieß es nach der Festnahme eines Aktivis-

100 Ein »white cat« ist ein »White Negro«, denn »cat« steht immer für einen jungen, schwarzen Mann auf der Höhe der Zeit.

101 Das Wort »Soulbrother« habe – ein weiterer Hinweis auf die reale Hybridität hinter den essenzialistischen Imaginationen (oder auf ironische Anmaßungen) – Ahmet Ertegun, Miteigentümer von Atlantic Records, geprägt – als Albumtitel für Ray Charles und Milt Jackson (1958, »Soul Brothers«): »It's a Turkish Muslim phrase«, vgl. Hirshey 1985: 78.

102 »Babylon« meint im Rastafarianismus die dem Untergang geweihte Welt des Exils, hier insbesondere die USA.

ten: »Free Bommi!«[103] – eine direkte Übernahme der »Free Huey!«-Kampagne aus den USA, die dort auch im Hippie-Underground viele Anhänger fand, die sich zumindest bereit fanden, einen entsprechenden Button zu tragen.[104] Solche sprachlichen Formtransfers sind Teil der Imagination einer antiimperialistischen Internationalen, wie sie auch mittels aufzählender syntaktischer Kontiguität zum Ausdruck gebracht wird: »Fred Hampton ist tot. Bobby Hutton ist tot. Petra Schelm ist tot. Che ist tot. Angela Davis, Horst Mahler, Valpreda, Dieter Kunzelmann und unzählige andere Genossen in aller Welt sind eingekerkert.« (Fizz Nr. 9, November 1971). Immer wieder finden sich sloganhafte Zitate aus Texten und Reden von Black Panther-Aktivisten, wie »Reißt die Mauern ein – holt die Menschen raus, sagt Cleaver« (Fizz Nr. 4), die – im Stile der »Worte des großen Vorsitzenden« – eine symbolische Unterordnung unter die Weisheit und Autorität »authentischer« Befreiungskämpfer darstellen.[105]

Schwarze Texte

Der Abdruck von rhetorisch an Schwarze gerichteten Artikeln und Reden, der in linken Zeitschriften das Informationsdefizit über die Black Power-Bewegung zu beheben half, bringt ein in diesem Zusammenhang beispielhaftes Problem der Anrede mit sich, denn die Stelle des »implizierten Lesers« ist kulturspezifisch konturiert.[106] Wie Soul-Konzerte als performative Rituale spezifisch afroamerikanische Subjektstellen produzierten, die gefüllt werden mussten, damit sich das Communitas-Erlebnis einstellen konnte, so gilt Ähnliches auch für das Lesen von Texten. Afroamerikanische Kultur ist, wie vielfach vorgeführt, von spezifischen Formen der Anrede gekennzeichnet, die sich mit den exklusiv intendierten Sprachcodes überschneiden, was insbesondere die zeittypischen »Soulbrothers« exemplifizieren. Der oder die weiße LeserIn kann somit im Prozess des Lesens zuerst symbolisch und dann imaginär zu jenem »Bruder« oder zu jener »Schwester« werden, als die der Text – verstanden als kommunikatives Gewe-

103 Gemeint ist Michael »Bommi« Baumann (geb. 1948).

104 Gemeint ist Huey Newton (1942-1989), der im Oktober 1967 angeschossen und festgenommen wurde.

105 Auch Ulrike Meinhof verwendete diese rhetorische Figur, vgl. den ihr zugeschriebenen Text »Das Konzept Stadtguerilla«. Meinhof zitert Cleaver mit dem auch von den MC5 bekannten Zitat über Problem und Lösung. »Dazwischen gibt es nichts. [...] – sagt Cleaver«, so Meinhof, die sich auch gegen die »pigs« wendet (zitiert nach Juchler: 381). Zu Meinhof und ihrem Aufruf gegen den Konsum von Differenz vgl. auch Kapitel 3.

106 Vgl. dazu die Diskussion in der literaturtheoretischen Rezeptionsästhetik.

be in performativer Existenzform – ihn oder sie vorsieht.[107] Dass viele der entsprechenden Formulierungen und Begriffe wie gesehen tatsächlich aus den Texten »herausgewandert« sind, zeigt, dass sich einige der weißen Rezipienten in diesem Sinn in den schwarzen Diskurs einschreiben ließen. Die Übernahme von Fragmenten schwarzer Sprache stellt sich also als ein weiterer Zugangsversuch dar; gerade die Codierung afroamerikanischer Sprache, die unter weißen, deutschen Fans beim ersten Hören einer Formulierung die Aura des Geheimnisvollen evozieren musste, überlagert das »Verstehen« mit einem Communitasversprechen, wie es auch in anderen kulturellen Bereichen hervortrat.[108] Die Übernahme »schwarzer« Sprache fand freilich in unterschiedlich konzentrierter Form statt. Während in subkulturellen Kreisen wie dem »Blues« und vermutlich auch unter Soul-Musik-Adepten homologe Elemente unterschiedlicher »schwarzer«, stilistischer Ausdrucksbereiche nachgeahmt und angeeignet wurden, griffen andere, deren Lebensführung weniger subkulturell geprägt war, aus diesem Fundus nur einzelne Fragmente heraus.[109] Wurden nur Fragmente angeeignet, dann spielten die Übernahmen zwar ebenfalls häufig mit der Dynamik des Schwarz-Werdens, sie wiesen dabei aber eher einen ironischen Zitatcharakter auf.

Schwarze Körper: Bewegungen und Frisuren

Zu den Elementen des stilistischen Aneignungsprozesses, die aus den Kreisen des »Blues« heraus in breitere Kreise weisen, zählen die Körperhaltung und der Gang. Konnten die Vorbilder hier auch nicht so einfach aus bewegten visuellen Medien übernommen werden, wie dies heute der Fall ist[110], so bleibt doch zu fragen, inwiefern die lockere,

107 Die übersetzten Texte aus der Parteizeitung der BPP, die sich gelegentlich in der 883 finden, zählten zu den wenigen nicht durch die ideologische Brille des publizistischen Mainstreams gefärbten Quellen, die in der Bundesrepublik zugänglich waren. Tatsächlich verwendeten auch viele afroamerikanische Autoren und Aktivisten verwendeten Anredeformen wie »brothers and sisters« oder entsprechende »Ehrentitel« ohne ethnisch-kulturelle Exklusivität, erinnert sei an den Theologen und Kulturwissenschaftler Cornel West, der gern von »brother Schelling« spricht.

108 Ob dieses »Verstehen« je gelingen kann, oder ob hier nicht eher mit Derrida von einem ständigen Sich-Entziehen der Moments der Präsenz auszugehen ist, sei an dieser Stelle als theoretisches Problem zumindest erwähnt.

109 Ein Beispiel aus dem lexikalischen Bereich liefert Helmut Salzinger, der einen Autor der Zeitung »Die Welt« als »pig« bezeichnet und schwarzes Vokabular sonst vermeidet, wobei er sich ohnehin vor allem mit dem Arrangieren von Zitaten befasst.

110 Darauf verwies auch Reinders immer wieder: »Es gibt immer so eine eigene Jugendsprache... ich denke eher unbewusst, damals, heute machen

»amerikanisierte« Gangart, die Kulturhistoriker für die Nachkriegsjahrzehnte konstatieren, sich letztlich wieder als Form der *Afro*amerikanisierung herausstellt.[111] Auch das Tanzen zu schwarzer Musik gehört in diesen Zusammenhang.[112] Über die Jahrzehnte hinweg spielte in der Aneignung afroamerikanischer Kultur auch die Gestik eine gesonderte Rolle, da sie das entscheidende Medium der körperlichen Mimesis repräsentiert und eng mit der Idee des »Ausdrucks« verknüpft ist.[113] Neben der »expressiven« Gestik des Tanzens sind zu dieser Zeit insbesondere Begrüßungszeremonien von Bedeutung, denn die komplizierten, Zugehörigkeit und Ausschluss thematisierenden und zelebrierenden »handshakes« sind einerseits exklusiv, sie sind andererseits aber erlernbar. Stolz berichtet zum Beispiel Jörg Fauser in seinem Zeitroman »Rohstoff«: »Bramstein und ich besuchten Amikneipen, wo flotte Schwarze Billard spielten und radikale Sprüche klopften. Sie brachten uns ihren revolutionären Handshake bei« (Fauser 1984 S. 95). Auch in der Bundesrepublik war dabei die symbolisch aufgeladene Polit-Gestik als Begrüßungsritual medial besonders präsent, insbesondere die als »Black-Panther-Gruß«[114] bekannte, nach oben gereckte Faust, die durch Tommie Smith und John Carlos, zwei afroamerikanische Sportler, bei den olympischen Spielen 1968 popularisiert wurde (vgl. Van Deburg 1992: 90). Kröcher spricht in diesem Sinn von übernommenen Begrüßungsritualen, der BPP-Gruß sei beliebt gewesen, er selbst vom Auftritt bei den olympischen Spielen »maßlos begeistert«. Er habe dann zum Beispiel nach dem Massaker im Gefängnis von Attica Schwarze in Berlin mit dem Faust-Gruß und dem Ausruf »Attica!« begrüßt, wobei ihm die Geste im Umgang mit anderen weißen, antiautoritären Linken »zu nah am kommunisti-

sie's glaub' ich, bewusster [...] Es gab ja nicht diese Fernsehsendungen. Es wird ja heute immer so ein bisschen dargestellt, als ob diese ganze Rockmusik [...] permanent im Radio und Fernsehen lief. Das stimmt ja nicht.« (Interview)

111 Stilisierte Formen des Gehens spielten schon bei den afroamerikanischen »Zoot-Suiters« der 1940er Jahre eine größere Rolle. Die »lockere Art« des Gehens, wie sie in 1950er Jahren bei den US-amerikanischen GIs beobachtet wurde, kann – gerade im Gegensatz zum Ideal des »Zackigen«, in einen körperlichen »Informalisierungsprozess« eingeordnet werden.

112 Verweise auf spezifisch »schwarzen« Kleidungsstil sind dagegen – außer der nicht sehr eindeutigen Devise: »Lauft rum wie Bobby Seale oder Bankangestellte« (883 vom 13.11.1969) kaum zu finden (Vgl. in diesem Zusammenhang auch Schmidt 1998 über Zeichen der Linken wie Mützen, Buttons etc. und ihre vergemeinschaftende Funktion).

113 Dieser Zusammenhang reicht von der frühen Jazzbegeisterung und dem Wirbel um Josephine Baker und Louis Douglas bis zum zeitgenössischen HipHop.

114 Interview Kröcher.

schen« Gruß war.[115] Zahl berichtet von einer Begegnung mit einem schwarzen GI, den der Erzähler und seine Freunde in Sachen *Black Power* gewissermaßen übertrumpfen: »Der GI kommt uns entgegen, macht das Peace-Zeichen mit zwei Fingern der Rechten, grinst, als wir mit Panthergruß antworten.« (Zahl 1979: 149). Mitsamt dem obligatorischen gemeinsamen Pot-Rauchen, wie es bei Zahl und auch bei Fauser erwähnt wird, weisen diese Verbrüderungen Charakteristika von symbolischen Initiationen in Geheimgesellschaften auf. Aber auch in weniger esoterischen Kontexten wie bei großen Konzerten schwarzer Künstler übernahmen weiße Deutsche im Publikum die Black Power-Gestik.[116]

Als markantes Element der neuen Selbstbejahung in der afroamerikanischen Alltagsästhetik auf der Ebene des Körpers gilt der »Afro«, das eng gelockte, relativ lang gewachsene, gleichmäßig und dicht nach oben und zur Seite hin ausgewachsene beziehungsweise zurechtgeschnittene schwarze Haar. Vormals galt »ungebändigtes«, abstehendes schwarzes Haar als häßlich, so dass es die meisten schwarzen Frauen und Männer in einem oft schmerzhaften Prozess (»conk«) glätteten (vgl. Mercer 1994: 97-130; Davis 1998: 23-31).[117] Diese Disziplinierung des natürlichen Wuchses wurde nun als Ausdruck von Selbsthass denunziert. Der »Afro« fand über Plattencover, Fernsehsendungen und insgesamt durch die Übertragung US-amerikanischer Texte und Bilder Eingang in das Frisurenlexikon auch in Europa – in erster Linie als Besonderheit der Black Power-Bewegung. Auch in hiesigen Inszenierungen des Schwarzseins wurde der Afro eingesetzt, so zum Beispiel bei der Afri-Cola-Werbung mit Marsha Hunt. Wilp spielte auch hier mit zeit- und kontextspezifischer Körpersymbolik. Darüber hinaus ließen sich auch bestimmte »weiße« Frisuren – dichte, abstehende Locken – als »Afro« bezeichnen, wie bei Paul Breitner oder Rainer Langhans. Interessant ist, dass lockiges, abstehendes Haar in der Bundesrepublik explizit als »Afro-Frisur« wahrgenommen (und

115 Auch Charles M. Huber berichtet in seiner Autobiographie vom bleibenden Eindruck dieser Geste und von ihrer anstachelnden Wirkung, gerade in der Interaktion mit befreundeten (weißen) Linken (Huber 2004: 201).

116 So war in einer Besprechung eines Auftritts der südafrikanischen Sängerin Miriam Makeba in München in der Frankfurter Rundschau zu lesen, Teile des Publikums seien offenbar vor allem »zum Zwecke afrophiler Selbstbestätigung« erschienen. Festgemacht wird dieses Urteil an einer Szene: »Mit hochgereckter Faust dankte die südafrikanische Sängerin für Sympathiekundgebungen aus dem Publikum, die mit der selben eindrucksvollen Armbewegung dargeboten worden waren.« Den Rezensenten interessiert in erster Linie eine »eindrucksvolle Lektion zur Ethnologie Südafrikas«. Bernhard Wittek, »Black Power. Miriam Makeba in Münchens Deutschem Museum«, FR 10.4. 1969, APO-Archiv.

117 Die Fahndungsbilder von Angela Davis spielten bei der Popularisierung des »Afro« eine wichtige Rolle; in der Blaxploitation-Ästhetik ist der Afro nicht wegzudenken

nicht etwa nur als lockiges, abstehendes Haar) und – freilich nicht in der gesamten Gesellschaft – gerade deshalb als erstrebenswert und attraktiv betrachtet wurde.[118]

Zwischen den Veränderungen in der afroamerikanischen Körperästhetik und in den weißen Gegenkulturen herrschen auch hier Korrespondenzen, denn mit ihren langen Haaren brachen die weißen Gammler, Rocker, Hippies und Intellektuellen ebenfalls die Konventionen der Körperästhetik zugunsten einer vermeintlich »ungebändigten« Natürlichkeit.

Abbildung 9: Anzeige, in: 883 Nr. 57, 24.4 1970
Abbildung 10: Flugblatt von Frauengruppen, Frankfurt am Main, März 1970 (Archiv APO und soziale Bewegungen)

Nicht nur mit ihrer Rhetorik, auch mit ihrem Namen und dem zugehörigen politischen »Logo« praktizierten die »Black Panthers« eine Symbolpolitik, die auch insofern erfolgreich war, als der Panther mit seinen Attributen von Kraft bis geschmeidiger Eleganz, aber eben auch mit seinen »schwarzen« Ursprüngen, von verschiedenen anderen Gruppen aufgegriffen wurde, was zu einer »Wanderung« des sich in diesem Prozess immer wieder verändernden Panther-Icons durch un-

118 Der »Scenen Reader 1972« führt aus, warum Walter Hartmann der »Underground-Mensch par excellence« sei: in erster Linie wegen seinem »irre[n] Slang« und »seine[r] bösartige[n] Afro-Look-Frisur« (127); auch in verschiedenen Werbungen (z.B. »Topset«) und in »1 Berlin Harlem« kommen weiße Pseudo-Afros vor; vgl. auch den späteren Song der »Ärzte«: »Ich will den Afro von Paul Breitner«; vgl. den Kommentar in *twen*: »Während sie früher von glattem Blondhaar der Weißen träumten, lassen sich jetzt schon glatte Blonde auf kraus toupieren.« (twen März 1970: 81)

terschiedliche politische und schließlich kulturindustrielle Bildwelten führte. Dabei verschob sich die semantische Schwerpunktsetzung.

Schwarze Bilder: Panther-Metamorphosen

Das erste Panther-Bild entwarf die »Lowndes County Freedom Organization«, als sie sich um 1966 zur »Black Panther Party (Alabama)« erklärte. Ein Beteiligter beschrieb die Bedeutung des Panthers damit, dass das Tier nur angreife, wenn es in die Ecke gedrängt ist: »He never bothers anything, but when you start pushing him, he moves backwards, backwards, and backwards into his corner, and then he comes out to destroy everything that's before him.« (Zit. nach Juchler: 109).[119] Zugleich war die afrikanische Herkunft des Tieres von Bedeutung, und nachdem die BPP ihren Schwerpunkt nicht mehr im ländlichen Süden, sondern in Oakland und anderen Städten hatte, bot sich auch eine Verknüpfung mit Bildern des städtischen Dschungels an.

Abbildung 11: Der »Ur-Panther«, 1966

Aus der BPP-Zeitung wanderte das so encodierte Bild als Kopiervorlage in die Zirkel der europäischen Solidaritätsaktivisten, die es auf Plakate und Transparente malten und in ihren Blättern abdruckten.

119 Vgl. zum Panther als Wappentier der Selbstverteidigung auch Van Deburg 1992: 157f. Nicht umsonst hieß die BPP ja Party for Self Defense. Bemerkenswert ist ohnehin die Abkehr von politisch-technokratischen (z.B. »Southern Leadership Coalition«) oder religiös-nationalistischen (»Nation of Islam«) Benennungen, vor deren Hintergrund die »Partei der schwarzen Panther« umso innovativer wirkt.

Abbildung 12: Flugblatt des Black Panther-Solidaritätskomitees Frankfurt anlässlich des Besuchs von Eldridge Cleaver (»Deckname« Big Man)

Mit »Big Man« ist hier wohl Eldridge Cleaver gemeint, im Zusammenspiel mit der Abbildung verbinden diese Worte freilich animalische Angriffslust und schwarze Maskulinität.

Abbildung 13: »Die Rote Armee aufbauen«, in: 883 Nr. 62, 5.5. 1970

Diese prominent platzierte Illustration – es handelt sich um das erste Manifest der RAF – ist besonders bemerkenswert. Für die Überschrift und die Gleichsetzung von Roter Armee und schwarzem Panther ist vermutlich allerdings die Redaktion der 883 verantwortlich.[120] Ansonsten findet sich der schwarze Panther auf den Seiten der 883 immer wieder als Dekorationselement.[121] In der »Fizz«, wo sich eine »White Panther-Schulung« über mehrere Ausgaben erstreckt, wird dagegen der weiße Panther eingesetzt.

Im Gegensatz zu diesen direkten Übernahmen, die unmittelbare Äquivalenzen in Sachen Politik und Lebensgefühl suggerierten, fügten

120 Die Gleichsetzung von Roter Armee und schwarzem Panther ist eventuell auch als eine Art Seitenhieb gegen den Leninismus der RAF zu verstehen, denn in dieser Frage herrschte zwischen dem Blues-Umfeld der 883 und der RAF keine Einigkeit. Andererseits bezogen sich auch RAF-Mitglieder und Unterstützer immer wieder auf die BPP (s.u.).

121 Vgl. zur Ästhetik der Undergroundblätter Schwanhäußer 2002.

die Berliner »Haschrebellen« dem Panther auf einem Flugblatt einen Joint, Hippie-Blumen und weibliche Lippen hinzu. Ihr Kifferhumor produzierte an dieser Stelle sowohl eine Identifizierung und Analogisierung als auch eine bemerkenswerte ironische Brechung des Männlichkeitskultes der BPP.

Abbildung 14: »Die militanten Panthertanten«, aus einem Flugblatt der »umherschweifenden Haschrebellen« (1969), nachgedruckt auch in Baumann 1980, S. 54

Der bereits angesprochene »weiße Panther«, graphisch ein Negativ des schwarzen, entstand in der Gruppe um John Sinclair und wurde von den angesprochenen »Chapters« in England und der Bundesrepublik adaptiert.[122] Das Original – weiß auf schwarz – wurde auch als Button getragen.

Abbildung 15: Briefkopf, 1972 (Privatarchiv N. Nowotsch)

Abbildung 16: Illustration zum »10-Punkte-Programm« der »White Panther Party« in der Undergroundzeitschrift »Honk« (Privatarchiv N.N.)

Dass im zuletzt angeführten Flugblatt nur der Kopf des Panthers zu sehen ist und nicht etwa sein Körper, passt zu der »White Panther«-

122 Das Negativ als Visualisierung findet nicht nur in der politischen Afroamerikanophilie Verwendung (vgl. Kapitel 2).

Adaption dieses Grüppchens, die eher auf die entstehende Alternativbewegung verweist als auf Militanz.

Während das Panther-Icon bei all diesen Aneignungen in seiner Herkunft als »schwarz« codiert blieb und ohne diese Herkunft nicht eingesetzt worden wäre, löste sich die Bezeichnung »Panther« an anderen Stellen auch vom Rahmen der schwarzen Emanzipationsbewegung.[123] Zugleich war der Panther nicht nur ein politisches Symbol, sondern auch ein Pop-Zeichen im Sinne eines rekontextualisierbaren Signifikanten. Die Plattenfirma Philips verwendete den Panther 1975 zum Beispiel für das Cover ihrer Mainstream-Soul-Zusammenstellung.

Abbildung 17: Philips LP-Compilation »Super Soul Sensation«, »Black Pop '75«

Hier ist der Panther muskulöser und trägt eine Art schwarze Europa auf dem Rücken. Jeglicher politischen Botschaft ist er verlustig gegangen.[124]

Dieser Zyklus, die Wanderung eines ethnisch und politisch encodierten Zeichens durch verschiedene weiße Welten und durch die Popkultur scheint das klassische Modell der kommerziell-systemischen »cooptation« politischer Inhalte und lebensweltlich-symbolischer Kreativität vorzuführen.[125] Obwohl vieles an diesem Modell plausibel ist, darf nicht vergessen werden, dass auch hier – und bei vielen anderen Elementen schwarzen Stils – gilt, was George Lipsitz über weiße Aneignungen von Reggae sagt: Es gibt immer auch so etwas wie die »in-

123 Man denke nur an die »Grauen«...

124 Die BPP war zu diesem Zeitpunkt durch geheimdienstähnliche Unterwanderung, polizeiliche Morde und durch ideologische Selbstzerfleischung weitgehend bedeutungslos geworden. Vgl. Finzsch 1999; Van Deburg 1992.

125 Zum Begriff der »Co-optation« vgl. auch Van Deburg 1992 und Frank 1998.

terne Autorität der Zeichen«, die das Spektrum möglicher Lesarten begrenzt: »Natürlich können alle Bilder und Images falsch angeeignet werden, aber sie haben auch alle eine interne Logik, die Richtlinien für angemessene Lesarten enthält, die sich als ›richtig‹ oder ›zutreffend‹ verteidigen lassen.« (Lipsitz 1999: 171).[126] Das Politische war eine irreduzible Determinante der Afroamerikanophilie, auch in anderen Feldern als in der »Solidaritätsarbeit«. Auch im Soul-Sensation-Panther steckten noch Verweise auf die Black Power-Bewegung, deren Bedeutung ihrerseits nicht bei der programmatischen Politik stehenblieb. Von Anfang an fand der schwarze Panther gerade wegen seiner Affinität zu Mechanismen des »Brandings« und der Werbung derart weite Verbreitung.

Während die Übernahme von Attributen des Schwarzseins im Berliner »Blues« im Rahmen einer gegenkulturellen Ästhetik stand, so zeigt sich hier zugleich, dass diese Ästhetik über enge gegenkulturelle Kreise hinauswies. Dennoch blieben neben der größeren Kohärenz der symbolischen Formen zwei erhebliche Unterschiede zu den Repräsentationen in populärkulturellen Medien bestehen. Während im »Mainstream« sexualisierte Bilder schwarzer Frauen hohe Konjunktur hatten (vgl. Kapitel 1 und 3), griff man sowohl in der Gegenkultur als auch im politischen Aktivismus (GI-Widerstand und »Blues«) Bilder schwarzer Männlichkeit und Potenz heraus.[127] Einerseits entsprach diese Anknüpfung an die Black Power-Bewegung deren interner Logik, spielte Emanzipation schwarzer Männer hier doch die zentrale Rolle. Andererseits war damit, wie u.a. die polizeiliche Angst vor militanten schwarzen GIs zeigt, auch im Kontext der Bundesrepublik eine sehr viel stärkere Irritation der hiesigen symbolischen Ordnung verknüpft, die positive Bilder rational handelnder schwarzer Männer, welche zugleich die Gerüchte über ihre Potenz und Aggressivität über zu erfüllen schienen, nicht vorsah.[128]

---

126 Der Autor argumentiert hier gegen Hebdiges Kritik der weißen Aneignungen von Rastafari-Kultur.

127 Nachdem im »Report aus München« Eldridge Cleaver von Dagobert Lindlau interviewt wurde, konstatiert die »883« die argumentative Niederlage des Journalisten und feixt: »Kein Wunder, interviewt Onkel Dagobert doch sonst nur impotente Krawattenträger und dunkle Anzüge aus Bonn« (883 5.3.1970, 12) Zahl präsentiert z.B. Muhammad Ali (auch ein Fotoobjekt von Wilp!), der gerade Sonny Liston niedergeschlagen hat. Darüber steht: »WIR ROTEN RATTEN SIND KEINE PINSCHER«. (Peter Paul Zahl, Die Barbaren kommen. Lyrik und Prosa. Hamburg: MaD Verlag Lutz Schulenburg, 1977).

128 Diese Übererfüllung ist z.B. in Cleavers Texten offensichtlich. Folgender Spruch war, so Ralf Reinders, keinesfalls in erster Linie ironisch gemeint, sondern verspottete die sexuelle Leistung der weißen Männer, denen die schwarze Potenz entgegengesetzt wurde: »Der Neger kann gut vögeln / Und auch die pigs vermöbeln. / Und dann noch ist der Neger / ein guter Bombenleger. / Internationalismus hurra!!« (Flugblatt und Aufkleber,

Schwarze Strategien

Die Bezugnahme auf die Black Panther Party mit ihrem aggressiven Auftreten und ihrer Symbolik der Militanz fügt sich in den späteren Jahren »Blues« in die vermeintlich homologe politische *Strategie* des bewaffneten Kampfes der Stadtguerilla, die sich auf die Nachbarschaft der Deklassierten stützen kann. »Die Methoden, wie sie von den Black Panther in Harlem praktiziert werden, haben uns agitiert«, schreibt »Bommi« Baumann. »Jede Arbeit wurde immer öffentlich ausgetragen und war meistens orientiert an dem Black Panther-Modell in Harlem oder Berkeley.«[129] Diese Einschätzung war sicherlich übertrieben. Was »Solidarität mit den Black Panthers« praktisch bedeutet, ob sie finanzielle und pressemäßige Unterstützung oder auch analoge, die kulturelle in strategische Äquivalenz umwandelnde Praxisformen beinhalten solle, blieb zwischen den linken Fraktionen der Bundesrepublik heiß umstritten. Bei einem Berliner Black Panther-Teach-In hieß es 1970 im Papier der »Schwarzen Zellen«:

> Solidarität mit der Black Panther Party beweisen wir, indem wir so solidarisch sind wie die Panther und – den Umständen angemessen – *kämpfen* wie sie. Und wie die Organisationen, die mit den Panthern zusammen in Babylon im antiimperialistischen Kampf stehen! [...] Wenn wir ernsthaft vorhaben, mit den Black Panthers Solidarität zu üben, bedeutet das, dass wir von ihnen lernen. Lernen, dass auch und gerade die Panthers öffentliche Treffen dazu benutzen, die Getroffenen, Geschlagenen des Systems selbst herauskriegen zu lassen, wer ihr Feind ist und wie er heißt. Lernen, dass es eine echte ›große Koalition‹ geben kann, nämlich die von denen, die Opfer des mörderischen Systems sind. In den Staaten: Schwarze, Rote, Mexikaner, Puertorikaner, Frauen, Homosexuelle u.a. [...] Lernen, dass gerade die Revolutionäre sich der Massen annehmen, die infolge der Zerrüttung des kapitalistischen Systems aus diesem herausfallen: der Vorbestraften, der Fixer, der Kriminellen, der ganz und gar Kaputten. (883 Nr. 73, 24.12.1970).[130]

Andere Redner wandten sich gegen diese Übertragungen, weil sie darin »romantische Identifizierungen« (883, a.a.O., Entgegnung auf die »Schwarzen Zellen«) und eine den hiesigen Verhältnissen nicht angemessen Strategie erkannten. Dies ist nicht der Ort, um die Strategie- und Fraktionskämpfe zwischen maoistischen und leninistischen

»Kommando Valerie Solanas, Frauenbefreiungsfront«, agit 883, April 1970).

129 Baumann 1980: 55. Gemeint ist hier u.a. die »Agitation« von Drogensüchtigen und die Agitation bei Popkonzerten.

130 Vgl. die ausführliche Diskussion in 883 beim Black Panther Solidaritäts Teach In, 10.12. 1970. Das unmittelbare Analogon seien aber in erster Linie Gruppen wie Weatherman.

K-Gruppen, Antiautoritären und Antiimperialisten nachzuzeichnen. Wichtiger als die Details dieser organisatorischen Unterscheidungen ist an dieser Stelle der Umstand, dass sich der dezisionistische Gestus, der für die »Stadtguerilla« charakteristisch war, direkt auf Black Power bezieht[131], so auch in diesem Dokument, das dem SDS vorwirft, nicht zur revolutionären Tat zu schreiten:

> Für sie hat die Verehrung und Zustimmung ausländischer fortschrittlicher Bewegungen dieselbe Funktion wie für einen Popen der Garten Eden. Alles Gute und Wichtige wird in der Ferne betrachtet und nicht herangelassen. *Das Paradies, Black Power, die internationale Befreiungsfront, die himmlischen Heerscharen,* das alles darf sich in Deutschlands Warenhäusern nicht sehen lassen, damit können nur unsere Polizisten etwas anfangen, unsere Richter spüren, was los ist – der SDS kommt nicht mehr mit. (Artikel über Inhaftierung von Ensslin, Baader, Proll, Söhnlein. In: Sander/Christians 1969, meine Hervorhebung).

Das Paradies zu erreichen, »Babylon« zu verlassen, heißt dieser Vorstellung zufolge, der Black Power-Bewegung zu folgen, indem die politisch bislang noch nicht gegebenen Äquivalenzen so hergestellt werden, wie es Baader et cetera vorgemacht hatten: durch zerstörerische, symbolische, bewaffnete Aktionen. Solche Lesarten konnten sich durchaus auf die »interne Logik« der Black Power-Bewegung stützen, die die Welt in die beiden Lager »Problem« und »Lösung« aufteilte. Fraglos hat sich die Stadtguerilla als strategische Sackgasse und moralisches Desaster erwiesen, sie soll hier weder beschönigt noch übermäßig kulturalisiert werden. Erst der kulturelle Hintergrund und die Vielfalt seiner alltäglich verkörperten Formen machen aber erklärbar, warum die »romantischen Identifizierungen«, die sich mit der expliziten Strategie verbanden, überhaupt eine derartige Plausibilität erreichen konnten – in radikalen Kleingruppen und darüber hinaus.

»Die Stimmung im Ghetto [...] war einem großen Familientreff vergleichbar«, so heißt es in einem ekstatischen Bericht eines deutschen Austauschstudenten von einer Veranstaltung der Black Panther Party und anderer Gruppen, dem Revolutionary People's Constitutional in Philadelphia, der in derselben Ausgabe der *883* abgedruckt ist wie die Diskussionspapiere des Teach-Ins (883 Nr. 69, 16.10.1970: 5, »Bericht und Materialien vom Revolutionary People's Consti-

131 Vgl. auch ein Flugblatt (Berlin, wohl zum 10.12. 1970) für die Änderung der Demonstrationsroute, die am Gefängnis in Moabit vorbeiführen solle. »Wer für Bobby Seale und Angela Davis demonstriert und nicht für die 24 politischen Gefangenen hier demonstriert, demonstriert auch nicht für Bobby Seale und Angela Davis. Genossen! Verhindert, dass die Black Panther Party beschworen wird, um die eigene Angst vor dem Feind und die politische Demoralisiertheit zu bemänteln. Die Solidarität mit der Black Panther Party findet im Kampf statt!«

tutional vom 4.-7.9.70 in Philadelphia für die Genossen in W. Berlin und West-Deutschland.«). Die Reden der Black Panthers wirkten wie »ein einziger tausendfacher Orgasmus« (ebd.). Einmal mehr repräsentiert die schwarze »Community« das Ideal einer organischen, kulturell integrierten und zugleich durch und durch politisierten Gemeinschaft. »An die Häuserwände waren alle paar Blocks Ausgaben der Panther-Zeitung geklebt, die Kinder riefen den Vorübergehenden zu: Right on. The Power to the People. Nachts spielte eine Band in den Straßen [...] überall standen Gruppen oder saßen auf den Treppen der Hauseingänge.« Wer hätte nicht dazugehören wollen?

SOLIDARITÄT ODER SYMBOLISCHE KONTROLLE?

Ganz im Sinne des normativen Anspruchs der *Cultural Studies* bemüht sich Kobena Mercer in seinem Text über das weiße Interesse an schwarzer Kultur um 1968, kulturanalytische Unterscheidungskriterien zu etablieren, um die politischen Effekte von Identifikation und Mimesis zu beurteilen.[132] Er schlägt vor, Nachahmungen, die einem »Kontrollwunsch« entspringen, von Identifikationen zu unterscheiden, »die auf Allianzen basierten, die neue Formen politischer Solidarität geschaffen haben« (Mercer 1994: 304). Als in diesem Sinne positives Beispiel nennt Mercer den französischen Schriftsteller Jean Genet, der einige Zeit lang mit der Prominenz der Black Panther Party als »ein Anderer unter Anderen« (ebd.) lebte.[133] Den Gegensatz dazu machen ihm zufolge Imitation und Parodie aus, die distanzierte Angleichung und imaginäre Kontrolle bedeuten: Mercer nennt hier die White Panther Party und die MC5 als »almost parodic imitations of black subjectivity«.[134]

Fragen wir also nach der politischen Wirksamkeit der Afroamerikanophilie in der westdeutschen Linken und in der Gegenkultur.

Der Versuch, Mercers Unterscheidungskriterien an das vorliegende Material – inbesondere den Berliner »Blues« – anzulegen, muss jedoch allen oberflächlichen Gemeinsamkeiten zum Trotz letztlich

132 Lipsitz spricht ganz ähnlich von »Formen transkultureller Identifikationen«, die »emanzipatorischen Zwecken« dienen (1999: 106).

133 Die auch hier unleugbare libidinöse Dimension habe in diesem Fall aber nicht zu Exotismus, sondern »zu einer radikal anderen Subjektposition, der es nicht darum geht, Differenz zu beherrschen oder sich anzugleichen, sondern die im Gegenteil von einer gleichrangigen Position aus spricht, die Teil eines gemeinsamen Kampfes um die Dekolonisierung althergebrachter Subjektivitätsmodelle ist.« (Ebd.)

134 Er nennt die White Panthers als Beispiel, ähnlich argumentiert hooks mit Blick auf die Popkultur in »Madonna – Soul Sister or Plantation Mistress« (1992).

scheitern.[135] Imitation und Zusammenarbeit lassen sich kaum trennen, zudem fehlten die Gelegenheiten einer realen Zusammenarbeit zwar nicht gänzlich, mussten aber doch von Anfang an stärker hinter der imaginären Komponente zurückstehen als dies bei Genet der Fall war. Andererseits kann man diese Distanz den afroamerikanophilen Protagonisten kaum zum Vorwurf machen, ergriffen sie doch – wie gezeigt – jede sich bietende (oder auch nicht bietende) Gelegenheit, »new forms of political solidarity« (Mercer 1994: 303) hervorzubringen. Ihr Ziel war dabei ohnehin über weite Strecken – durchaus in Einklang mit den Vorstellungen zum Beispiel der Black Panther Party – nicht die direkte Zusammenarbeit, sondern die Schaffung eines Äquivalents vor Ort. Wie gezeigt hatte ihr »Afroamerika« in erster Linie imaginären Charakter, doch bedeutet dies nicht, dass sie zum Beispiel die Direktiven der BPP nicht respektiert hätten – im Gegenteil.

Welche Rolle ein »Kontrollwunsch« in Bezug auf eine als konkurrierend empfundene schwarze Männlichkeit gespielt haben mag, lässt sich kaum mehr ermitteln. Das von Mercer gerade *nicht* durchweg denunzierte »ambivalent intermixing of eroticism in the political desire for solidarity and ›community‹« (Mercer 1994: 304) verwischt die gewünschte Unterscheidung ohnehin. Jean Genet, sein exemplarisches »weißes« Subjekt, eignet sich zudem schon aufgrund seiner eigenen Erfahrungen mit Diskriminierung zum Wahlmitglied der afroamerikanischen Bewegung: Als ehemaliger Krimineller, Stricher und Schwuler war er in einem viel grundlegenderen Sinn ein Außenseiter, ein nicht allein aus freien Stücken »Anderer« als die weißen, deutschen »Proletarier« des Blues. Mercer schreckt jedoch zurecht davor zurück, den Zugang zu dem, was er »elective community«[136] nennt, explizit an eine minoritäre Herkunft zu binden, weil damit der Weg zu politischen und kulturellen Allianzen verbaut wäre.[137]

Zu den offenen Fragen zählt weiterhin, wie »schwarze« Deutsche – eine kleine, heterogene, aber deswegen nicht vernachlässigenswerte Gruppe – diese Aneignungen afroamerikanischer Kultur durch ihre »weiße« Umgebung wahrnahmen und wie sie sich dazu verhielten.[138]

135 Hier geht es um die politischen Effekte der Afroamerikanophilie in ihren jeweiligen Kontexten, gemessen vor allem an antirassistischen Idealen, nicht um die allgemeine Einschätzung z.B. der »Stadtguerilla«. Das wäre ein anderes Thema.

136 Der Begriff verweist auf die oben angedeuteten kulturellen Wahlverwandtschaften (engl. *elective affinities*).

137 Ganz ähnlich Lipsitz 1999: 115 und 141.

138 Vgl. dazu auch El-Tayeb 2004b: »Schwarze Deutsche gelten im Kontext der Populärkultur als hip, kreieren einen optischen Amerikanismus, machen alles cooler. Hier zeigt sich allerdings schon die Widersprüchlichkeit dieser neuen Präsenz: Sie rückt einerseits die Existenz Schwarzer Deutscher erstmals massiv ins Zentrum der Aufmerksamkeit der Gesamtgesellschaft, reduziert sie andererseits aber wieder auf die alten Klischees

Eine weitergehende Forschung zum Thema Afroamerikanophilie müsste diese Dimension, u.a. mittels biographischer Interviews, herausarbeiten und divergierenden Perspektiven auf das kulturelle Imaginäre thematisieren. Dass die »weiße« Begeisterung für afroamerikanische Kultur nicht nur als Zumutung empfunden wurde, dokumentieren die Erinnerungen von Charles M. Huber, der als Sohn eines (schwarzen) Afrikaners und einer (weißen) Deutschen in der bayrischen Provinz aufwuchs: »Der Look der ›Panther‹ war cool. Ich hatte mich in die Literatur ihrer Protagonisten eingelesen. Die Tatsache, dass die Schwarzen in Amerika ein neues Selbstbewusstsein entwickelten, gab mir einen Schub, ich wollte es ihnen gleichtun und mich auch äußerlich mit ihnen solidarisieren.« (Huber 2004: 201).[139]

von Entertainer, Musiker, Ersatz-Amerikaner.« (S. 407, ähnlich argumentiert Mbakwe 2004)

139 Wie bereits erwähnt wurde Huber von älteren, weißen Mitschülern geradezu zum Cleaver-Lesen gedrängt.

Theorien von Subjektivität und Identifikation um 1968

Die vorangegangenen Kapitel hatten eine doppelte Ausrichtung: zum einen ging es um die detaillierte *Darstellung* von »Afroamerikanophilie« in der Bundesrepublik um 1968 zwischen politischer Solidarität, massenkulturellen Bildproduktionen und der Aneignung populärer Musik. Damit wurde ein bislang weitgehend vernachlässigter Aspekt in der Geschichte von Gegen- und Populärkultur in einem historischen Moment beschrieben. Zum anderen wurde kultur*analytisch* nach kulturellen Logiken, nach »feldübergreifenden Effekten«, Themen und Kontexten sowie nach ihren politischen Dimensionen gefragt. Damit sollte einerseits ein bestimmtes Modell von Kulturanalyse konkretisiert, andererseits ein zeitdiagnostischer Beitrag geleistet werden.

Zugleich enstanden dabei immer wieder Fragen systematischerer Natur, die dem Vorhaben, »Afroamerikanophilie« um 1968 zu untersuchen, keinesfalls äußerlich sind, da die Konstruktion des Gegenstands theoretischer Anstrengungen bedarf und die Selbstdeutungen verschiedener Akteure immer schon mit theoretischen Diskursfragmenten operieren. Welche Voraussetzungen, welche Annahmen stecken zum Beispiel im Begriff der Identifikation? Was deckt er ab, was entgeht ihm? Ist »sich identifizieren« tatsächlich ein etischer Begriff für das, was emisch »feeling haben« hieß, oder war damit nicht mehr und anderes gemeint? Wie hängen psychische Identifikationsprozesse, alltägliche Praxen der Stilisierung, Medienaneignung, körperliches Empfinden, Fantasien, diskursive Selbstdeutungen und künstlerische Performance zusammen, inwiefern bleiben sie unterscheidbar? Solche Fragen stellen sich, sobald die Sprachspiele der Akteure und der Theoretiker ihre Selbstverständlichkeit, ihre Vertrautheit verlieren.

Sie entstehen aber nicht nur in der retrospektiven Kulturanalyse, sie wurden auch von den Akteuren um 1968 debattiert. Um diese Debatten geht es im folgenden Kapitel, das eine Annäherung an die theoretische Problematik mittels zeitgenössischer Quellen versucht, ohne eine tatsächlich »systematische« Antwort im Sinne einer allgemeineren Theorie der Identifikation, Aneignung, Nachahmung und des »Werdens« anzustreben. Dabei werden drei Aspekte herausgegriffen, die diskursive Ordnungen und »Fluchtlinien« sichtbar machen.

Erstens ist dies eine *moralische* Ordnung, die sich im Zusammenhang der Afroamerikanophilie an die Frage nach einer weißen »Schuld« und damit zugleich an die Frage nach der Rechtfertigung verschiedener Typen des Sich-Identifizierens knüpft. Zweitens geht es, eng damit verbunden, um konkurrierende Entwürfe des Verhältnisses von *Rationalität und Emotionalität* im Diskurs um Afroamerikanophilie, denen anhand der Frage, inwiefern es sich hier um die Suche nach »Authentizität« oder nicht vielmehr um die Suche nach neuen »Mythen« handelt, nachgegangen wird. Drittens steht ein radikales theoretisches Modell zur Debatte, das ausgehend vom »Minoritär-Werden« – für das das »Schwarz-werden« paradigmatisch steht – den Versuch unternimmt, *Affekte und Intensitäten* zum Programm zu erheben. So unterschiedlich diese Diskurse sind, konvergieren sie doch in der Suche nach einer »neuen Subjektivität« und umreißen deren Konturen.

DAS UNBEHAGEN IM WEISSSEIN UND DIE FRAGE DER SCHULD

Setzt man bei den Quellen an, dann ragt aus den zeitgenössischen Selbstdeutungen sofort ein Begriff heraus, der die Distanzierung vom eigenen Weißsein beinahe schon zur moralischen Notwendigkeit zu machen scheint: die »Schuld«. So schreibt Eldridge Cleaver über den »jungen Weißen«: »Die entsetzlichen Taten, deren sich seine Leute schuldig machen, scheinen kein Ende zu nehmen. SCHULDIG. Die Ermordung der Juden durch die Deutschen, der Abwurf der Atombombe auf das japanische Volk – schwer lasten diese Taten auf dem gedemütigten Geist und dem unruhigen Gewissen der weißen Jugend.« (Cleaver 1969: 99). Erst vor dem Hintergrund dieses moralischen Schuldspruchs mit seinen psychologischen Konsequenzen erklärt sich nach Cleaver ihre Liebe zur schwarzen Musik.

Im US-amerikanischen Kontext bekannte sich vor allem die Weatherman-Fraktion[1] (im Gegensatz zum Beispiel zur White Panther Party) zu einer doppelten Schuld, die einerseits im eigenen »white skin privilege« begründet liege und andererseits darin, als Staatsbürger für den »Imperialismus« der USA und seine aktuellen Gräueltaten in Vietnam mitverantwortlich zu sein.[2]

1 Vgl. z.B. Juchler 1996: 120, 337-342, 353.

2 Im Gegensatz zu späteren, eher in den 1980er und 90er Jahren erstarkten Diskussionen um »white skin privilege« stand bei Weatherman weniger ei-

Von dieser Position abgesehen findet sich das Schuldmotiv zeitgenössisch in erster Linie in kurzen Schnell-Analysen. So rückt der Autor einer Rezension eines Konzertes von Miriam Makeba die Black-Power-Gesten aus dem (vorwiegend weißen) Publikum in den Kontext »weiße[n] Schuldgefühl[s]« – ohne freilich näher zu erläutern, was damit gemeint sei und wer sich hier tatsächlich für was schuldig fühlt (Bernhard Wittek, »Black Power. Miriam Makeba in Münchens Deutschem Museum«, Frankfurter Rundschau vom 10.4. 1969, Ausschnitt APO-Archiv).

»Schwarz-Werden« also als moralischer Fluchtweg aus der weißen Schuld? Die Erklärungskraft dieser These ist begrenzt. Eine so verstandene »Schuld« würde schließlich voraussetzen, dass sich ein Subjekt zuerst einmal bewusst zu einem Kollektiv der Weißen (»seine Leute«, Cleaver) zählt. Freilich steht dies gerade in Frage, einerseits auf der »welthistorischen« Ebene (ob junge Amerikaner sich tatsächlich für den Holocaust verantwortlich fühlten? Fühlen sollten?), andererseits auf der Ebene der populärkulturellen Identifikationen. Denn selbst wenn aufgeklärtere Weiße eine allgemeine, welthistorische weiße Schuld anerkannt haben mochten, bedeutete das gerade bei Jugendlichen mit Vorlieben für schwarze Kultur noch lange nicht, dass auch die eigene Person tatsächlich als »weiß« verstanden wurde, im Gegenteil kam hier gerade die Äquivalenzlogik ins Spiel, die es möglich machte, andere Attribute der eigenen Subjektivität in den Vordergrund zu rücken. Auch die Bemühungen von Eric Burdon, die eigene »Sichtbarmachung« als Weißer rückgängig zu machen, zeugen davon, dass für Afroamerikanophile immer nur die anderen tatsächlich in diesem negativen, belasteten, mit Schuld verbundenen Sinn »weiß« sind.

Zudem zeichnen sich Zugehörigkeiten und Schulddiskurse, die mit der kulturellen Konstruktion des Weißseins zusammenhängen, nur vor lokal spezifischen Konfigurationen ab, sie sind (trotz ihrer »globalen« Dimension) auch an nicht zuletzt nationalstaatliche Geschichts- und Identitätsverständnisse gebunden: Analytisch wäre es deshalb unsinnig, Konzeptionen des »Weißseins« in Deutschland mit ihren US-amerikanischen Entsprechungen schlicht in eins zu setzen, spielte das

ne Hinterfragung der eigenen Privilegien auf dem Programm als eine symbolische, politische wie kulturelle Vereinigung mit den Unterprivilegierten, eben ein aktivistisches Schwarz-Werden (vgl. Juchler 1996: 337). Vom letzten SDS National Council, der Ende Dezember 1969 in einem »schwarzen« Viertel von Flint, Michigan stattfand, wird berichtet: »Bezeichnend für die Gespräche und Diskussionen der rund 400 Teilnehmer waren deren dabei zutage tretende Schuldgefühle. Nach Ansicht der Weathermen lebten die ›Weißen‹ in den Vereinigten Staaten auf Kosten der Dritten Welt sowie der ethnischen Minderheiten in den USA [...]. Im Zusammenhang mit der Diskussion um das ›white-skin privilege‹ wurde auf dem ›Kriegsrat‹ auch die Frage aufgeworfen, ob das Töten von ›weißen‹ Babies ›korrekt‹ sei« (Juchler 1969: 342).

»Weißsein« für deutsche Identitätsfragen historisch doch eine andere Rolle als in den USA. Die Rede vom »weißen Deutschland« hat zwar eine eigene Geschichte (vgl. El-Tayeb 2001), doch ist die »weiße Haut« im Unterschied zu den USA eher stillschweigende Voraussetzung als Dominante im Diskurs nationaler Identität. In der Bundesrepublik um 1968 hatte sich dafür jede Debatte um »Schuld« in erster Linie mit Nationalsozialismus, Krieg, Antisemitismus und dem (freilich noch nicht so bezeichneten) Holocaust auseinanderzusetzen.

Tatsächlich hat die argumentative Figur einer »nachholenden Résistance«[3] bekanntlich gerade in retrospektiven Betrachtungen der Studentenbewegungsprotagonisten hohe Konjunktur: Es habe gegolten, vor dem Hintergrund imperialistischer Kriege ein neues Schuldigwerden abzuwenden.[4] Sowohl die antiimperialistische Strategie als auch Rhetorik und Imaginäres des »Blues« verdeutlichen ein Problem, das aus dieser Gemengelage von Analogie und Identifikation erwachsen konnte. So wird der afroamerikanische Deserteur Jeff in der Fluchthilfeepisode in Zahls *Die Glücklichen* in längeren Dialogen mit den jüdischen Opfern des Nationalsozialismus analogisiert. Seine Fragen (»Sind wir die neuen Juden? [...] Ist Vietnam unser Auschwitz?«, Zahl 1979: 316) und die abschließende Bemerkung des Erzählers, der den fiktiven Passinhaber Kwadwo Dolowo, dessen gefälschtes Dokument mehreren Personen zur Flucht verhilft, als »ewige[n] Schwarze[n]« charakterisiert, speisen sich aus dem allgemeinen Fundus moralischer Bilder und Argumente der Nachkriegszeit.[5] Der Opferstatus der Schwarzen wird gemessen an dem der Juden.[6]

---

3 Vgl. Juchler 1996: 353-363. »Von Schuld der rechten Väter wollten sich die moralischen linken Kinder abtrennen. [...] Logisch endete sie bei der unkritischen Solidarität mit den Palästinensern.« (Detlev Claussen, ehemaliges Mitglied des SDS-Palästinakomitees, zit. nach Juchler 1996: 353)

4 Auch Norbert Elias sprach in seinen »Studien über die Deutschen« von »Distanzierungs- und Reinigungsritual in bezug auf die Sünden der Väter« und attestierte den Nachkriegsgenerationen spöttisch, »nun gerade die unterdrückten Gruppen als die menschlich besseren und wertvolleren anzusehen« (Elias 1989, Studien über die Deutschen, zitiert nach Juchler 1996: 364).

5 »Neger« bzw. »Nigger« steht in diesem Sinne für Diskriminierungsopfer im allgemeinen. Dafür gibt es mehrere Beispiele, u.a. das Buch »Die Nigger Europas. Zur Lage der Gastarbeiter. Eine Dokumentation« des Journalisten Ernst Klee (1971), oder auch einen Text in der konkret (August 1973: 30), der »Transvestiten« in diesem Sinne als »die idealen Neger« bezeichnet. Im Sinne einer politischen Selbstdefinition durch die symbolische Usurpation eines anerkannten Opferstatus vgl. Karin Reschke, »Power Frauen!« im Kursbuch 47, 1977 (Thema: Frauen), »Wir sind die Sklaven der Gesellschaft, die Neger, die unterste Klasse Menschen, die es seit Jahrtausenden gibt. Wir sind die Verfolgten des Faschismus, Rassismus und Sexismus« (S. 177).

6 In der »Palästinasolidarität«, deren radikalere Kreise sich teilweise mit der Black Panther-Solidarität überschnitten, war dieses Problem besonders viru-

Insofern konnte eine antiimperialistische Interpretationsmatrix, die den »Weißen« allgemein für die Weltordnung und alle »Pathologien der Moderne« verantwortlich machte, in Deutschland zugleich zu einer Leugnung, Verdrängung oder Umgehung der nationalen Spezifik führen. Vor deren Hintergrund kann das Antreten einer globalen »weißen« Schuld, so es denn überhaupt stattfand, auch als Nichtauseinandersetzung mit der spezifisch deutschen verstanden werden, die sich von der anderer »weißer« Nationen doch gravierend unterschied. Die imaginäre Identifikation mit Afroamerikanern wäre dann, zumindest in manchen Varianten dieses moralischen Vertauschungsspiels, auch als Usurpation der (jüdischen) Opferposition zu begreifen (vgl. zu ähnlichen Diskursen in den 1950er Jahren schon Lemke 2002; Poiger 2000).

In jedem Fall ist die nicht zuletzt durch ihre theologische Fundierung fest als symbolische Form im kulturellen Gedächtnis verankerte Überzeugung, man habe aufgrund von Identitätsmerkmalen (in diesem Fall der Hautfarbe) eine kollektive Schuld auf sich geladen, die es praktisch zu tilgen beziehungsweise sühnen gelte, keinesfalls gleichmäßig verteilt, sondern scheint die besonders reflexions- und introspektionsaffinen Kreise von habituell anders geprägten zu unterscheiden. Um es plakativ zu formulieren: Was für eine protestantische Pfarrerstochter wie Gudrun Ensslin nahelag, muss für den hedonistischen Protagonisten des »Blues« noch lange nicht plausibel gewesen sein. Für den kulturellen Moment in seiner utopischen Dimension ist letztlich weniger das Schuldbekenntnis charakteristisch als vielmehr der (freilich nicht immer gelingende) Versuch, das Konzept der Schuld als Bestandteil einer repressiv-bürgerlichen Individualität zu überwinden.

EMOTIONEN UND MYTHEN

Kritische Stimmen, die das »Schwarz-Werden« und andere Formen minoritärer Identifikationen eher skeptisch betrachteten, führten nicht allein das Schuldmotiv an, sie bedienten sich auch prinzipiellerer Ar-

lent. In der Berliner »Scene« machte z.B. Dieter Kunzelmann einen »Judenknax« verantwortlich dafür, dass »die Linken« nicht »begriffen« hätten, dass »Palestina (sic) [...] für die BRD und Europa das [ist], was für die Amis Vietnam ist«. Abgesehen davon, dass die Forderung, Israel als jüdischen Staat abzuschaffen, in den meisten Kontexten an sich schon antisemtisch ist, hatten Ikonographie und Rhetorik des antiimperialistischen Antizionismus nicht selten antisemitische Untertöne; der Bombenanschlag der »Tupamaros Westberlin«, einer dem Blues entstammenden Gruppe, auf das jüdische Gemeindehaus in Berlin war krassester Ausdruck dieser Ideologie (vgl. Kraushaar 2005). Vgl. auch Andresen 2003 über Antizionismus und Antisemitismus um 1968 und vor allem in den 1970er Jahren.

gumente. So griff Jürgen Habermas auf die grundlegende Dichotomie von Gefühl und Vernunft zurück, als er der Studentenbewegung 1968 beschied: »Die auf emotionaler Ebene hergestellte Identifizierung – mit der Rolle des Vietcong, die Identifizierung mit den Negern der großstädtischen Slums, mit den brasilianischen Guerilla-Kämpfern, mit den chinesischen Kulturrevolutionären oder den Helden der kubanischen Revolution – hat keinen politischen Stellenwert. Die Situationen hier und dort sind so unvergleichbar wie die Probleme, die sich stellen, und die Methoden, mit denen wir sie angehen müssen.« (Habermas 1968: 11f.) Diese Identifizierungen zeigten an, dass die Studentenbewegung Gefahr laufe, Symbol und Wirklichkeit zu verwechseln, was »im klinischen Bereich den Tatbestand der Wahnvorstellung« (ebd.: 12.) erfülle.

Die Frage der Identifikationen ist also eine Schlüsselfrage für den Umgang mit neuen Subjektivitäten, mit der – in Marcuses populärem Vokabular – »neuen Sensibilität« (vgl. zur Relevanz des Begriffs u.a. Mosler 1988: 233). Ignoriert wird aber, dass sich oppositionelle Subjektivität aus »rationalen« und »irrationalen« – also u.a. ästhetischen und moralischen, auch der Logik medialer Identifikationen folgenden – Elementen zusammensetzte.[7] Populärer Kultur, Ästhetik, Erlebnisintensität, Communitas und Politik sollten hier gerade eine neue Verbindung eingehen. Identifikationen und das Imaginäre besaßen für diese »neue Sensibilität« geradezu programmatischen Status. Ganz in diesem Sinne wirft der vormalige SDS-Vorsitzende und Psychoanalytiker Reimut Reiche Habermas in seiner Replik in dem Band »Die Linke antwortet Jürgen Habermas« vor, seine »Tabuierung« und Pathologisierung des Emotionalen und Symbolischen verfehle den Zeitkern der auch kulturellen Revolte und des Experimentierens mit neuen Subjektivitätsformen.

> Gegen diese Form der Ich-Einschränkung, der Tabuierung nicht-begrifflicher, aber dennoch hochsublimierter Symbole, richtet sich gerade der emotionale Protest der ›neuen Sensiblen‹. [...] In den Symbolen der neuen Bewegung, vielmehr in der provokativen Verwendung historischer und exotischer Symbolzeichen, wird eine neue Form der psychologischen Beziehung zur Umwelt erprobt, eben jenes neue Realitätsprinzip, das ihnen permanent verweigert wird. (Reiche 1968: 98).

Entscheidend seien dabei nicht die »Imagines« selbst, die Objekte der Identifikationen, sondern die Frage, ob die Identifikationen die psychische Instanz des Ich stärkten oder schwächten und damit die Anhängigkeit gegenüber einem externalisierbaren (und politisch gefährli-

7 Rolf Schwendter verwies darauf mit seiner Unterscheidung zwischen »emotionellen« und »rationellen« Subkulturen.

chen) Über-Ich betrieben. Der Rationalist Habermas halte sich beim »exotischen« Charakter der »Imagines« auf, der einfach darin begründet liege, dass die deutsche Geschichte jede mögliche Kontinuität der Linken zerstört habe: »So werden wir zwangsläufig auf ›exotische‹ Imagines verwiesen.«

Dass auch Reiche damit die populärkulturelle Vermittlung der u.a. afroamerikanophilen Identifikationen ignoriert, die anderen Akteuren – von Eldridge Cleaver über Charles Wilp bis Bommi Baumann – offensichtlich war, mag dem hochkultur-zentrierten Denken der Frankfurter Schule geschuldet sein, wichtiger aber ist, dass die spezifischen Herkunftskontexte – wie afroamerikanische Kultur und Politik – an dieser Stelle wieder hinter die »provokative« Zeichen*verwendung* zurücktreten. Der imaginäre Charakter der »Imagines« entwertet diese Identifikationen also keinesfalls, sondern weist sie im Gegenteil gerade als besonders zeitgemäße Beziehungsformen aus. In der »Fizz« wurde ganz in diesem Sinn Jerry Rubin zitiert. »Mythen« sollen neue Wirklichkeiten in die Welt setzen:

> Mythen bieten Jugendlichen ein Modell, mit dem sie sich identifizieren können. [...] Die Jugend Amerikas muß sich ihre eigenen Mythen schaffen. [...] Der Mythos ist echt, wenn er sich eine Bühne schafft, auf der die Menschen ihre Träume und Fantasien leben können. Der Mythos ist mächtiger als der Mensch. Der Mythos von Che Guevara ist mächtiger als Che. Der Mythos des SDS ist stärker als der SDS. / Der Mythos der Yippies wird die amerikanische Regierung stürzen. Der Mythos macht die Revolution. Marx ist ein Mythos. Mao ist ein Mythos. Die Black Panther sind ein Mythos. / Die Menschen versuchen, dem Mythos zu entsprechen, er holt das beste aus ihnen heraus. (Zitiert nach: Fizz Nr. 3, o.S.)

Die Verwechslung von Wirklichkeit und Symbol lässt sich also auch als Erkenntnis der immer schon symbolischen und imaginären Konstitution der Wirklichkeit verstehen. Die Einstellung zu »Mythen« des kulturellen Imaginären, und damit auch zu »minoritären« Identifikationen, trennt ein rationalistisches von einem postmodern-gegenkulturellen Lager.[8]

Diese Mythen drängen sowohl den Rationalitätsanspruch politischer Theorie als auch die modernistisch-hochkulturelle Ästhetik in den Hintergrund, sie betonen zugleich aber auch – zumindest in dieser programmatischen Lektüre – ihre eigene Unabhängigkeit von jedem festgelegten, Authentizität, Verantwortlichkeit und Identität garantie-

8 Vgl. die Diskussion um ein »postmodernes« Kulturverständnis, wie sie sich an Leslie A. Fiedlers Vortrag über das Ende der literarischen Moderne und die Ununterscheidbarkeit von Hoch- und Populärkultur entzündete, der u.a. von Martin Walser scharf zurückgewiesen wurde. Vgl. dazu den vom Deutschen Literaturarchiv gerausgegebenen Ausstellungsband »Protest! Literatur um 1968« und Schwanhäußer 2002.

renden Ursprung. Damit wird umso plausibler, warum insbesondere gegenkulturelle, afroamerikanophile Kreise die Debatten um weiße »Schuld«, die sich notwendigerweise um einen identitären Herkunftsort drehen müssen, so selten auf sich selbst bezogen. Der »feldübergreifende Effekt« liegt gerade nicht im Bekenntnis zu einer kollektiven weißen Schuld, sondern vielmehr in »mythischen« Äquivalenzbehauptungen und im Bestreben, in einer minoritären Erfahrung von Körper, Gemeinschaft und Rebellion aufzugehen. Unklar muss hier allerdings bleiben, wie diese Affirmation des »Mythos« sich mit den verbreiteten Beschwörungen afroamerikanischer »Authentizität« verträgt.

In jedem Fall weisen diese diskursiven Rahmungen der Afroamerikanophilie weg von den bloßen Zuordnungen und Vertauschungen »weißer« und »schwarzer« Eigenschaften. So unumgänglich die Frage nach dem »Woher« und dem »Wohin« der Identifikationen auch ist, um politische Voraussetzungen und Implikationen zu decodieren, so führt sie letztlich doch in eine Sackgasse, weil sie zwischen den Akteuren, zwischen sich Identifizierenden und Identifikationsobjekten, einen Graben errichtet, der in der Analyse letztlich noch schwerer zu überbrücken scheint als im Denken vieler Zeitgenossen. Damit würde zudem auf ein letztlich unplausibles, normatives Kommunikationsideal gegenseitigen Verstehens rekurriert. Zu fragen bleibt, inwiefern das schwarze »Wohin« der Identifikationen nicht nur als ferner Akteur einerseits und entsubjektiviertes Imaginum andererseits zu verstehen ist, sondern auch noch in der Aneignungspraxis eine eigene Form von wie auch immer beschaffener Handlungsfähigkeit besitzt. Kann angesichts der Afroamerikanophilie um 1968 also nicht nur von »Identifikationen«, sondern von einem mehrgliedrigen »Block des Werdens« gesprochen werden?

SCHWARZ-WERDEN ALS MINORITÄR-WERDEN

Die Formulierung »Block des Werdens« stammt von dem Philosophen Gilles Deleuze und dem Psychoanalytiker Félix Guattari, die Anfang der 1970er Jahre in ihren berühmt-berüchtigten, eher als »pragmatische Anleitung zu anti-hierarchischen Artikulationen«[9] denn als Theorie im strengen Sinne zu begreifenden Schriften das »Minoritär-

9 Deleuze/Guattari 1992 und 1976. Dass beinahe jeder aktuelle Versuch, populärkulturelle und politische Fragen des Imitierens und Werdens (vgl. z.B. Grossberg 1992; Höller 1996; Massumi 2000; Menrath 2003) in einen Verweis auf Deleuze und Guattari zu münden scheint, verweist auf die Notwendigkeit, auch den Begründungskontext und die vorgeschlagene Beschreibungssprache zu diskutieren.

Werden« als explizit anti-psychoanalytischen Begriff prägten.[10] Er bezeichnet in erster Linie den Wunsch und die vielfältigen Bewegungen, die das Ziel haben, sich der herrschenden Subjektposition – welche sie als menschlich, männlich, erwachsen und weiß spezifizieren – zu entziehen. »Minoritär-Werden« meint also in erster Linie eine Erosion herkömmlicher Subjektivitäten. Auch das »Schwarz-werden« exemplifiziert deshalb den Grundmechanismus dessen, was sie als »Deterritorialisierung« beschreiben: Wer sich deterritorialisiert, folgt »Fluchtlinien« (Deleuze und Guattari 1992: 26; Grossberg 1992: 58), die aus den Konventionen traditionaler und moderner Lebensführung und Selbstverhältnisse herausweisen.

Zum Verständnis sind zuerst einige behelfsmäßige Begriffsklärungen unumgänglich. Die Autoren entwickeln die Begriffe »Mehrheit« und »Minderheit« anhand von literatur- und sprachwissenschaftlichen Überlegungen. Eine »Minderheitensprache« und eine »kleine Literatur« sind für Deleuze und Guattari nicht als eigene, von ihrer Umgebung unabängige Einheiten, sondern als Teile eines relationalen »Gefüges«, innerhalb dessen sich sprachliche Differenzen in Hoch- und Niedersprachen gliedern, von Interesse. Eine kleine oder minoritäre Sprache stellt eine spezifische *Umgangsweise* mit der gegebenen Hochsprache dar.[11] Die niedere Sprache lässt sich dann als Deterritorialisierung der Hochsprache begreifen, weil sie sie als dynamisch, parodierbar et cetera darstellt beziehungsweise weil sie sie performativ dynamisiert und parodiert. Um die Eigenheiten der »kleinen Literaturen« zu verdeutlichen, greifen die Autoren immer wieder auf Beispiele aus dem afroamerikanischen Kontext zurück: »Schwarze Amerikaner stellen das *black* dem Englisch nicht gegenüber, sie machen mit dem Amerikanischen, das ihre eigene Sprache ist, ein *black-english*. Minoritäre Sprachen als solche gibt es nicht: es gibt sie nur im Verhältnis zu einer Hochsprache, und sie besetzen diese Sprache auch, damit sie selber minoritär wird.« (Deleuze/Guattari 1992: 146). Die Konsequenz, und an dieser Stelle schwenkt der Diskurs wieder ins Appellative um, soll nicht nur für reale Minoritäten gelten, sondern auch für »majoritäre« Subjekte: »Jeder muß die minoritäre Sprache, den Dialekt oder Idiolekt finden, von wo aus er seine eigene Hochsprache zur Niedersprache macht.« (Ebd.) »Dazu ist«, wie es an anderer Stelle

10 Im franz. Original »dévenir-mineur«. Damit ist sowohl ein Klein-Werden als auch die »ethnische« Minderheit gemeint. Vgl. Deleuze/Guattari 1976: 24-39 (Anmerkung des Übersetzers: S. 24) und 1992: 317-422. Vgl. auch Diederichsen 1995: 134.

11 Vgl. dazu auch Deleuze/Guattari 1976: 24-39. Dies ist nicht als Verarmung zu begreifen ist, sondern als eine Betonung und Erweiterung der variablen, in der Hochsprache semantisch nicht aufgeladenen Elemente. Der Nachweis, dass die vermeintlichen Defizite an Kultur bzw. Kulturiertheit tatsächlich kulturelle Differenz bedeutet, ist natürlich eine klassische, ethnologische und allgemeiner kulturrelativistische Denkfigur.

heißt, »erst einmal der Ort der eigenen Unterentwicklung zu finden, das eigene Kauderwelsch, die eigene Dritte Welt, die eigene Wüste.« (Deleuze und Guattari 1976: 27).

Was für minoritäre Sprachen gilt, gilt a fortiori auch für reale Gruppen und Identitäten. Wenn sich ein prozesshaftes »Minoritär-Werden« zu einer statischen Identität verfestigt hat, dann lässt sich eine *empirische* Minorität nicht als minoritär in diesem emphatischen Sinne bezeichnen. Man darf, so Deleuze und Guattari, »›minoritär‹ *als Werden oder Prozeß* nicht mit ›Minorität‹ *als Gesamtheit oder Status* verwechseln. Die Juden, die Zigeuner et cetera können unter bestimmten Bedingungen Minoritäten bilden, doch das reicht nicht aus, daraus ein Werden zu machen. [...] Wie die Black Panthers sagten, müssen sogar die Schwarzen schwarz werden.« (Deleuze und Guattari 1992: 396). Die schwarze Minderheit ist also nicht mit einem Prinzip des minoritären Schwarzseins identisch.[12] Das empirisch Minoritäre ist vom emphatisch Minoritären zu unterscheiden, und letzteres ist selbst wiederum ein »Werden«, das Werden des empirisch Minoritären (hier also »das Schwarze«, das der oder die Schwarze wird): »Der Imitierende geht unbewusst in ein Werden ein, das sich unwissentlich mit dem Werden dessen verbindet, was er imitiert.« (Deleuze/Guattari 1992: 416f).

Daraus folgt, dass »das Werden immer zweifach [ist], das, was man wird, wird ebenso wie der, der wird: deshalb bildet es einen Block, der von seinem Wesen her immer beweglich und nie im Gleichgewicht ist.« (Ebd.). Wohlgemerkt gilt dies für »gelungenes« Werden, das nicht bei mimetischer Nachahmung und Identifikation stehenbleibt, sondern in noch zu spezifizierender Weise eine Einheit, einen »Bündnisblock« produziert. Nachahmungen mögen eine untergeordnete Form des Werdens sein, sie mögen auch als Auslöser fungieren, doch macht eine einfache Imitation noch kein »Werden« aus.

> Es gibt einen unauflöslichen und asymmetrischen Block des Werdens, einen Bündnisblock [...] Eine Frau muss Frau werden, aber im Frau-Werden des ganzen Mannes. Ein Jude wird Jude, aber im Jude-Werden des Nicht-Juden. Ein minoritäres Werden existiert nur durch ein deterritorialisiertes Medium und ein deterritorialisiertes Subjekt, die so etwas wie seine Elemente sind. Ein Subjekt des Werdens gibt es nur als deterritorialisierte Variable der Mehrheit, und ein Medium des Werdens gibt es nur als deterritorialsierende Variable einer Minderheit. (Ebd.: 397).

12 »Deshalb müssen wir folgendes unterscheiden: das Majoritäre als homogenes und konstantes System, die Minoritäten als Sub-Systeme und das Minoritäre als mögliches, kreatives und geschaffenes Werden.« (Deleuze/Guattari 1992: 147)

Die Utopie des gemeinsamen Werdens als »Bündnisblock« kann durchaus beanspruchen, einige zeitgenössische Referenzpunkte adäquat zu beschreiben[13]: Auf der politisch-strategischen Ebene korrespondiert sie mit der Gleichzeitigkeit und zumindest zeitweiligen Sympathie zwischen internationalen Befreiungsbewegungen und kulturell-politischer Revolte[14] an unterschiedlichen Orten, und tatsächlich präsentierte sich auch afroamerikanische Kultur um 1968 weniger als statische Einheit denn als Prozess der Selbsttransformation.[15] Viele Elemente zeitgenössischen afroamerikanischen Selbstbewusstseins entstanden in erster Linie durch »deterritorialisierende« schwarze Selbstbeschreibungen und bildeten dadurch, dass sie von Weißen aufgegriffen und angeeignet wurden, einen umso produktiveren, an verschiedenen Orten praxisgenerierenden, gemeinsamen »Block«. Die Bilder von schwarzem Stolz und besonderer Erlebnisintensität, die Ausdruckskraft des Tanzens oder die Einheit von Politik und Kultur würden dann gerade nicht auf »genuin schwarze« Eigenschaft verweisen, sondern auf Segmente gemeinsamer »Fluchtlinien«. Hier wäre auch noch genauer zu untersuchen, inwiefern die »weißen« Aneignungen wieder auf afroamerikanische Akteure zurückwirkten.[16] Deshalb konnte hier überhaupt von Wahlverwandtschaften gesprochen werden, wobei der Akzent nunmehr freilich nicht auf dem Vergleich zweier diskreter Entitäten liegt, sondern auf Verknüpfung und Durchdringung. Das als minoritäres Prinzip und als »Werden« verstandene »Schwarze« ist nicht einfach die Summe der Attribute von *schwarz*, weil damit ja nur »empirisch« oder »stereotyp« Schwarze bezeichnet wäre, das sich nur nachahmen und in bestehende Sinnstrukturen integrieren ließe.

Stattdessen operiert ein gelingender »Block des Werdens« mittels zumindest nicht in erster Linie signifikativer mikropolitischer »Affekte« und »Intensitäten«.[17] Eine konkrete Antwort auf die Frage nach

13 Parallelen dazu finden sich u.a. bei Kenneth Burke und seinem Theorem von Identifikation als »consubstantiality« (1989: 189).

14 Eldridge Cleaver und die Bewegung 2. Juni sind Deleuze und Guattari insofern also recht nahe, auch wenn letztere die Tendenz zur »Reterritorialisierung« im schwarzen Nationalismus, den Teile der Black Power-Bewegung zu ihrem Programm erhoben, abgelehnt haben dürften.

15 Damit ist zum einen die gegenkulturelle Revolte gemeint, aber auch vermeintliche Trivialitäten wie die Selbststilisierung im Stile der französischen Résistance, die Bezugnahme auf die Dritte Welt, auf Maoismus und Marxismus-Leninismus etc.

16 Vgl. dazu z.B. die Einschätzung von Adolph Reed (1986: 257), der behauptet, die Black Panther Party hätte die Erwartungen ihrer Freunde aus dem weißen Underground gewissermaßen übererfüllt.

17 Die Definitionen von »Affekt« und »Intensität« durchziehen das gesamte Werk von Deleuze. »Affect is a plane of effects, a matter of ›actualization, effectuation, practices […] an ability to affect and to be affected. It is a prepersonal intensity corresponding to the passage from one experiential state of

der kulturellen Bedeutung des »Schwarz-Werdens« liegt demnach gerade hier: auf der Ebene von Erlebnisintensitäten, körperlichen Wahrnehmungen und Ausdrucksformen, Rhythmen, Gesten, Geschwindigkeiten, Zugehörigkeitsgefühlen. Es geht damit nicht zuletzt um ein neues Körper- und Subjektivitätsregime. Diese Affekte und Intensitäten haben in jedem Fall ein eigenes Gewicht, sie können analytisch nicht gänzlich auf bestehende Bedeutungen reduziert werden. Sie sind, wie Lawrence Grossberg betont, mit der Populärkultur verknüpft und ersetzen Metaphern durch Metamorphosen.[18] »Popular culture, operating with an affective sensibility, is a crucial ground where people give others […] the authority to shape their identity and locate them within various circuits of power. […] By making certain things matter, people ›authorize‹ them to speak for them, not only as a spokesperson but also as a surrogate voice (e.g., when we sing along to popular songs).« (Grossberg 1992: 84).[19] Diese Intensitäten sind also nie völlig von Bedeutungen losgelöst, vielmehr findet ein Schillern zwischen den Semiotiken statt, das wesentlich über die politischen Effekte der Phänomene entscheidet. Dabei bleibt das Spiel der Bedeutungen, wie in den Verweisen auf sexualrassistische Mythen, immer wieder einem »Regime der Signifikanz« verhaftet (vgl. Deleuze und Guattari 1992: 156-191).

Auch hierfür benutzen Deleuze und Guattari wieder ein einschlägiges Beispiel, das sie von LeRoi Jones übernehmen: Ein Changieren zwischen »signifikativen« und »subjektivierenden«, d.h. Intensitäten produzierenden Zeichenregimen kam demnach zum Ausdruck, »als

the body to another and implying an augmentation or diminution in that body's capacity to act.«« (Grossberg 1992. 80). Auch Gilroy spricht ganz in diesem Sinne über Soul als besondere »Intensität«: »Soul for me, now, is about marking those intensities of feeling that were readily assimilated into a religious language and experience, a spiritual exploration, but it allows us to value them as a secular and sometimes profane phenomenon.« (In: Guillory/Green 1998: 252)

18 »Die Metamorphose – das heißt die Verwandlung – ist das Gegenteil der Metapher. Es gibt keinerlei Sinn mehr, weder primären noch übertragenen, es gibt nur noch Verteilung von Zuständen über das aufgefächerte Wort. Die ›Sachen‹ und die ›anderen Sachen‹ sind nur noch Intensitäten, durchzogen von deterritorialisierten Lauten oder Worten, die ihren Fluchtlinien folgen. [...] Es geht um ein Werden, das, ganz im Gegenteil, die größtmögliche Differenz umfaßt, die Intensitätsdifferenz, das Überschreiten einer Schwelle, Aufstieg oder Fall, Niedergang oder Erhebung, Worbetonung. [...]. Die Sequenzen vibrieren, das Wort öffnet sich unerhörten inneren Intensitäten, kurzum, die Sprache wird asignifikant, also intensiv benutzt.« In diesem Sinne verstehe ich auch die Beispiele für ein Fortschreiten von der Metapher (»behandelt werden wie ein Neger«) zum Schwarz-Werden.

19 Ähnlich Brian Massumi, der die affektive Wirkung von Frank Sinatras »too blue eyes« beschreibt. Ein asignifikativer Effekt von Populärkultur betrifft demnach das Teilhaben und Aneignen einer »collective quality of lifemovements personally summed up in the face of the performer« (2000: 36).

Weiße ›mit schwarzem Gesicht‹ sich ihre Redewendungen und Lieder aneigneten, aber die Schwarzen daraufhin noch eine zusätzliche Farbschicht auflegten und ihre Tänze und Gesänge zurückeroberten [...] Die Übertragung eines afrikanischen Tanzes in einen weißen Tanz zeigt oft eine ans Bewusstsein gebundene oder mimetische Übersetzung, die von der Machtübernahme durch die Signifikanz und Subjektivierung begleitet wird.« (Deleuze/Guattari 1992: 190). In den Beschreibungen der »Black Bars«, im Tanzen zu schwarzer Musik, im vermeintlich schwarzen »Feeling« und in der bestaunten Ästhetik der Black Panther Party ist genau dieses Changieren zwischen Affekt und Sinn zu beobachten. Gegen Deleuze und Guattari bleibt aber festzuhalten, dass die konkrete Ausprägung von Sinn und Interpretation keinesfalls gleichgültig ist. Machte die Reflexion über Fragen wie »positiven Rassismus« auch nicht das wesentliche Motiv der Afroamerikanophilie des »Blues« aus, so dürfte sie doch zu den produktiven Aspekten des »Werdens« beigetragen haben.

Das bislang konstatierte Übergewicht sinnbeladener Assoziationen muss dabei nicht allein in der Praxis der Akteure begründet liegen, sondern hat auch mit den hier zugänglichen Quellentypen zu tun. Gerade in schriftlichen Quellen sind Intensitäten und Affekte kaum angemessen zu rekonstruieren (vgl. Schmidt 2002: 20). In politischen Slogans (»Free Huey! Free Bommi!«), in Bildern von Glamour, Sinnlichkeit und existenziell begründetem Aktivismus, in ekstatischen Schilderungen und in den Beschwörungen von Communitas kommen sie dennoch zum Vorschein. Die Verknüpfung dieser Intensitäten mit populärkulturellen Medien unterscheidet jedenfalls die Afroamerikanophile um 1968 von anderen zeitgenössischen Formen des Minoritär-Werdens.

So sehr das Vokabular von Deleuze und Guattari also dazu beiträgt, den kulturellen Moment angemessen zu beschreiben und die Analyse vom vorgefertigten Begriffsinstrumentarium zu lösen, so hat ihre Perspektive doch genauso teil an den Verkürzungen, die schon an anderer Stelle zu beobachten waren. Die Kennzeichnung des »Blocks des Werdens« als »asymmetrisch« erscheint vielen Kommentatoren zum Beispiel als bestenfalls euphemistisch.[20]

Politisch wäre also einzuwenden: Wenn realen Gruppen wie den Afroamerikanern nur die Rolle von Medien zukommt, in denen die metaphysische Auseinandersetzung zwischen statischem Sein und dynamischen Werden, zwischen Reterritorialisierung und Deterritorialisierung, stattfindet, ist nicht ersichtlich, warum sie Interesse daran ha-

20 Wie Gayatri Spivak polemisch angemerkt hat, richten die Autoren ihr Hauptaugenmerk letztlich wieder auf den hegemonialen »Term«, das »unacknowledged subject of the West«, und verschweigen die historischen Möglichkeitsbedingungen der ihnen zeitgenössischen »Mikropolitik«, um diese unzulässigerweise zu universalisieren (Spivak 1988: 310).

ben sollten, sich angesichts der gänzlich unterschiedlichen Ausgangsbedingungen als »Medien« zur Verfügung zu stellen. Verbleiben nicht sowohl Phänomene als auch ihre Theorie, bei denen es darum geht, dass ein minoritäres Subjekt dem Werden eines majoritären »dient«, nicht jener überaus konventionellen, von der Black Power-Bewegung gerade zurückgewiesenen Logik verhaftet, die sich immer wieder neu Bahn bricht, wenn sich ein Subjekt in einem Objekt zu konstituieren versucht? Welche konkrete Rolle soll ein »empirischer« Jude im »Jude-Werden des Nicht-Juden« spielen?[21]

Auf der theoretisch-immanenten Ebene bleibt zudem zu konstatieren, dass in diesem Begriffsapparat auch ein *stereotypes Minoritäres* erforderlich wäre, das das Ziel der Imitation zum Beispiel eines afroamerikanophilen Weißen darstellt und das gerade nicht mit dem emphatischen »Werden« identisch sein muss.[22] Wie die Anhänger der »Mythen« im oben beschriebenen Sinne haben Deleuze und Guattari jedenfalls offensichtlich kein Interesse daran, ihren Enthusiasmus von der Analyse konkreter Machtverhältnisse bändigen zu lassen. Ihre Beschreibung des Minoritär-Werdens als kontinuierlicher Bewegung gleicht vielmehr einer Utopie der Verschmelzung und verweist damit auf abstrakterer Ebene erneut auf ein Ideal einer Communitas, die alle Differenzen in den Hintergrund treten lässt. Gerade darin sind diese Denkfiguren wiederum als Elemente des kulturellen Moments zu begreifen.

---

21 Zu fragen wäre hier: Hatte er seine politische Emanzipation nicht meist viel eher *gegen* die majoritären Subjekte durchzufechten, und erwiesen sich nicht gerade die Reterritorialisierungen (Staatsbürgerschaft z.B.) für ihn als notwendige Projekte? Worin besteht der vermutlich nicht eben triviale, hier aber nicht einmal angesprochene Unterschiede zwischen dem Werden des empirisch Majoritären und dem des empirisch Minoritären, die doch unter jeweils ganz unterschiedlichen Bedingungen und innerhalb erst noch zu benennender Machtverhältnisse stattfinden? »Wer auf der Straße schlafen muß, muß mitansehen, wie seine Not plötzlich zur Verheißung für all diejenigen wird, denen es zuhause zu warm ist«, schreibt Diedrich Diederichsen über die produktiven Missverständnisse in der Soul-Rezeption im jugendlichen, weißen Bürgertum gerade in Europa (Diederichsen 1992: 36).

22 Auf den »White Negro« als eine Form von »Reterritorialisierung« verweist auch Höller (1996).

Fazit und Diskussion

Was kann abschließend über »Afroamerikanophilie« um 1968 in der Bundesrepublik gesagt werden? In den vorangegangenen Kapiteln habe ich im Detail zu zeigen versucht, inwiefern das »Schwarz-Werden« um 1968 Teil einer »Geheimgeschichte des 20. Jahrhunderts« war und sich durch verschiedene kulturelle Felder zog. In diesem Schlusskapitel möchte ich erstens (in aller Kürze) einige zeitdiagnostische Schlussfolgerungen diskutieren. Zweitens wird der Gegenstand auf einer höheren Abstraktionsebene als Form metaphorischen, symbolischen Handelns eingeordnet, um vor diesem Hintergrund drittens die im Verlauf der Kulturanalyse konstatierten »feldübergreifenden Effekte« und repräsentationspolitischen Komplikationen zusammenzustellen und zu verknüpfen.

Zeitdiagnostische Kontexte

Der Historiker Detlef Siegfried hat in seiner Arbeit über Jugend-, Protest- und Konsumkultur der 1950er und 60er Jahre auch die Figur des »White Negro« in der Bundesrepublik seit den späten 50ern summarisch nachgezeichnet und in große gesellschaftliche Entwicklungslinien eingeordnet. Er sieht schon die früheren »Distanzierungsbewegungen« als »auffälligste Merkmale eines Individualisierungsschubes, der die ganze Gesellschaft erfasste.« (Siegfried 2006). Was als gegenkulturelle Praxis begann, sei dann in »kulturindustrielle« Verwertungszyklen integriert worden und habe zur Enthomogenisierung von Lebensstilen und einer »Auffächerung des Normenspektrums« beigetragen. In der Berufung auf Afroamerika in linksradikalen Kreisen der späten 1960er Jahre wiederum sieht Siegfried letztlich eine »Kreation reflexiver Authentizität« am Werk: »Reflexiv« ist diese Authentizität, weil sie nicht einfach als Eigenschaft schwarzer Kultur behauptet werden kann, sondern auf Projektionen beruht, die aus »aus den Problemlagen weißer Ober- und Mittelschichtskinder am Übergang zu einer reflexiven Moderne« resultieren (ebd.). Dieser Blick auf den gesellschaftsgeschichtlichen Makrokontext einerseits und die Projektionen andererseits erhellt fraglos viele Aspekte der hier analysierten Phänomene.

Der Schwerpunkt dieser Arbeit liegt dagegen stärker bei den Details der kulturellen Situation sowie bei den Sichtweisen, Aneignungspraktiken und Handlungsoptionen von Akteurinnen und Akteuren, die in einer umfassenden Zeitdiagnose nicht aufgehen. So konnte mit Deleuze und Guattari die Frage aufgeworfen werden, inwiefern selbst in Phänomenen, die repräsentationspolitisch so fragwürdig sind wie Charles Wilps Werbungen und Bommi Baumanns subkulturelle Selbststilisierungen, Spuren eines »deterritorialisierenden«, aus althergebrachten Subjektivitätsmodellen befreienden, »kreativen und geschaffenen Werdens« auszumachen sind. Das theoretische Modell eines »Blocks des Werdens« mag fragwürdig sein, es zeigt zugleich jedoch auch, dass es bessere Begriffe bräuchte, um reale Konvergenzen zu bezeichnen. Dabei geht es freilich nicht allein um die normative Bewertung einzelner Phänomene, sondern um die sachlichen Ambivalenzen der Entwicklungstendenzen insgesamt.

Was sich gesellschaftsgeschichtlich als Individualisierung darstellt, hängt auf der Ebene der Subjekte mit einer Neubewertung von »Affekten und Intensitäten« zusammen, die nicht länger rationalistisch zu unterdrücken seien.[1] Afroamerikanische Kultur ist dabei keinesfalls zufällig Gegenstand der Zuneigung; sie lieferte den Akteuren instruktive Modelle, angefangen bei einer auch körperlichen Informalisierungstendenz, die durch die Anlehnung an »schwarzen« Stil neue Gestaltmuster bekam. Diese Modellhaftigkeit kann auch abstrakter gefasst werden: Kobena Mercers Formulierung, um 1968 lasse sich eine »Dekolonisation althergebrachter Subjektivitätsmodelle« als übergreifendes, gemeinsames Projekt schwarzer Befreiungsbewegungen und (vorwiegend) weißer Gegenkultur konstatieren[2], bringt einen Gedanken zur Sprache, der in den 1990er Jahren bei vielen Kulturtheoretikern an Bedeutung gewann und schon im vorliegenden Fall eine gewisse Erklärungskraft hat: die mögliche »Familienähnlichkeit« (so George Lipsitz' Wittgenstein'sche Formulierung) zwischen dem historischen Gedächtnis Afroamerikas einerseits, das insbesondere in der

1 Deutlich wurde in Kapitel 1 anhand von Wilps Werbungen der Zusammenhang dieser Tendenz mit neuen medialen Repräsentationsmustern, die gleichermaßen offensiv »asignifikativ« funktionieren. Deleuze, der das hier in der Analyse verwendete theoretische Vokabular prägte (und die positiven Elemente der Phänomene betonte), wurde nicht zufällig als »Ideologe des Spätkapitalismus« bezeichnet (Žižek 2005: 128).

2 So meinte ein programmatisches Thema der Zeit, die »Aufhebung (der) bürgerlichen Individualitäten« (»Notizen« in Goeschel (Hg.) 1968: 101), wie sie sich zum Beispiel die Berliner Kommunen auf die Fahne geschrieben hatten, etwas ganz Ähnliches.

musikalischen Performance kenntlich wird, und aktuellen Erfahrungen (oder zeitgenössisch zumindest: Ahnungen) jener vielbeschworenen »New Times« andererseits, die in den späten 60er Jahren heraufzuziehen beginnen, ob sie nun als Postfordismus, postindustrielle Konsumgesellschaft, reflexive Moderne oder condition postmoderne theoretisiert werden.[3]

Wie mittlerweile deutlich geworden sein sollte, wäre ein Vergleich der historischen Erfahrungen selbst unsinnig. Auch dort, wo Erfahrungen von Armut und Entbehrungen gemacht wurden, so zum Beispiel in der proletarische Kindheit im Berlin der Nachkriegszeit, wie sie die Blues-Aktivisten beschreiben, trennen sie letztlich Welten (insbesondere die Zugehörigkeit zur hegemonialen »ethnischen« Bevölkerungsgruppe) von Ausschlusserfahrungen, die aus dem Erbe der Sklaverei und dem Lynching-Regime erwuchsen. Es handelt sich also weniger um die tatsächliche, »materiale« Erfahrung als um eine wahrgenommene, letztlich eher »formale« Stimmigkeit: Auf der einen Seite steht die eigene, in weiten Teilen selbstgewählte Distanzierung von der kapitalistischen Moderne (in diesem Fall im postfaschistischen Westdeutschland, aber vor dem Hintergrund globaler Zusammenhänge), deren moralische Infragestellung und das lebenspraktische Unbehagen mit ihren Dichotomien. Auf der anderen Seite steht die erzwungene, zugleich aber auch mit kulturellem Stolz verbundene und immer wieder in neuen kulturellen Formen artikulierte Distanz der afroamerikanischen »people in but not necessarily of the modern, western world« (Gilroy 1993: 29).

Gerade vermittels ästhetischer Erfahrungen bot das imaginäre Schwarz-Werden den weißen Afroamerikanophilen einen metaphorischen Rahmen für die ohnehin gefühlte und symbolisch artikulierte Distanz zur eigenen Gesellschaft. Indem die Akteure sich in »Äquivalenzketten« einreihten, setzten sie sich damit zugleich von den Nicht-Eingeweihten ab und konnten sich mit Hilfe dieser Metapher auf viel grundlegendere Weise außerhalb der eigenen Gesellschaft wähnen. Die afroamerikanophile Subjektivität enthielt damit eine gefühlte soziale »Positionalität«: eine in das Subjekt hineinreichende Dezentrierung des Verhältnisses zur Gesellschaft und ihren kulturellen Normen,

---

3 Nach Lipsitz »beeindrucken Geschichten von Exil und Rückkehr, die auf den historischen Vertreibungen der kolonisierten Völker aufbauen, diejenigen, die Vertreibung in einem allgemeineren Sinn als einen Effekt von Massenkommunikation, Migration und den zerstörerischen Auswirkungen des ›schnellen Kapitals‹ auf traditionelle Gemeinschaften kennengelernt haben.« (1999: 73) Er hat hier freilich in erster Linie andere qua ethnischer Identität und Migrationsgeschichte minoritäre Gruppen (und ein anderes Jahrzehnt) im Sinn. Analoge Debatten, die im Gegensatz dazu eher auf eine allgemeine Zeitdiagnose abzielten, wurden in Deutschland in der Rezeption der *postcolonial studies* unter dem Stichwort der »Hybridität« geführt (vgl. Bronfen/Marius/Steffen 1997; kritisch u.a. Ha 2005).

die zugleich mit einer Zentrierung in der Gemeinschaft der Eingeweihten einhergehen sollte, welche eine »authentische« Individualität erlaubt.

In der afroamerikanischen Geistesgeschichte wurde eine zerrissene soziale Positionalität der schwarzen Amerikaner (insbesondere der Intellektuellen) mit W.E.B. Du Bois' Begriff des »double consciousness« theoretisiert. Du Bois' berühmte Formulierung aus dem Jahr 1903, der »Negro« sei ein »seventh son, born with a veil, and gifted with second-sight in this American world« (1994: 2) zielt auf die Verschleppungs-, Ausbeutungs- und Diskriminierungserfahrung ab, zugleich wird damit aber auch der kognitive Wert einer Outsider-Perspektive betont, einer gewissermaßen formalen Dezentrierung (»second sight«) im Sinne einer privilegierte Standpunktepistemologie (vgl. dazu auch Gilroy 1993: 111; kritisch Merton 1972). In diesem Sinne wäre die Afroamerikanophilie auch als »false double consciousness« zu bezeichnen: Die afroamerikanophilen Aneignungen galten demnach weder allein den spezifischen Formen schwarzer Kultur noch der Differenz im Allgemeinen, sie galten nicht zuletzt den positiv empfundenen Aspekten jener auf Abstand gehaltenen, Abstand haltenden sozialen »Positionalität«. Dabei wurden in einigen politischen Zirkeln durchaus auch die Erkenntnispotenziale der Outsider-Perspektive gesucht. Vor allem aber ging es den Afroamerikanophilen um eine verkörperte Einstellung, um ein vitales Selbst, ästhetisch auf der Höhe der Zeit, das zugleich die Erfüllung moralischer Imperative versprach. Unabhängig von den ganz unterschiedlichen Antworten auf die Frage, welche handlungspraktischen Konsequenzen daraus gezogen wurden, besteht hierin die formale Seite der imaginären Familienähnlichkeiten.

METAPHERN ALS SYMBOLISCHES HANDELN

Was also war Afroamerikanophilie um 1968? Und was bedeutet die Aussage, die weißen Akteure seien »schwarz geworden«? Wortwörtliche Lesarten sind offensichtlich wenig sinnvoll. Identifikationen und andere Formen symbolischer, metaphorischer Praxis können nicht einfach an einer ganz nüchtern bestimmten Wirklichkeit gemessen werden: Natürlich waren viele Gegenkulturelle, die sich mit ihren langen Haaren »schwarz« fühlten, auch zu der Einsicht in der Lage, dass ihnen der Rückweg in eine hegemoniale Position eher möglich war als den rassistisch Diskriminierten, natürlich *wusste* die Afri-Cola-Käuferin letztlich, dass zwischen Donna Summers Hautfarbe und der Farbe von Afri-Cola keine (kausale oder sonstwie »reale«) Verbindung bestand, natürlich konnten sich die Solidaritätsaktivistinnen und -aktivisten *denken*, dass ihre Situation sich von der der amerikanischen Schwarzen in vielem grundlegend unterschied, natürlich konnte ein enthusiasmierter Soul-Konzert-Besucher *erkennen*, dass sein zeitweiliges Zugehörigkeitsgefühl eben nur ein zeitweiliges war. Es ging ihnen meist aber gerade nicht um derartige Erkenntnisse. Deshalb erschöpft(e) sich ihre kulturelle Bedeutung auch nicht darin.

Die Unschärfe von Begriffen wie »Afroamerikanophilie« und Bezeichnungen wie »Schwarz-Werden« liegt also darin begründet, dass es hier um individuelle Erlebnisse, Träume, Imaginationen und Fantasien geht, um deren praktische, performative Seite, um ein intersubjektives kulturelles Imaginäres – sowie um rationale Argumentationszusammenhänge und um politische Positionen und Aktionen. Auf der allgemeinsten anthropologischen Ebene sind die afroamerikanophilen Diskurse und Praktiken des »Schwarz-Werdens« in ihrer Mehrdeutigkeit als geradezu exemplarische Formen symbolischen Handelns anzusehen.[4] Hier aktualisiert sich das »kulturelle Imaginäre«: Schon die sinnliche Wahrnehmung changiert zwischen Bemühungen um denotative Referenz, konnotativen Bedeutungsüberschüssen und affektiven Besetzungen. Insofern lässt sie sich, wie Kenneth Burke dies formulierte, als Teil einer allgemeineren Rhetorik betrachten. Diese Rhetorik ist nicht passiv, sondern eine Form der aktiven Auseinandersetzung mit der Welt. *Metaphern* sind ein grundlegender Bestandteil so verstandenen symbolischen Handelns. Sie lassen sich nicht einfach auf der Ebene von »semantischer Bedeutung« (Burke 1989: 88) verifizieren und falsifizieren, der »Beweis« ihrer »poetischen Bedeutung« (ebd.) liegt vielmehr in dem, was sie sichtbar machen (ebd.: 91): »Metaphor is a device for seeing something *in terms of* something else. It brings out the thisness of a that, or the thatness of a this« (ebd.: 247). Burkes theoretische Perspektive ist hier von Interesse, weil sie die »Leistungen« symbolischen Handelns (vgl. dazu volkskundlich auch Schmidt 2002: 11) betont: Gelungene Metaphern schaffen »perspective by incongruity«, also »Perspektiven aus der Unstimmigkeit heraus« (Burke 1989: 260). Gerade ihre Unangemessenheit ermöglicht neue Einsichten und Erfahrungen, sie kann Gewohntes befremden, verständlich machen und gegebenenfalls dazu beitragen, es hinter sich zu lassen. Sich als weißer Deutscher »schwarz« zu »fühlen«, war also zunächst einmal eine Form metaphorischer Praxis, eine gegen- und populärkulturelle »Perspektive aus der Unstimmigkeit heraus«.

4 »Symbolisches Handeln« hat im Sprachspiel der Anthropologie eine mit dem Begriff der »signifying practice« in der semiotischen Diskussion vergleichbare Bedeutung.

POLITIK DER REPRÄSENTATION UND FELDÜBERGREIFENDE EFFEKTE

Diese allgemeine Verortung ersetzt freilich nicht die Kulturanalyse im »Register des historischen Kontexts« (Marchardt 2004: 35): Damit sind erstens die Möglichkeitsbedingungen ökonomischer, politischer, medialer und technischer Art gemeint, zweitens die Dynamiken momentspezifischer »feldübergreifender Effekte«, drittens die »Politik der Repräsentation«.

Ohne technische Medien wie Schallplattenspieler, Farb-Zeitschriften, Kassettenrekorder, tragbare Transistorenradios und das Fernsehen hätte sich die Afroamerikanophilie kaum von der avantgardistischen Praxis (wie in den 1920er Jahren) zur Grundstimmung großer populärkultureller Strömungen entwickeln können. Als Möglichkeitsbedingungen transportieren solche Medien immer auch spezifische Mechanismen von Identifikation, Zugehörigkeitsherstellung, Nachahmung und »Werden«, die von den Akteuren auf unterschiedliche Weise aktualisiert werden können. Diese Medien sind zudem Resultate und Bestandteile der ökonomischen Globalisierungsschübe der Nachkriegszeit. Wie der Historiker Jakob Tanner schreibt, wurde die »Mythologie eines revolutionären Übergangs« erst dadurch ermöglicht, »dass die massenmediale Kommunikation einen globalen ›Schein der Gleichzeitigkeit‹ erzeugte. [...] Dieser imaginierte Synchronismus machte es möglich, die vielen ›kleinen‹ Verweigerungen zusammenzudenken und anzunehmen, sie könnten sich zur strukturbrechenden Gewalt einer ›Großen Weigerung‹ akkumulieren und so den (Spreng-)Stoff für eine neue Geschichte freisetzen.« (Tanner 1998: 214).

Die Situationsdefinitionen der Akteure und die Eigendynamiken der Diskurse und Medien stellen Ausgangspunkte dar, bei denen die unterschiedlichen Lösungsversuche ansetzten: Insofern diese Situation und (teilweise) auch die Reaktionen darauf nicht nur in einzelnen Feldern wie der populären Musik oder der internationalistisch orientierten Politik zum Ausdruck kamen, sondern an ganz unterschiedlichen kulturellen Orten sichtbar wurden, handelt es sich hier um »feldübergreifende Effekte«, die den historischen Moment charakterisieren.[5] Auf einer semiotischen Ebene ist unter den Ausgangsbedingungen der kulturellen Situation zunächst das Spiel von Komplementarität

5 Ein Verständnis von kulturellen Artikulationen als »Problemlösungen« findet sich zum einen in der strukturalistischen Ethnologie von Lévi-Strauss und später in den Cultural Studies, wo semiotische »Lösungen« für sozialstrukturelle »Probleme« diskutiert werden (vgl. die Anmerkung in Kapitel 2). Eine ideologiekritisch enthaltsamere Alternative stellt die »funktionale Analyse« in der Kultursoziologie nach Luhmann dar, vgl. dazu die (allerdings primär biografisch argumentierende) Studie über Konversion zum Islam und »symbolische Emigration« von Wohlrab-Sahr (1999: 120; 355ff).

und Äquivalenz zu nennen. Mit einigen Verkürzungen kann festgehalten werden, dass sowohl der anti-schwarze Rassismus der ersten Jahrhunderthälfte als auch der Exotismus der 1920er Jahre eine komplementäre, manichäische Eigenschaftszuordnung von schwarz und weiß entwarfen. Ob Schwarze nun verteufelt oder verherrlicht wurden, eine Schnittmenge von »schwarzer« und »weißer« Kultur oder Erfahrung war hier letztlich ebensowenig vorgesehen wie ein (abgewertetes) Drittes, von dem sich eine weiße Opposition und eine schwarze Subkultur gemeinsam abheben konnten.

Die Wilp'sche Werbung für Afri-Cola und einige andere Produkte zeigt auf einer massenkulturellen Repräsentationsbene, dass afroamerikanophile Diskurse um 1968 zwar weiterhin mit komplementären Zuordnungen arbeiteten, dass sie zugleich aber versuchten, die semiotische Struktur von »blackness« in imaginäre Äquivalenzketten einzugliedern. Diese Äquivalenzkette verband afroamerikanophile Weiße mit »schwarzer Kultur«, indem sie beide von einer langweilig-traditionellen weißen Normalität absetzten (vgl. dazu auch Kochman 1981: 30). Dieses Muster machte werbeästhetische Botschaften ebenso wie organisatorisch-politische Allianzen plausibel. Die Äquivalenzpostulate hatten ihre diskursgeschichtliche Grundlage nicht zuletzt in den basalen Dichotomien des modernen »Westens«, konnte eine undisziplinierte Sexualität doch ebenso ein konstitutives Außen zur weißen, bürgerlichen Zivilisation verkörpern wie andere »Rassen« und, in manchen Zusammenhängen, weiße Unterschichten. Sowenig sich die realen, so designierten Gruppen in ihrer Sozialgeschichte oder ihrer politischen Lage damit tatsächlich entsprachen, so verband sie doch eine zumindest teilweise analoge Position innerhalb einer grundlegenden kulturellen Logik. Vor diesem Hintergrund fügen sich manche Aspekte der Zuneigung zu afroamerikanischer Kultur zugleich in das übergreifende Muster, das historisch ebenso wie individuell-psychisch verdrängte »Andere«, was immer es auch konkret sei, demonstrativ und affirmativ nach außen zu kehren. Im Bereich der Sexualität wurden diese Parallelisierungen besonders deutlich, sichtbar wurde hier zugleich aber auch, inwiefern solche Gleichsetzungen einer Logik verpflichtet blieben, mit der sie häufig nur zu spielen meinten.

In dieser Arbeit wurde bewusst darauf verzichtet, die Frage aufzuwerfen, *warum* schwarze Musik gehört wurde: Auf der ästhetischen Ebene wäre sie kaum ohne Reduktionismus zu beantworten. Im Rahmen dieser Analyse kann aber festgehalten werden, dass für die Attraktionskraft schwarzer Kultur feldübergreifend die »Sphärenvermischung« ein Grundmotiv war. Gemeint ist damit an dieser Stelle die Artikulation und die wahrgenommene Stimmigkeit zum Beispiel von religiösem Empfinden, politischer Bewegung, Sexualität und musikalischer Gemeinschaft. Vor diesem Hintergrund wird auch verständlich, warum »Afroamerikanophilie« insbesondere in denjenigen Kreisen verbreitet war, die mit Überschreitungen zwischen verschiedenen eigentlich separaten Bereichen befasst waren: Während sich Wilp im Bemühen inszenierte, eine neue Pop-Werbeästhetik mit kritischem »Bewusstsein« in eins zu setzen, repräsentierte Soul-Musik die Intensität von religiöser Vergemeinschaftung und Sexualität gleichermaßen, verband sie mit politischen Emanzipationsbestrebungen und schien all dies auch noch körperlich erlebbar zu machen. Die »kulturrevolutionären« Umwälzungsversuche des Alltagslebens im Berliner »Blues« korrespondierten mit polit-strategischen Überlegungen, sondern auch mit Imaginationen von »schwarzer Kultur« als Gemeinschaft, in der Musik, Politik und alltäglicher Stil zumindest im Vergleich mit »entfremdeten« Gesellschaftserfahrungen eine unmittelbare Einheit zu bilden scheinen.[6] Der Gestus der Black-Power-Bewegung spielte hier, aber auch in anderen linksradikal-gegenkulturellen Gruppierungen, eine entscheidende Rolle.[7] Wenn schwarze Kultur, wie es immer wieder heißt, »Authentizität« versprach, dann repräsentiert die Gemeinschaftsvorstellung jedenfalls deren kulturelle Tiefengrammatik. Im »Feeling« fand sie eine erfahrungsnahe Leitmetapher.

Je mehr diese Attraktion allerdings zu einer diskursiven Aneignung wurde, desto mehr kamen die afroamerikanophilen Akteure mit schwarzen Perspektiven auf ihre »Politik der Aneignung« in Berührung. »Feldübergreifend« ist eine charakteristische Dynamik von Ein- und Ausschluss zu konstatieren: Während in einigen populärkulturellen Momenten und in Teilen der Gegenkultur Äquivalenzen beschworen werden, stellen afroamerikanische Akteure in zentralen, weit verbreiteten kulturellen Texten die irreduzible Differenz ihrer Kultur, Erfahrung und politischen Identität in den Vordergrund. Den welthistorischen Kontext des »Ausschlusses« bildeten Dekolonisierung und »schwarze« Befreiungsnationalismen. Die Differenzmarkierung (ethnologisch: *boundary maintenance*) geht also nicht allein von Zuschreibungen, sondern auch von kulturellen und politischen Artikulationen von Afroamerikanerinnen und Afroamerikanern aus. Hier taucht das Motiv der Komplementarität wieder auf. Das Muster manifestiert sich in der Black-Power-Bewegung in der Aufkündigung der unmittelbaren Zusammenarbeit mit weißen Sympathisanten, im Popmusik-Feld in der »unmöglichen« weißen schwarzen Stimme, in der Sexualität in der Abkehr vom höheren Status weißer Partnerinnen und Partner (bzw. vom Status der Beziehungen zu ihnen). Aus Sicht der

6 Fraglos gab es hier wichtige Differenzierungen: ob nun musikalisch der wiederbelebte Blues (wie in den rationalisierenden Texten aus dem Umfeld der Bewegung 2. Juni) als authentisches »Arbeitslied« interpretiert wurde oder Soul als »moderne« Pop-Musik goutiert, verweist auf unterschiedliche Gemeinschaftsvorstellungen.

7 Begeistert machte man sich auch die politisch-kulturelle Gegenfigur zueigen, die gewalttätig-repressiven, rosahäutigen »pigs«.

afroamerikanophilen Weißen (in Deutschland wie anderswo) bilden schwarze Komplementaritätsbehauptungen Anreiz und zu überwindenden Widerstand gleichermaßen. In allen drei Fällen treibt der symbolische Ausschluss wie gezeigt die Bemühungen um Zugehörigkeit und symbolische Akzeptanz nur weiter an.

Das Bewusstsein für diesen Teil der Problemlage (also die entsprechende »Situationsdefinition«) war offensichtlich unterschiedlich weit verbreitet und entwickelt. Wer nur von der Afri-Cola-Werbung beeindruckt war oder zu schwarzer Musik tanzen wollte, wird meist nichts von den Argumenten eines LeRoi Jones gewusst und dürfte daran ohnehin wenig Interesse gehabt haben. Dennoch machen die Quellen (u.a. in den Kapiteln über Sexualität und über Musik) deutlich, dass die Ein- und Ausschlussproblematik an vielen Orten zumindest als diffuse Ahnung präsent war.

Angesichts von Attraktion einerseits und Ausschluss andererseits tat sich für diejenigen, die die Situation in diesem Sinn empfanden, eine Reihe von potenziellen »Problemlösungen« auf. Eine Möglichkeit stellte die ironische Herangehensweise dar, wie sie zum Beispiel in manchen Bandnamen, Karikaturen und Witzeleien zum Ausdruck kam. Im Kontext argumentativer Rechtfertigungen konnten universalistische Diskursstrategien oder die Betonung der eigenen Randposition als Langhaariger, »Proletarier« oder Angehöriger des »Lumpenproletariats« dazu beitragen, Differenzen in Äquivalenzen zu verwandeln. Auch in solidaritätsorientierten Politikformen wurde Zugehörigkeit hergestellt und behauptet, auch wenn sie sich – wie die anderen »Lösungen« – fraglos nicht im Aspekt der so verstandenen »Problemlösung« erschöpften. Vor allem aber konnten Identifikationen auf einer performativ-körperlichen Ebene aufrechterhalten werden: Das diskursive Gebilde »schwarze Kultur«, das sich in der Bundesrepublik nicht zuletzt als Import popularkultureller Genres und Formate präsentierte, stellte nicht nur Hindernisse, sondern zugleich auch »Einlassstellen« bereit: mit schwarzen Subjektpositionen verbundene, »rituelle« Handlungsweisen wie zum Beispiel das musikalische Call-and-Response-Muster. Der ethnische Essentialismus der Soul-Ära definierte das »Schlüsselkonzept« Soul einerseits als selbstevidente schwarze Essenz, andererseits aber als Praxis und damit als performative Herausforderung. Gelungene Nachahmungen waren damit gewissermaßen mit der Prämie der Zugehörigkeit verbunden, denn wer »Soul hatte«, war gemäß der so verstandenen Logik symbolisch schwarz. In Medien wie dem Tanzen, »Schwarzsingen«, der Adaption von Gestik, Gangart, Kleidungs-, Frisur- und Sprachcodes konnten Afroamerikanophile (in unterschiedlich ernsthafter beziehungsweise ironischer Einstellung) demonstrieren, wie viel »Soul« und »feeling« sie hatten; gerade die Evidenz des Verkörperten und Gefühlten verbürgte subjektiv das Gelingen ihrer Bemühungen. Dabei wurde (falls Gelegenheiten vorhanden waren) immer wieder die Anerkennung durch »echte Schwarze« gesucht, die die Aufgabe zu haben schienen, den Afroamerikanophilen gewissermaßen Kraft ihres Amtes zu bescheinigen, dass sie letztlich nicht weiß seien.

Auf der Ebene der Repräsentationspolitik machten die detaillierten Analysen deutlich, dass die afroamerikanophilen Akteurinnen und Akteure in vielen Punkten tatsächlich positivrassistischen Zuschreibungen aufsaßen. Häufig *verkannten* sie die Individualität von schwarzen Menschen und die Differenzen zwischen ihnen (vgl. Gordon 1995); in vielen Fällen trugen sie deshalb dazu bei, den Nexus von Hautfarbe und »Kultur« zu verfestigen und hatten damit – meist als *unintended consequences* – Teil an Rassifizierungsprozessen. Dies gilt für die hier besprochenen kulturellen Felder letztlich in vergleichbarem Maße. Das politische Minoritär-Werden des »Blues« und andere Formen der afroamerikanophilen Solidarität stellen in ihrer Konsequenz einen Sonderfall dar, obwohl auch sie in mancher Hinsicht auf nur positiv gewendeten Stereotypen und imaginären Äquivalenzen basierten, die aufgegriffen, radikalisiert und mit politischen Diskursen artikuliert wurden. Dass ihre Solidaritätsaktionen aller Ehren wert waren (z.B. der Zusammenarbeit mit Soldaten und Ex-Soldaten oder in der (Selbst-)Aufklärung über Rassismus), soll hier keinesfalls in Abrede gestellt werden.

Sowohl Zeitgenossen als auch retrospektive Kulturanalytiker haben verschiedene Kriterien vorgeschlagen, um »produktive« Formen der Afroamerikanophilie von unproduktiv-problematischen zu unterscheiden: Schwarzer vs. weißer Profit (Jones); Ich-Stärkung vs. Stärkung eines externalisierten Über-Ichs (Reiche); emotionale Identifizierung vs. rationale politische Strategie (Habermas); Solidarität vs. symbolische Kontrolle (Mercer); Selbst-Reflexivität vs. Handeln nach eigenen Interessen (Bourdieu[8]); Identifikation vs. Werden (Deleuze/Guattari). Eine letztgültige, übergreifende Bewertung gemäß solcher Kriterien scheint mir hier, wie immer wieder gezeigt, für das »feldübergreifende« Phänomen weder möglich noch letztlich erstrebenswert zu sein. Was sich jedoch konstatieren lässt ist, dass symbolisches Handeln qua Metaphorisierung, sobald das Metaphernmaterial hierarchisch vergesellschaftete Gruppen betrifft, eine »Politik der Aneignung« in Gang setzen kann, in deren Rahmen verschiedene Akteu-

8 Vgl. Bourdieus Aussage in Graw 1996: »Auch wenn das Interesse [...] mit realer Sympathie verbunden ist, dient es doch zu sehr den eigenen Interessen im Universum. Ich verbiete Ueberschreitungen nicht a priori, nur sind das die Momente, wo Selbstreflexivitaet sehr wichtig wird.« Den konkreten Kontext bildet hier eine Diskussion kritische Intellektuelle, die »sich z.B. des Raps bedienen, um Rechnungen im Inneren ihres Feldes zu begleichen« (ebd.)

re Fragen stellen: Wer hat die Freiheit und das Privileg, über »ethnische« Zeichen zu verfügen? Wer dient wem als Metapher für was?[9]

Nicht erschöpfend geklärt werden konnten in dieser Studie zudem quantitative Aspekte. Die Kapitel über Werbung und über Soul-Musik zeigten zumindest, dass es sich bei »Afroamerikanophilie« in den 1960er und 70er Jahren um ein massenkulturelles Phänomen handelte, auch wenn an dieser Stelle Aussagen über die Aneignungspraxen und Decodierungsmuster außerhalb der hier vorrangig erforschten subkulturellen Kreise nur schwer möglich sind. Offenkundig erreichte die Aneignung selten die symbolische Dichte und biografische Relevanz, die sie zum Beispiel im Berliner »Blues« hatte. Dennoch stehen zum Beispiel die Rockstarbiografien und Subkultur-Stile für mehr als nur vereinzelte Praxis, sie verkörpern auch das Ausleben dessen, wovon viele andere träumten oder fantasierten. Auch jenseits dieses eher spekulativen (aber meines Erachtens plausiblen) Zusammenhangs konnten viele Hinweise dafür zusammengetragen werden, dass »Afroamerikanophilie« nicht nur im jeweiligen »harten Kern« der Gegenkultur, der Solidaritätsaktivisten oder der Musikerszene von Bedeutung war, sondern als einer kulturellen Grundstimmung tatsächlich so etwas wie eine Generationserfahrung ausmachte, die mittels unterschiedlicher »Problemlösungen« in die Lebensführung integriert wurde. Donna Summer fasste ihre Erfahrungen um 1968 für ihre amerikanischen Leser im Rückblick so zusammen: »liberal postwar-generation Germans living in Munich wanted to make some personal statement about the Civil Rights movement in America. Frequently that statement took the form of friendship, support, and work for anyone of color who happened to be from the States. Yippee! I was in the right place at the right time.« (Summer 2003: 56). Fraglos wären hier quellenkritische Anmerkungen und inhaltliche Einschränkungen anzubringen. In jedem Fall stellt Summers Bericht einen weiteren Hinweis darauf dar, dass »Afroamerikanophilie« um 1968 weite Teile einer Generation erfasste.

9 Die Reflexivierungen, die in solchen Fragen stecken, können nur deshalb entstehen, weil symbolisches Handeln zwar imaginär überdeterminiert, zugleich aber auch tendenziell rationalitäts*fähig* ist. Deshalb kann es von anderen Akteuren auch an verschiedenen Rationalitätskriterien gemessen werden. In der Bundesrepublik um 1968 waren es (im Gegensatz vor allem zu den USA) nur in den seltensten Fällen tatsächlich (einheimische) »minoritäre« Stimmen, die sich im Diskurs um Afroamerikanophilie zu Wort meldeten und gehört wurden; vielmehr waren es entweder afroamerikanische Autorinnen und Aktivisten (insbesondere mit ihren schriftlichen und musikalischen Statements), meist übernahmen »konkurrierende« afroamerikanophile Weiße die Rolle der Rassismuskritiker. Die teils »bizarren« (Siegfried 2006) Ausprägungen der Afroamerikanophilie in der Bundesrepublik sind auch vor diesem Hintergrund zu erklären.

LITERATURVERZEICHNIS

Abrahams, Roger D. (1970): Positively Black, Englewood Cliffs/NJ.

Amendt, Gerhard (1970): »Thesen und Anmerkungen zur amerikanischen Bürgerrechtspolitik und zur Strategie der kulturnationalistischen Konterrevolution«. In: Gerhard Amendt (Hg.), Black Power. Dokumente und Analysen, Frankfurt am Main.

Andresen, Knut (2003): »Antijüdische Aktionen der Neuen Linken 1969/70 und jüdische Reaktionen. Anmerkungen zu einem belasteten Verhältnis«. In: Rainer Hering und Rainer Nicolaysen (Hg.), Lebendige Sozialgeschichte. Gedenkschrift für Peter Borowsky, Wiesbaden, S. 464-483.

Androutsopoulos, Jannis (2001): »Ultra korregd Alder! Zur medialen Stilisierung und Aneignung von ‚Türkendeutsch«. Deutsche Sprache 29.4, S. 321-339.

– (Hg.) (2003): HipHop. Globale Kultur – lokale Praktiken, Bielefeld.

Angela Davis – Solidaritätskomitee (Hg.) (1971): Am Beispiel Angela Davis, Offenbach.

AntiDiskriminierungsBüro Köln (ADB)/CyberNomads (Hg.) (2004): The BlackBook. Deutschlands Häutungen, Köln.

Appadurai, Arjun (1996): Modernity At Large, London, New York.

Archer-Straw, Petrine (2000): Negrophilia. Avant-Garde Paris and Black Culture in the 1920s, London.

Ashcroft, Bill/Griffiths, Gareth/Tiffin, Helen (1998): Key Concepts in Postcolonial Studies, London/New York.

Backes, Uwe (1989): »Biographisches Porträt: Michael (›Bommi‹) Baumann«. Jahrbuch Extremismus und Demokratie 1, S. 196-204.

Baldwin, James (1955): Notes of a Native Son, Boston.

Balsen, Werner/Rössel, Karl (1986). Hoch die internationale Soldiarität. Zur Geschichte der Dritte Welt-Bewegung in der Bundesrepublik, Köln.

Barthes, Roland (1964): Mythen des Alltags, Frankfurt am Main.

Baumann, Michael »Bommi« (1980): Wie alles anfing, München [1975].

Bechdolf, Ute (2001): »Kulturwissenschaftliche Medienforschung: Film und Fernsehen«. In: Göttsch, Silke/Lehmann, Albrecht (Hg.), Methoden der Volkskunde. Positionen, Quellen, Arbeitsweisen der Europäischen Ethnologie, Berlin, S. 251-276.

Betensky, Carolyn (2004): »Princes as Paupers. Pleasure and the Imagination of Powerlessness«. Cultural Critique 56, S. 129-154.

Bhabha, Homi K. (1994): The Location of Culture, London/New York.

Bogle, Donald (1973): Toms, Coons, Mulattoes, Mammies, and Bucks. An Interpretive History of Blacks in American Films, New York.

Boyer, Horace Clarence (1996): »Gospel Music«. In: Salzman, Jack/Smith, David Lione/West, Cornel (Hg.), Encyclopedia of African-American Culture and History, New York, S. 1120-1125.

Böhme, Hartmut (1992): Hubert Fichte. Riten des Autors und Leben der Literatur, Stuttgart.

Buchanan, Ian (1997): »Deleuze and Cultural Studies«. South Atlantic Quarterly 96.3, S. 483-497.

Burdon, Eric (1988): An Anfang war es tierisch... Sein Leben von ihm selbst erzählt. Übersetzt von Jürgen Saupe, München.

Burke, Kenneth (1989): On Symbols and Society. Edited and with an Introduction by Joseph R. Gusfield, Chicago/London.

Campt, Tina (2004): Other Germans. Black Germans and the Politics of Race, Gender, and Memory in the Third Reich, Ann Arbor/MI.

Campt, Tina/Grosse, Pascal/Lemke-Muniz de Faria, Yara-Colette (1998): »Blacks, Germans, and the Politics of Imperial Imagination, 1920-1960«. In: Friedrichsmeyer, Sara/Lennox, Sara/Zantop, Susane (Hg.), The Imperialist Imagination. German Colonialism and Its Legacy, Ann Arbor/MI.

Carmichael, Stokely/Hamilton, Charles (1967): Black Power. The Politics of Liberation in America, New York.

Chetrit, Sami Shalom (2002): 30 Years to the Black Panthers in Israel [Internetquelle, Zugriff am 4.4. 2005]. http://www.authorsden.com/visit/viewarticle.asp?id=6831.

Chow, Rey (1995): »The Politics of Admittance: Female Sexual Agency, Miscegenation and the Formation of Community in Frantz Fanon.« UTS Review 1.1, S. 5-29.

Christgau, Robert (1967): »Secular Music (2)«. Esquire. October, o.S.

Ciarlo, David M. (2003): »Rasse konsumieren. Von der exotischen zur kolonialen Imagination in der Bildreklame des Wilhelminischen Kaiserreichs«. In: Kundrus, Birthe (Hg.), Phantasiereiche. Zur Kulturgeschichte des deutschen Kolonialismus, Frankfurt am Main, S. 135-179.

Claessens, Dieter/de Ahna, Karin (1982): »Das Milieu der Westberliner ›scene‹ um die ›Bewegung 2. Juni‹«. In: von Baeyer-Katte, Wanda/Claessens, Dieter/Feger, Huber/Neidhardt, Friedhelm (Hg.), Gruppenprozesse, Opladen, S. 20-181.

Cleaver, Eldridge (1969): Seele auf Eis, München.

— (1970): Zur Klassenanalyse der Black Panther Partei. Erziehung und Revolution, Frankfurt am Main.

Clifford, James (2004): »Negrophilie«. In: Haus der Kulturen der Welt in Zusammenarbeit mit Tina Campt und Paul Gilroy (Hg.), Der Black Atlantic, Berlin, 119-126.

Davis, Angela Y. (1998), »Afro Images. Politics, Fashion, Nostalgia«. In: Guillory, Monique/Green, Richard C. (Hg.), Soul. Black Power, Politics, and Pleasure, New York/London, 23-31.

Dawson, Graham (1994): Soldier Heroes. British Adventure, Empir and the Imagining of Masculinities, New York/London.

Debord, Guy (1996): Die Gesellschaft des Spektakels. Kommentare zur Gesellschaft des Spektakels, Berlin.

Deleuze, Gilles/Guattari, Félix (1976): Kafka. Für eine kleine Literatur, Frankfurt am Main.

– (1992): Tausend Plateaus, Kapitalismus und Schizophrenie, Berlin.

Della Porta, Donatella (1998): »1968 – Zwischennationale Diffusion und transnationale Strukturen. Eine Forschungsagenda«. In: Gilcher-Holtey, Ingrid (Hg.), 1968 – Vom Ereignis zum Gegenstand der Geschichtswissenschaft, Göttingen.

Derrida, Jacques (2001): Limited Inc., Wien: Passagen.

Deutsches Literaturarchiv Marbach (Hrsg) (1998): Protest! Literatur um 1968. Eine Ausstellung des Deutschen Literaturarchivs in Verbindung mit dem Germanistischen Seminar der Universität Heidelberg und dem Deutschen Rundfunkarchiv, Marbach.

Diederichsen, Diedrich (1991a): »Schwarze Musik und weiße Hörer, Teil 1«. Symptome 7.1, S. 28-39.

– (1991b): »Schwarze Musik und weiße Hörer, Teil 2«. Symptome 7.2, S. 52-56.

– (1993): Freiheit macht arm, Köln.

– (1995): »Wie aus Bewegungen Kulturen und aus Kulturen Communities werden«. In: Gotthard Fuchs u.a. (Hg.), Mythos Metropole, Frankfurt am Main, S. 126-142.

– (Hg.) (1998): Loving the Alien, Berlin.

Doane, Mary Ann (1991): »Dark Continents. Epistemologies of Racial and Sexual Difference in Cinema and Psychoanalysis«. In: dies., Femmes Fatales. Feminism, Film Theory, Psychoanalysis, New York/London, S. 209-248.

Doggett, Peter (o.J.): Me and Mr. Jones – Bob Dylan And The Revolution [Internetquelle, Abruf am 4.4. 2005]. http://www.judasmagazine.com/pages.asp/peterdoggettj1.asp.

Documenta 5 (Hrsg.) (1972): Documenta 5. Befragungen der Realität. Bildwelten heute. Kassel, 30. Juni bis 8. Oktober 1972, Kassel.

Domentat, Tamara (Hrsg) (1995): Coca-Cola, Jazz & AFN. Berlin und die Amerikaner, Berlin.

Du Bois, W.E.B. (1994): The Souls of Black Folk, New York [1903].

Dyer, Richard (1997): White, London/New York.

Eggers, Maureen Maisha u.a. (Hg.): Mythen, Masken und Subjekte. Kritische Weißseinsforschung in Deutschland, Münster.

El-Tayeb, Fatima (2001): Schwarze Deutsche. Der Diskurs um ›Rasse‹ und nationale Identität 1890-1933, Frankfurt am Main.

– (2004a): »Africa at Home. Europäische Postkarten 1890-1950«. In: Haus der Kulturen der Welt in Zusammenarbeit mit Tina Campt und Paul Gilroy (Hg.), Der Black Atlantic, Berlin, S. 265-281.

– (2004b): »Black Atlantic in Berlin? Queering Popular Culture, Afrikanische Diaspora und das Schwarze Europa«. In: Haus der Kulturen der Welt in Zusammenarbeit mit Tina Campt und Paul Gilroy, Berlin, S. 399-417.

Fabian, Johannes (1983): Time and the Other, New York.

Fanon, Franz (1966): Die Verdammten dieser Erde, Frankfurt am Main.

– (1967): Black Skin, White Masks, New York.

Fauser, Jörg (1984): Rohstoff, Hamburg/Frankfurt am Main/Berlin.

Fehrenbach, Heide (2001): »Of German Mothers and ›Negermischlingskinder‹. Race, Sex and the Postwar Nation«. In: Schissler, Hanna (Hg.), The Miracle Years. A Cultural History of West Germany, 1949-1968, Princeton, S. 164-186.

– (2005): Race after Hitler: Black Occupation Children in Postwar Germany and America, Princeton.

Fichte, Hubert (1976): Versuch über die Pubertät. Roman, Frankfurt am Main [1974].

– (1990): Die Schwarze Stadt. Glossen. Die Geschichte der Empfindlichkeit. Herausgegeben von Wolfgang von Wangenheim, Frankfurt am Main.

– (1981): Jean Genet/Hubert Fichte, Frankfurt am Main/Paris.

Finzsch, Norbert (1999): »›Picking up the gun‹: Die Black Panther Party zwischen gewaltsamer Revolution und sozialer Reform, 1966-1984«. Amerikastudien/American Studies 44.2, S. 223-254.

– (2003): »›Gay Punk, White Lesbian, Black Bitch‹. Zur Konstruktion des schwarzen männlichen Revolutionärs durch die Black Panther Party – 1966 bis 1982«. In: Rainer Hering/Rainer Nicolaysen (Hg.), Lebendige Sozialgeschichte. Gedenkschrift für Peter Borowsky, Wiesbaden, S. 206-220.

Fischer, Jonathan (Hg.) (2002): Black & Proud: The Soul of the Black Panther Era, München: Trikont. CD.

Fluck, Winfried (1997): Das kulturelle Imaginäre. Eine Funktionsgeschichte des amerikanischen Romans 1790-1900, Frankfurt am Main.

Foucault, Michel (1974): Von der Subversion des Wissens, München.

Frankenberg, Ruth (Hg.) (1997): Displacing Whiteness. Essays in Social and Cultural Criticism, Durham/NC.

Frith, Simon (1998): Performing Rites. Evaluating Popular Music, Oxford/New York.

Fuss, Diana (1995): Identification Papers, London/New York.

Gerndt, Helge/Haibl, Michaela (Hg.) (2005), Der Bilderalltag. Perspektiven einer volkskundlichen Bildwissenschaft (=Münchner Beiträge zur Volkskunde 33), Münster usw.

George, Nelson (2002): R&B. Die Geschichte der schwarzen Musik, Freiburg [1988].

Gilcher-Holtey, Ingrid (Hg.) (1998): 1968. Vom Ereignis zum Gegenstand der Geschichtswissenschaft (=Geschichte und Gesellschaft, Sonderheft, Band 17), Göttingen.

Gilman, Sander (1982): On Blackness Without Blacks: Essays on the Image of the Black in Germany, Boston.

Gilroy, Paul (1987): There Ain't No Black in the Union Jack. The cultural politics of race and nation, London/New York.

– (1993): The Black Atlantic. Modernity and Double Consciousness, Cambridge/MA.

– (2001): Against Race. Imagining Political Culture Beyond the Color Line, Cambridge/MA.

Goeschel, Albrecht (Hg.) (1968): Richtlinien und Anschläge. Materialien zur Kritik der repressiven Gesellschaft, München.

Gottlich, Udo (2001): »Kulturimperialismus und Kulturindustrie ade? Zur Notwendigkeit einer Neurorientierung der Erforschung von Medienkultur in den Cultural Studies«. In: ders. (Hg.), Die Werkzeugkiste der Cultural Studies. Perspektiven, Anschlüsse, Interventionen, Bielefeld, S. 283-322.

Gordon, Lewis (1995): Bad Faith and Antiblack Racism, Atlantic Highlands/NJ.

Graw, Isabelle (1996): Wer bin ich? Ein Interview mit Pierre Bourdieu, in: The Thing Vienna [Internetquelle, Zugriff am 1.7. 2006]. http://www.thing.at/texte/01.html.

Grossberg, Lawrence (1992): We Gotta Get Out Of This Place. Postmodern Conservatism and Popular Culture, London/New York.

Gubar, Susan (1997): Racechanges. White Skin, Black Face in American Culture, New York/London.

Guillory, Monique/Green, Richard C. (Hg.) (1998): Soul. Black Power, Politics, and Pleasure, New York/London.

Gumbrecht, Hans-Ulrich (1997): In 1926. Living on the Edge of Time, Cambridge/MA.

Guralnick, Peter (1986): Sweet Soul Music. Rhythm and Blues and the Southern Dream of Freedom, New York/Boston.

Ha, Kien Nghi (2003): »Die kolonialen Muster deutscher Arbeitsmigrationspolitik«. In: Steyerl, Hito und Gutiérrez Rodriguez, Encarnación (Hg.), Spricht die Subalterne deutsch?, Münster, S. 56-107.

– (2005): Hype um Hybridität. Kultureller Differenzkonsum und postmoderne Verwertungstechniken im Spätkapitalismus, Bielefeld.

Habermas, Jürgen (1968): »Die Scheinrevolution und ihre Kinder. Sechs Thesen über Taktik, Ziele und Situationsanalysen der oppositionellen Jugend«. In: Negt, Oskar (Hg.), Die Linke antwortet Jürgen Habermas, Frankfurt am Main, S. 5-15.

Hahn, Alois (1986): »Soziologische Relevanz des Stilbegriffs«. In: Gumbrecht, Hans-Ulrich/Pfeiffer, K. Ludwig (Hg.), Stil. Geschichten und Funktionen eines kulturwissenschaftlichen Diskurselements, Frankfurt am Main, S. 603-611.

Hall, Perry A. (1997): »African-American Music: Dynamics of Appropriation and Innovation«. In: Ziff, Bruce und Rao, Pratima V. (Hg.), Borrowed Power. Essays on Appropriation, New Brunswick, S. 31-51.

Hall, Stuart (1996): »Gramsci's relevance for the study of race and ethnicity«. In: Morley, David und Chen, Kuan-Hsing (Hg.), Stuart Hall. Criticial Dialogues in Cultural Studies, London/New York, S. 411-440.

Hall, Stuart (1997): »The Spectacle of the ››Other‹‹«. In: Ders. (Hg.), Representation. Cultural Representations and Signifying Practices, London/Thousand Oaks/New Delhi.

Hannerz, Ulf (1968a): »Soul.« Race 9.4, S. 453-465.

– (1968b): »What Negroes Mean By ›Soul‹«. Trans-Action. July-August, 62-69.

– (1975): »Research in the Black Ghetto: A Review of the Sixties.« In: Abrahams, Roger D./Szwed, John F. (Hg.), Discovering Afro-America (=International Studies in Sociology and Social Anthropology, XVIII), Leiden, S. 5-25.

Hebdige, Dick (1979): Subculture. The Meaning of Style, London.

Herzog, Dagmar (1998): »›Pleasure, Sex and Politics Belong Together‹: Post-Holocaust Memory and the Sexual Revolution in West Germany«. Critical Inquiry 24, S. 393-444.

Hipfl, Brigitte (1999): »Inszenierungen des Begehrens: Zur Rolle der Phantasien im Umgang mit Medien«. In: Hepp, Andreas und Winter, Rainer (Hg.), Kultur – Medien – Macht. Cultural Studies und Medienanalyse, Opladen/Wiesbaden, S. 145-157.

Hirshey, Gerri (1985): Nowhere to Run. The Story of Soul Music, London [1984].

Holert, Tom/Terkessidis, Mark (Hg.) (1996): Mainstream der Minderheiten. Pop in der Kontrollgesellschaft, Berlin

hooks, bell (1992): Black Looks: Race and Representation, Boston.

Horathschek, Annegreth (2001): »Exotismus«. In: Metzler Lexikon Literatur- und Kulturtheorie, Stuttgart/Weimar, S. 163f.

Höhn, Maria (2002): GIs and Fräuleins. The German-American Encounter in 1950s West Germany, Chapel Hill.

Höller, Christian (1996): »Widerstandsrituale und Pop-Plateaus«. In: Terkessidis, Mark/Holert, Tom (Hg.): Mainstream der Minderheiten. Pop in der Kontrollgesellschaft, Berlin.

Jackson, George (1971): In die Herzen ein Feuer, Bern usw.: Scherz.

Jacob, Günter (1993): Agit-Pop. Schwarze Musik und weiße Hörer. Texte zu Rassismus und Nationalismus, HipHop und Raggamuffin, Berlin.

Jacobs, Ron (1997): The Way the Wind Blew: A History of the Weather Underground, London/New York.

James, Darius (1993): Negrophobia, New York.

– (1995): That's Blaxloitation! Roots of the Baadasss 'Tude (Rated X By an All-Whyte Jury), New York.

– (2002): Voodoo Stew, Berlin.

Jameson, Fredric (1984): »Periodizing the 60s«. In: Sayres, Sohnya et al. (Hg.), The Sixties Without Apology, Minneapolis, S. 178-209.

Johnson, E. Patrick (2003): Appropriating Blackness. Performance and the Politics of Authenticity, Durham/London.

Jones, LeRoi (1969): Blues People. Schwarze und ihre Musik im weißen Amerika, übersetzt von einem Berliner Studentenkollektiv, Darmstadt.

Jones, Simon (1988). Black Culture, White Youth. The Reggae Tradition from JA to UK, London.

Joseph, May (1998): »Soul, Transnationalism, and Imaginings of Revolution. Tanzanian Ujamaa and the Politics of Enjoyment«. In: Guillory, Monique/Green, Richard C. (Hg.), Soul. Black Power, Politics, and Pleasure, New York/London, S. 126-136.

Juchler, Ingo (1996): Die Studentenbewegungen in den Vereinigten Staaten und der Bundesrepublik Deutschland der sechziger Jahre. Eine Untersuchung hinsichtlich ihrer Beeinflussung durch Befreiungsbewegungen und -theorien aus der Dritten Welt (=Beiträge zur Politischen Wissenschaft, Band 88), Berlin.

Keil, Charles (1966): Urban Blues, Chicago.

Klee, Ernst (1971): Die Nigger Europas. Zur Lage der Gastarbeiter. Eine Dokumentation, Düsseldorf.

Klein, Gabriele/Friedrich, Malte (2003): Is this real? Die Kultur des HipHop, Frankfurt am Main.

Kochman, Thomas (1981): Black and White Styles in Conflict.

Koenen, Gerd (2001): Unsere kleine deutsche Kulturrevolution 1967-1977, Köln.

Kölnischer Kunstverein u.a. (Hg.): Projekt Migration, Köln.

Koetzle, Michael u.a. (Hg.) (1995): Twen. Revisionen einer Legende, München.

Kraushaar, Wolfgang (2000): 1968 als Mythos, Chiffre und Zäsur, Hamburg.

– (2001): »Denkmodelle der 68er-Bewegung«. Aus Politik und Zeitgeschichte 22-23, S. 14-27.

– (2005): Die Bombe im jüdischen Gemeindehaus, Hamburg.

Kuhlbrodt, Detlef: »Ein Pärchen in einem Nachtlokal. Auf der Suche nach der verlorenen Unschuld: Lothar Lambert wird 60 und sein Film ›1 Berlin-Harlem‹ wiederaufgeführt. Mit seinen Filmen veränderte sich die Bedeutung des Pornografischen auf der Leinwand«. taz berlin, 22.7.2004.

Kundrus, Birthe (2003): »Die Kolonien – ›Kinder des Gefühls und der Phantasie‹«. In: Birthe Kundrus (Hg.), Phantasiereiche. Zur Kulturgeschichte des deutschen Kolonialismus, Frankfurt/New York, S. 7-18.

Laclau, Ernesto (1979): Politik und Ideologie im Marxismus. Kapitalismus – Faschismus – Populismus, mit einem Anhang ›Populistischer Bruch und Diskurs‹, Hamburg.

Laclau, Ernesto/Mouffe, Chantal (2001): Hegemony and Socialist Strategy. Toward a Radical Democratic Politics, London/New York [1985].

Langer, Günter (1986): »Der Berliner ›Blues‹. Tupamaros und umherschweifende Haschrebellen zwischen Wahnsinn und Verstand«. In: The Roaring Sixties. Der Aufbruch in eine neue Zeit, Reinbek bei Hamburg.

Laplanche, Jean/Pontalis, J.B. (1973): The Language of Psychoanalysis. New York.

Lemke Muniz de Faria, Yara-Colette (2002): Zwischen Fürsorge und Ausgrenzung. Afrodeutsche ›Besatzungskinder‹ im Nachkriegsdeutschland (=Dokumente, Texte, Materialien, Band 43. Veröffentlicht vom Zentrum für Antisemitismusforschung), Berlin.

Lenz, Günter H. (1997): »Refractions of Modernity – Reconstituting Modernism in West Germany after World War II: Jackson Pollock, Ezra Pound, and Charlie Parker«. In: Giorcelli, Cristina/Kroes, Rob (Hg.), Living With America: 1946-1996. Amsterdam, S. 139-170.

Lindemann, Gisela (1987): »In Grazie das Mörderische verwandeln. Ein Gespräch mit Hubert Fichte zu seinem roman fleuve ›Die Geschichte der Empfindlichkeit‹. (NDR 1981)«. Sprache im technischen Zeitalter 104, S. 308-317.

Lindner, Rolf (1985): »A propos Stil Einige Anmerkungen zu einem Trend und seinen Folgen«. In: Lindner, Rolf/Wiebe, Hans Hermann (Hg.), Verborgen im Licht. Neues zur Jugendfrage, Frankfurt am Main, S. 206-218.

– (2000): Die Stunde der Cultural Studies, Wien.

– (2003): »Vom Wesen der Kulturanalyse«. Zeitschrift für Volkskunde 99.2, S. 177-188.

– (2004): Walks on the Wild Side. Eine Geschichte der Stadtforschung, Frankfurt am Main/New York.

Lipsitz, George (1999): Dangerous Crossroads. Popmusik, Postmoderne und die Poesie des Lokalen, St. Andrä-Wörden.

Lott, Eric (1993): Love and Theft. Blackface Minstrelsy and the American Working Class, Oxford.

Lotz, Rainer E. (1997): Black People. Entertainers of African descent in Germany and Europe, Bonn.

Luckmann, Thomas (1986): »Soziologische Grenzen des Stilbegriffs«. In: Gumbrecht, Hans-Ulric/Pfeiffer, K. Ludwig (Hg.), Stil. Geschichten und Funktionen eines kulturwissenschaftlichen Diskurselements, Frankfurt am Main, S. 612-619.

Maase, Kaspar (1992): BRAVO Amerika: Erkundungen zur Jugendkultur der Bundesrepublik in den fünfziger Jahren, Hamburg.

– (2001): »Das Archiv als Feld? Überlegungen zu einer historischen Ethnographie«. In: Eisch, Katharina/Hamm, Marion (Hg.), Die Poesie des Feldes. Beiträge zur ethnographischen Kulturanalyse, Tübingen, S. 255-271.

MacInnes, Colin (1957): City of Spades, London.

Mailer, Norman (1959): The White Negro, San Francisco.

Marchart, Oliver (2004). Techno-Kolonialismus. Theorie und imaginäre Kartographie von Kultur und Medien, Wien.

Marcus, Greil (1992): Lipstick Traces. Von Dada bis Punk – kulturelle Avantgarden und ihre Wege aus dem 20. Jahrhundert, Hamburg.

Martin, Peter (1993): Schwarze Teufel, edle Mohren: Afrikaner in Geschichte und Bewusstsein der Deutschen, Hamburg.

Martin, Peter/Alonzo, Christine (Hg.): Zwischen Charleston und Stechschritt. Schwarze im Nationalsozialismus, herausgegeben im Auftrag des NS-Dokumentationszentrums der Stadt Köln, Hamburg.

Massumi, Brian (2000): »Too Blue: Colour-Patch For An Expanded Empiricism«. Cultural Studies 14.2, S. 177-226.

Mbakwe, Nkechinyere (2004): »Kann Schwarzsein seriös sein? Women of Color im deutschen Fernsehen«. In: CyberNomads/AntiDiskriminierungsBüro Köln (ADB) (Hg.), The Black Book. Deutschlands Häutungen, Frankfurt am Main.

McClintock, Anne (1995): Imperial Leather. Race, Gender and Sexuality in the Colonial Contest, New York/London.

Meinecke, Thomas (2001): Hellblau. Roman, Frankfurt am Main.

Menrath, Stefanie (2001): Represent what? Performativität von Identitäten im HipHop, Hamburg.

– (2003): »›I am not what I am‹: Die Politik der Repräsentation im HipHop«. In: Androutsopoulos, Jannis (Hg.), HipHop. Globale Kultur, lokale Praktiken, Bielefeld, S. 218-244.

Mercer, Kobena (1994): Welcome to the Jungle. New Positions in Black Cultural Studies, London/New York.

Merton, Robert K. (1972): »Insiders and Outsiders. A Chapter in the Sociology of Knowledge«, American Journal of Sociology 78.1 (July), S. 9-47.

Morrison, Toni (1992): Playing in the Dark. Whiteness and the Literary Imagination, Harvard/MA.

Mosler, Peter (Hg.) (1988): Was wir wollten, was wir wurden. Zeugnisse der Studentenbewegung, Reinbek bei Hamburg.

Mouffe, Chantal (1988): »Hegemony and New Political Subjects: Toward a New Concept of Democracy«. In: Grossberg, Lawrence/Nelson, Cary (Hg.), Marxism and the Interpretation of Culture, London, S. 89-101.

Nagl, Tobias (1998): »›I wonder if heaven's got a ghetto‹ – Aliens, Ethnizität und der SF-Film«. In: Diederichsen, Diedrich (Hg.), Loving the Alien. Science Fiction, Diaspora. Multikultur, Berlin, S. 68-87.

– (2004): »Die Wacht am Rhein. ›Rasse‹ und Rassismus in der Filmpropaganda gegen die ›schwarze Schmach‹ (1921-1923)«. In: Herzfeldt, Hella (Hg.), Kultur, Macht, Politik. Perspektiven einer kritischen Wissenschaft, Berlin, S. 135ff.

Neederven Pieterse, Jan (1995): White on black. Images of Africa and Blacks in Western Popular Culture, New Haven.

Negt, Oskar (1971): »Freiheit für Angela Davis!« In: Angela Davis Solidaritätskomitee (Hg.), Am Beispiel Angela Davis, Offenbach, S. 9-20.

– (1995): Achtundsechzig. Politische Intellektuelle und die Macht, Göttingen.

Newton, Huey P. (1971): Selbstverteidigung! Frankfurt am Main.

o.A. (o.J.): Der Blues. Gesammelte Dokumente der Bewegung 2. Juni, Berlin.

Oguntoye, Katharina (Hg.) (1997): Farbe bekennen. Afro-deutsche Frauen auf den Spuren ihrer Geschichte. Aktualisierte Ausgabe, Frankfurt am Main.

Oppler, Morris Edward (1945): »Themes as Dynamic Forces in Culture«.In: American Journal of Sociology 51, S. 198-206.

Poiger, Uta (2000): Jazz, Rock, and Rebels. Cold War Politics and American Culture in a Divided Germany (= Studies on the History of Society and Culture 35), Berkeley.

Prager, Gerhard (1975): »Risiko im ZDF: Wie schön ist Schwarz? Versuch der Demontage eines Vorurteils«. In: ders., Reden und Aufsätze (=ZDF Schriftenreihe Materialien zum Programm, Heft 16), Mainz, S. 37f (Erstveröffentlichung: epd, 24. Juni 1972).

Reed, Adolph (1984): »Paths to Critical Theory«. In: Sayres, Sohnya et al. (Hg.), The 60s Without Apology, Minneapolis, S. 254-261.

Reiche, Reimut (1968): »Verteidigung der ›Neuen Sensibilität‹«. In: Negt, Oskar (Hg.), Die Linke antwortet Jürgen Habermas, Frankfurt am Main, S. 90-103.

Reinders, Ralf/Fritzsch, Ronald (1995): Die Bewegung 2. Juni. Gespräche über Haschrebellen, Lorenzentführung, Knast, Berlin.

Ribbat, Christoph (2001): »›Ja ja, deine Mudder!‹ American Studies und deutsche Populärkultur«. In: Friedrich Jäger (Hg.), Kulturwissenschaftliche Perspektiven in der Nordamerika-Forschung, Tübingen, S. 145-160.

Roediger, David (1997): »White Looks: Hairy Apes, True Stories, and Limbaugh's Laugh«. The Minnesota Review 47, o.S. [Internetquelle, Zugriff am 1.5. 2005]. http://theminnesotareview.org/journal/ns47/roediger.htm.

Rogin, Michael (1992): »Blackface, White Noise: The Jewish Jazz Singer Finds His Voice«. Critical Inquiry 18, S. 417-452.

Ross, Andrew (1989): »Hip, and the Long Front of Color«. In: Ders., No Respect. Intellectuals and Popular Culture, London/New York.

Ruppert, Wolfgang (1998): »Um 1968 – Die Repräsentation der Dinge«. In: Ders. (Hg.), Um 1968. Die Repräsentation der Dinge, Marburg, S. 10-45.

Salzinger, Helmut (1972): Rock Power oder Wie musikalisch ist die Revolution?, Frankfurt am Main.

Sander, Hartmut/Christians, Ulrich (Hg.) (1969): Subkultur Berlin. Selbstdarstellung, Text-, Ton-Bilddokumente, Esoterik der Kommunen Rocker subversiven Gruppen, Berlin.

Sandgruber, Roman/Kühnel, Harry (Hg.) (1994): Genuss & Kunst. Kaffee, Tee, Schokolade, Tabak, Cola. Ausstellung Schloss Schallaburg, Katalog des Niderösterreichischen Landesmuseums, Neue Folge Nr. 341, Innsbruck.

Schildt, Axel/Lammers, Karl Christian/Siegfried, Detlef (Hg.) (2000): Dynamische Zeiten. Die 60er Jahre in den beiden deutschen Gesellschaften (=Hamburger Beiträge zur Sozial- und Zeitgeschichte. Herausgegeben von der Forschungsstelle für Zeitgeschichte in Hamburg. Darstellungen, Band 37), Hamburg.

Schmidt, Andreas (2002): »Wenn das Wörtchen wenn nicht wär. Zur Erforschung von Träumereien zwischen Anthropotechnik und wissenschaftlicher Spekulation«. In: Vokus 12.1, 5-21.

Schmidt, Uta C. (1998): »›Alle Reden vom Wetter. Wir nicht.‹ Das Plakat als Medium«. In: Ruppert, Wolfgang (Hg.), Um 1968. Die Repräsentation der Dinge, Marburg, S. 46-63.

Scholz-Hänsel, Michael (Hg.) (1987): Das exotische Plakat. Exotische Welten, Europäische Phantasien. Ausstellung der Graphischen Sammlung der Staatsgalerie Stuttgart in der Galerie der Stadt Stuttgart, 2.9.-29.11. 1987, Stuttgart

Schulz, Kristina (2003): »1968: Lesarten der ›sexuellen Revolution‹«. In: Frese, Matthias/Paulus, Julia/Teppe, Karl (Hg.), Demokratisierung und gesellschaftlicher Aufbruch. Die sechziger Jahre als Wendezeit der Bundesrepublik, Paderborn u.a., S. 121-136.

Schwanhäußer, Anja (2002): Stilrevolte Underground. Die Alternativkultur als Agent der Postmoderne (=Berliner Ethnographische Studien 2), Münster u.a.

Serlin, David (1998): »From Sesame Street to Schoolhouse Rock. Urban Pedagogy and Soul Iconography in the 1970s«. In: Guillory, Monique/Green, Richard C. (Hg.), Soul. Black Power, Politics, and Pleasure, New York/London, S. 105-120.

Siegfried, Detlef (2000): »Vom Teenager zur Pop-Revolution. Politisierungstendenzen in der westdeutschen Jugendkultur 1959 bis 1968«. In: Schildt, Axel/Siegfried, Detlef/Lammers, Karl Christian (Hg.), Dynamische Zeiten. Die 60er Jahre in den beiden deutschen Gesellschaften, Hamburg, S. 582-623.

Siepman, Eckhard (1986): »Genital versus Prägenital. Die Großväter der sexuellen Revolution«. In: Ders. u.a. (Hg.), CheSchahShit. Die sechziger Jahre zwischen Cocktail und Molotow. Ein BilderLeseBuch, Reinbek bei Hamburg, S. 148-150.

Silverman, Kaja (1992): Male Subjectivity at the Margins, London.

Smalls, James (1998): »Public Face, Private Thoughts: Fetish, Interracialism, and the Homoerotic in Some Photographs by Carl Van Vechten«. In: Foster, Thomas (Hg.), Sex Positivies? The Cultural Politics of Dissident Sexualities, New York.

Soeffner, Hans Georg (1986): »Stil und Stilisierung. Punk oder die Überhöhung des Alltags«. In: Gumbrecht, Hans-Ulrich/Pfeiffer, K. Ludwig (Hg.), Stil. Geschichten und Funktionen eines kulturwissenschaftlichen Diskurselements, Frankfurt am Main, S. 317-339.

Sollors, Werner (1996): »Foreword: Theories of American Ethnicity«. In: ders. (Hg.), Theories of Ethnicity. A Classical Reader, Houndsmills usw., S. x-xliv.

Sounds-Redaktion (Hg.) (1979): Sounds. Platten 1966-1977, Hamburg.

Spivak, Gayatri Chakravorty (1988): »Can the Subaltern Speak?« In: Nelson, Cary (Hg.), Marxism and the Interpretation of Culture, Urbana/IL, S. 271-313.

Spradley, James (1980): Participant Observation, Fort Worth.

Steyerl, Hito (2003): »Postkolonialismus und Biopolitik. Probleme der Übertragung postkolonialer Ansätze in den deutschen Kontext«. In: Dies./Gutiérrez Rodriguez, Encarnación (Hg.), Spricht die Subalterne deutsch? Münster, S. 38-55.

Summer, Donna (with Marc Eliot) (2003): Ordinary Girl. The Journey, New York.

Stoler, Ann Lara (1995): Race and the Education of Desire. Foucault's History of Sexuality and the Colonial Order of Things, Durham.

Tabor, Michael »Cetewayo« (1970): Harlem: Kapitalismus & Heroin = Völkermord, Frankfurt am Main.

Tagg, Philip (1989): »Open Letter: ›Black Music‹, ›Afro-American Music‹ and European Music«. Popular Music 8.3, S. 285-298.

– (o.J.): Melisma [Internetquelle, Zugriff am 15.3.2005]. http://www.tagg.org/articles/xpdfs/melisma.pdf.

Tanner, Jakob (1998): »›The Times They Are A-Changin'‹. Zur subkulturellen Dynamik der 68er Bewegung«. In: Gilcher-Holtey, Ingrid (Hg.), 1968. Vom Ereignis zum Gegenstand der Geschichtswissenschaft, Göttingen, S. 207-233.

Terkessidis, Mark (2004): Die Banalität des Rassismus. Migranten zweiter Generation entwickeln eine neue Perspektive, Bielefeld.

Tißberger, Martina u.a. (Hg.): Weiß – Weißsein – Whiteness. Kritische Studien zu Gender und Rassismus, Frankfurt am Main.

Torgovnick, Marina (1990): Gone Primitive: Savage Intellects, Modern Lives, Chicago.

Townsley, Eleanor (2001): »›The Sixties‹ Trope.« Theory, Culture and Society 18.6, S. 99-123.

Van Deburg, William L. (1992): New Day in Babylon. The Black Power Movement and American Culture, 1965-1975, Chicago.

Wald, Gayle (1998): »Soul's Revival. White Soul, Nostalgia, and the Culturally Constructed Past«. In: Guillory, Monique/Green, Richard C. (Hg.), Soul. Black Power, Politics, and Pleasure, New York/London, S. 139-158.

Wallace, Michelle (1982): »A Black Feminist's Search for Sisterhood«. In: Hull, Gloria T./Scott, Patricia Bell/Smith, Barbara (Hg.), All the Women Are White, All the Blacks Are Men, But Some of Us Are Brave. Black Women's Studies, New York, S. 5-12.

Weißler, Sabine (1986): »Sexy Sixties«. In: Siepman, Eckhard u.a. (Hg.), CheSchahShit. Die sechziger Jahre zwischen Cocktail und Molotow. Ein BilderLeseBuch, Reinbek bei Hamburg, S. 138-147.

West, Cornel (1984): »The Paradox of the Afro-American Rebellion«. In: Sayres, Sohnya et al. (Hg.), The Sixties Without Apology, Minneapolis, S. 44-58.

– (1995): »The New Cultural Politics of Difference.« In: Rajchman, John (Hg.), The Identity in Question, London/New York.
Wiegman, Robyn (1995): American Anatomies. Theorizing Race and Gender, Durham.
Williams, Raymond (1977): Marxism and Literature, Oxford.
Williams, Linda (1989): Hard Core. Power, Pleasure, and the ›Frenzy of the Visible‹, London/New York.
Winter, Rainer (1999): »Cultural Studies als kritische Medienanalyse: Vom ›encoding/decoding‹-Modell zur Diskursanalyse«. In: Hepp, Andreas und Winter Rainer (Hg.), Kultur – Medien – Macht. Cultural Studies und Medienanalyse, Opladen/Wiesbaden, S. 49-65.
Wohlrab-Sahr, Monika (1999): Konversion zum Islam in Deutschland und den USA, Frankfurt am Main/New York.
Wolfe, Tom (1970): »Radical Chic«. In: Ders., Radical Chic and Mau-Mauing the Flak Catchers, New York.
Wolfe, Bernard (1999): »Afterword.« In: Mezzrow, Mezz, Really the Blues. Edinburgh, S. 389-404.
Wolter, Udo (2001): Das obskure Subjekt der Begierde. Franz Fanon und die Fallstricke des Subjekts der Befreiung, Münster.
Zahl, Peter Paul (1975): Schutzimpfung. Gedichte, Berlin.
– (1977): Die Barbaren kommen. Lyrik und Prosa, Hamburg.
– (1979): Die Glücklichen. Schelmenroman, Berlin.
– (1995): Teufelsdroge Cannabis. Kriminalroman, Berlin.
– (1996): Lauf um dein Leben, Berlin.
Ziff, Bruce/Rao, Pratima V. (Hg.) (1997): Borrowed Power: Essays on Cultural Appropriation, New Brunswick.
Žižek, Slavoj (1989): The Sublime Object of Ideology, London.
– (2005): Die politische Suspension des Ethischen, Frankfurt am Main.

Cultural Studies

Tanja Thomas,
Fabian Virchow (Hg.)
Banal Militarism
Zur Veralltäglichung des Militärischen im Zivilen
2006, 434 Seiten,
kart., 28,80 €,
ISBN: 978-3-89942-356-3

Karin Lenzhofer
Chicks Rule!
Die schönen neuen Heldinnen in US-amerikanischen Fernsehserien
2006, 322 Seiten,
kart., 28,80 €,
ISBN: 978-3-89942-433-1

Johanna Mutzl
»Die Macht von dreien …«
Medienhexen und moderne Fangemeinschaften. Bedeutungskonstruktionen im Internet
2005, 192 Seiten,
kart., 25,80 €,
ISBN: 978-3-89942-374-7

Ruth Mayer
Diaspora
Eine kritische Begriffsbestimmung
2005, 196 Seiten,
kart., 19,80 €,
ISBN: 978-3-89942-311-2

Kien Nghi Ha
Hype um Hybridität
Kultureller Differenzkonsum und postmoderne Verwertungstechniken im Spätkapitalismus
2005, 132 Seiten,
kart., 15,80 €,
ISBN: 978-3-89942-309-9

María do Mar Castro Varela,
Nikita Dhawan
Postkoloniale Theorie
Eine kritische Einführung
2005, 162 Seiten,
kart., 16,80 €,
ISBN: 978-3-89942-337-2

Gerhard Schweppenhäuser
»Naddel« gegen ihre Liebhaber verteidigt
Ästhetik und Kommunikation in der Massenkultur
2004, 192 Seiten,
kart., 23,80 €,
ISBN: 978-3-89942-250-4

Christoph Jacke
Medien(sub)kultur
Geschichten – Diskurse – Entwürfe
2004, 354 Seiten,
kart., 26,80 €,
ISBN: 978-3-89942-275-7

Brigitte Hipfl, Elisabeth Klaus,
Uta Scheer (Hg.)
Identitätsräume
Nation, Körper und Geschlecht in den Medien. Eine Topografie
2004, 372 Seiten,
kart., 26,80 €,
ISBN: 978-3-89942-194-1

Birgit Richard
Sheroes
Genderspiele im virtuellen Raum
2004, 124 Seiten,
kart., 15,00 €,
ISBN: 978-3-89942-231-3

Leseproben und weitere Informationen finden Sie unter:
www.transcript-verlag.de